PENSAMIENTOS
DE PODER

PENSAMIENTOS
DE PODER

12
ESTRATEGIAS para
GANAR
LA BATALLA
de la MENTE

JOYCE MEYER

New York   Boston   Nashville

PENSAMIENTOS
DE PODER

Título en inglés: Power Thoughts
© 2010 por Joyce Meyer
Publicado por FaithWords
Hachette Book Group
237 Park Avenue
New York, NY 10017

A menos que se indique lo contrario, todos los textos bíblicos han sido tomados de la Nueva Versión Internacional® NVI® © 1999 por la Sociedad Bíblica Internacional. Usada con permiso.

FaithWords es una división de Hachette Book Group, Inc.
El nombre y el logo de FaithWords son una marca registrada de Hachette Book Group, Inc.

ISBN: 978-0-446-57341-2

Visite nuestro sitio Web en www.faithwords.com

Impreso en Estados Unidos de América

Primera edición: Septiembre 2010

10 9 8 7 6 5 4 3 2

ÍNDICE

PENSAMIENTOS
DE PODER

PARTE I

Todo está en tu mente

Cualquier cosa que albergues en tu mente tenderá a suceder en tu vida. Si continúas creyendo como siempre has creído, continuarás actuando como siempre has actuado. Si continúas actuando como siempre has actuado, continuarás obteniendo lo que siempre has obtenido. Si quieres resultados diferentes en tu vida o en tu trabajo, lo único que tienes que hacer es cambiar tu mentalidad.

—*Anónimo*

INTRODUCCIÓN

Uno de mis dichos favoritos es: "Donde va la mente, el hombre le sigue". Creo sinceramente que nuestros pensamientos nos conducen, trazando el curso de nuestras vidas y señalándonos en ciertas direcciones que finalmente determinan nuestros destinos en la vida. Nuestros pensamientos nos hacen tener ciertas actitudes y perspectivas; afectan a nuestras relaciones; determinan cuán productivos seremos personalmente y profesionalmente; y tienen una gran influencia sobre la calidad general de nuestras vidas. ¡Debemos entender por completo el poder de nuestros pensamientos!

Por ejemplo, si comienzas a pensar en comenzar tu propio negocio, en obtener un título universitario, en mejorar tu salud, o en eliminar tu deuda —y eres realmente serio al respecto, lo cual significa que estableces firmemente tu mente en esa dirección—, finalmente lo harás. Tus objetivos pueden cambiar a medida que pasa el tiempo. O quizá la vida, como sucede con tanta frecuencia, dará giros a lo largo del camino, situándote en un lugar donde nunca esperabas estar y creando nuevas opciones que tú ni siquiera habías considerado. Un buen ejemplo de esto puede verse en la vida de una amiga mía. Hace varios años, ella decidió trasladarse al otro lado del país, aunque eso significaría abandonar una carrera de muchos años y volver a empezar. Ella dio aviso en su trabajo, y en un mercado inmobiliario en desarrollo, puso su casa a la venta y comenzó a hacer planes para la mudanza. ¿Quién habría esperado que un importante y repentino bache inmobiliario la dejaría con una casa que no tenía el valor de lo que quedaba de su hipoteca? Con muy pocos ahorros para vender con grandes pérdidas y compensar la diferencia, se quedó en su casa y encontró otro empleo que estaba por debajo del nivel del que antes tenía. Como resultado de trabajar para su nuevo jefe, dos años después conoció al hombre que llegaría a ser su esposo. Aunque su objetivo inicial no se cumplió, ella te diría con una gran seguridad que decidir mudarse fue la mejor decisión que ella había tomado nunca, aunque sigue viviendo donde vivía siempre. Si ella no hubiera dado los pasos que dio, es seguro que nunca habría conocido a su esposo.

Yo creo firmemente que cada cosa que hacemos en la vida nos proporciona experiencia para lo siguiente que haremos, y que nuestra atenta planificación es perfeccionada por Dios cuando ponemos nuestra confianza en Él.

El éxito en cada aspecto de la vida comienza con un pensamiento; así también el fracaso. Si crees que no puedes hacer u obtener algo, es probable que no seas capaz de hacerlo. Tu mente tiene *esa cantidad* de influencia sobre tu vida.

Piensa en ello. Toma un momento ahora para pensar en los éxitos y los fracasos de tu vida. ¿Qué tipo de pensamientos estabas pensando antes y durante tus mayores logros? ¿Y qué tipo de pensamientos llenaban tu mente antes y durante tus principales fracasos o pasos en falso? ¿Puedes ver cómo tu mente ha trabajado o bien para ti o contra ti a lo largo del curso de tu vida?

Muchas veces, tenemos éxito en la vida porque otras personas nos alientan y pensamos en sus comentarios de afirmación hasta el punto de que los creemos. Cualquiera a quien le hayan dicho alguna vez "¡puedes hacerlo!" sabe lo fácil que es convertir esas palabras inspiradoras y edificadoras de confianza en un pensamiento. Cuando el "tú puedes hacerlo" se convierte en "yo puedo hacerlo", entonces sucede, ya sea marcar un punto en una competición deportiva, obtener una buena calificación en un examen, conseguir un empleo, perder peso, o comprar una casa. Cuando creemos o pensamos que podemos hacer algo, entonces, de alguna manera, de algún modo —aun si afrontamos desafíos—, nos las arreglamos para hacerlo. Lo mismo es cierto cuando pensamos negativamente y llegamos a creer que no podemos hacer algo. Las palabras desalentadoras de otros, y pensamientos como "no soy lo bastante inteligente, lo bastante atractivo, lo bastante talentoso, o lo bastante diligente" se convierten con frecuencia en profecías que se cumplen por sí mismas. ¿Por qué? Porque llegan a quedar arraigadas en nuestros pensamientos hasta el punto de ejercer influencia sobre nuestros procesos de toma de decisiones; y donde va la mente, el hombre le sigue.

James Allen, un filósofo británico de alrededor de principios del siglo XX, dijo: "Todo lo que un hombre logra y todo lo que no llega a lograr es el resultado directo de sus propios pensamientos". El modo en que pensamos es mucho más poderoso de lo que con frecuencia entendemos, y nuestros pensamientos impactan cada aspecto de nuestra existencia, ya sea positivamente o negativamente. Lo que pensemos y creamos *se siente* real para nosotros, aun si no es verdad en absoluto. Si pensamos que algo es verdad, respondemos y actuamos como si lo fuera. Nuestros pensamientos afectan a nuestras relaciones, a nuestra autoimagen, a nuestras finanzas, a nuestra salud (física, emocional y espiritual), a nuestra productividad en el trabajo y en el hogar, al modo en que administramos nuestro tiempo, a nuestras prioridades, y a nuestra capacidad de disfrutar la vida.

La relación entre nuestros pensamientos y el resto de nuestra vida está clara en la Escritura. Proverbios 23:7, en la versión Reina-Valera 1960 dice: "Porque cual es su pensamiento en su corazón, tal es él". En otras palabras, nos convertimos en aquello que pensamos. Si pensamos pensamientos positivos, seremos personas positivas que disfrutan de vidas fructíferas. Por el contrario, si pensamos pensamientos negativos, seremos personas negativas sin ningún gozo ni éxito.

Permíteme aclarar que no estoy diciendo que podamos dar existencia con nuestros pensamientos a cualquier cosa que queramos. Ese punto de vista sobre el poder de los pensamientos es una forma de humanismo, la cual es una filosofía impía. Pero sencillamente reconocer el hecho de que los pensamientos son poderosos no es humanista en absoluto. De hecho, es bastante bíblico, y verás eso a lo largo de este libro.

Nuestras mentes deben pasar por un proceso de renovación a fin de experimentar el plan de Dios para nosotros. Los pensamientos de Él son más altos que nuestros pensamientos (ver Isaías 55:8, 9), así que, para caminar con Él y experimentar sus buenos planes para nuestras vidas, *debemos* aprender a pensar como Él piensa (ver Romanos 12:2). Es imposible cambiar nuestras vidas a menos y hasta que cambiemos nuestros pensamientos. Cuando las personas dicen que son desgraciadas o están frustradas, yo digo que una vida "apestosa" puede ser el resultado de "pensamientos apestosos". La mayor parte del tiempo, esas personas no entienden que tienen la capacidad de hacer elecciones con respecto a sus pensamientos y que hacerlo marcará una diferencia en sus vidas.

Además, muy pocas personas entienden que tenemos la capacidad de escoger nuestros pensamientos y decidir lo que queremos pensar; la mayoría de nosotros meditamos pasivamente en cualquier cosa que llega a nuestras mentes sin siquiera entender que nuestro enemigo, Satanás, usa nuestras mentes en gran medida para controlarnos y evitar que cumplamos el destino de Dios para nuestras vidas. Cada persona regenerada por medio de recibir a Jesucristo como su Salvador recibe un nuevo espíritu y un nuevo corazón de Dios, pero no recibe una nueva mente; la mente debe ser renovada. La intención del corazón puede que sea pura y aún así la mente sigue estando confusa. La Biblia declara enfáticamente que debemos ser transformados por la total renovación de mente y actitud (Romanos 12:2). Eso se logra mediante un estudio completo, diligente y detallado de la Palabra de Dios.

Entiendo totalmente que escoger pensamientos correctos no es siempre fácil. Una de las mayores victorias que yo he tenido nunca en mi vida tuvo lugar cuando finalmente entendí que yo tenía la capacidad de controlar mis pensamientos, y uno de los mayores desafíos que he afrontado nunca fue el desafío de cambiar mi modo de pensar cuando entendí que era posible hacerlo. Hablaré más sobre mi viaje hacia los pensamientos correctos, y te alentaré en el tuyo a medida que este libro progrese.

A veces, pensar correctamente parece ser una batalla; y estoy aquí para decirte que *es* una batalla. Eso se debe a que la mente es el campo de batalla; es donde ganamos o perdemos —donde nos convertimos en víctimas o en vencedores— en la vida. En 1995 escribí *El Campo de Batalla de la Mente*, que está basado en el hecho de que los mayores problemas que afrontamos en la vida con frecuencia resultan de pensamientos erróneos. Desde que ese libro fue publicado, muchas personas han llegado a entender que guardar nuestra mente es críticamente importante, y han aprendido a desarrollar sanos patrones de pensamiento. En los años desde que se publicó ese libro he tenido más experiencia observando cómo mis propios pensamientos afectan a mi vida, al igual que lo poderosos que son los pensamientos en las vidas de las personas a las que ministro, y estoy más convencida que nunca de que la mente es el campo de batalla. Es el campo de batalla en el cual hacemos guerra no sólo con nuestro enemigo y el enemigo de Dios, el diablo, por nuestras vidas y destinos personales, sino también con perspectivas y conceptos o ideas del mundo que amenazan con engañarnos. Es el campo de batalla en el cual tomamos las decisiones que conducen a frustración y derrota o a fortaleza, salud, gozo, paz y abundancia.

La batalla en nuestra mente continuará hasta que nuestra vida terrenal sea completada. Nunca llegaremos a ser tan espirituales que el enemigo decida dejar de acosarnos, pero podemos llegar a ser cada vez más fuertes contra él a medida que crecemos en nuestra relación con Dios y en entender su Palabra. Podemos aprender a vivir en mayores medidas de poder y autoridad sobre el enemigo, lo cual resultará en mayores capacidades de disfrutar nuestra vida, recibir las bendiciones de Dios, y cumplir los buenos planes que Él tiene para nosotros.

En *Pensamientos de Poder* quiero dar el paso siguiente a *El Campo de Batalla de la Mente* y darte perspectivas y estrategias concretas para ayudarte a edificar poderosos modos de pensar para capacitarte para vivir en un lugar de fortaleza, éxito y victoria cada día.

En la Parte I de este libro compartiré contigo algunas verdades y perspectivas potencialmente transformadoras sobre el poder de nuestros pensamientos y la importancia del modo en que pensamos. Verás cuán importantes son tus pensamientos para tu salud física, tu bienestar mental y emocional, y tu crecimiento espiritual. Descubrirás cuán vital es una piadosa actitud positiva, y aprenderás cómo desarrollar y mantener el tipo de perspectiva optimista que te ayudará a cambiar tu vida para mejor.

En la Parte II de este libro te ofreceré doce "pensamientos de poder" que pueden revolucionar tu vida si los crees, si permites que echen raíces en tu mente, y actúas según ellos en tu vida diaria. En estas páginas te estoy dando herramientas que pueden hacerte fuerte donde has sido débil, triunfante donde has sido derrotado, positivo donde has sido negativo, valiente donde has tenido temor, y exitoso donde has fracasado en el pasado.

El objetivo de este libro no es simplemente proporcionarte buena información que puedas leer y almacenar en el último cajón de tu mente. Mi meta es ayudarte a cambiar tu vida. La única manera de cambiar tu vida es cambiar tu modo de pensar, y quiero darte ventaja en eso compartiendo contigo doce de los pensamientos más importantes que puedes pensar nunca. Esos pensamientos puede que no estén de acuerdo con el modo en que piensas actualmente; puede que tengas que entrenar de nuevo tu cerebro utilizando estos pensamientos de poder para edificar nuevos modos de pensar. Puede que necesites nuevos hábitos mentales, las cuales no se producirán de inmediato, pero *pueden* producirse si te comprometes a renovar tu mente. Puedes comenzar con los doce pensamientos presentados en este libro y después continuar a lo largo de tu vida desarrollando y perfeccionando nuevos patrones y hábitos de pensamiento.

Algunos expertos dicen que para formar un nuevo hábito son necesarios treinta días; otros dicen que se necesitan tres semanas. Quizá tú puedas romper viejos hábitos y desarrollar otros nuevos con más rapidez que eso, o puede que necesites más tiempo. Lo único que yo pido es que abordes este libro con oración y lo utilices como un patrón para tu vida. Puede que quieras enfocarte en un pensamiento de poder por semana durante doce semanas y situarte en un "programa" de tres meses de enseñarle a tu cerebro a pensar de modo diferente. Puede que escojas enfocarte en un pensamiento de poder cada mes durante doce meses, utilizando este libro en el curso de un año para ayudarte a establecer nuevas mentalidades y maneras de pensar que puedan cambiar tu vida. Te sugiero que utilices el programa de tres meses y lo repitas cuatro veces en un año. Este libro está diseñado de manera que te permitirá registrar tu progreso al final de cada semana y hacer anotaciones sobre los cambios que estás comenzando a ver en tu vida como resultado de tus nuevos pensamientos. El que decidas que sea un buen ritmo para ti a lo largo de este libro, haz un compromiso de cumplirlo. Más que eso, haz un compromiso con Dios y un compromiso contigo mismo. Comprométete a cambiar las cosas en tu vida que necesiten un cambio, y considera este libro como una herramienta que puede ayudarte a hacerlo.

Solamente leer este libro no será suficiente para lograr la transformación que sé que puede suceder en tu vida. Tendrás que aplicar los principios que aprendas y disciplinar tu mente para pensar de maneras nuevas. Esas nuevas maneras de pensar tienen la capacidad de mejorar tu existencia diaria y hacer que tu vida sea mucho mejor. Si estás cansado del modo en que has estado viviendo, puedes cambiarlo aprendiendo a pensar de manera diferente. Debes estar decidido, y aun si tienes que repetir el programa de doce semanas muchas, muchas veces, solamente recuerda que cada vez estás realizando progreso. La elección es tuya; nadie más puede decidir por ti. Solamente tú estás a cargo de tu mente, y tu mente afecta a cada área de tu vida. Yo creo que con la ayuda de Dios puedes cambiar tu mente, y a medida que lo hagas, puedes cambiar tu vida. Dios no nos controla. Él nos guía en lo que es correcto; Él nos da el espíritu y el fruto del dominio propio y la libertad de pensar por nosotros mismos. Satanás, que es el enemigo de tu alma, tratará de controlar tu vida controlando tus pensamientos. Tristemente, una gran parte de nuestros pensamientos está instigada por el modo en que hemos sido educados, el mundo que nos rodea, y las fuerzas del mal que obran en el mundo en la actualidad, pero la verdad nos hace libres. Puedes aprender maneras de pensar totalmente nuevas que te cambiarán a ti y cambiarán tu vida para siempre. Creo que al estudiar este libro te estás embarcando en un "viaje de verdad" que producirá increíbles resultados en tu vida.

Tu mente puede ser un basurero o un cofre de tesoros, y solamente tú tienes la capacidad de escoger lo que será. Puedes convertirla en una u otra cosa decidiendo si pensarás pensamientos que sean negativos, bajos, y comunes o pensamientos que sean positivos, puros, honorables, y valiosos a los ojos de Dios. Puedes pensar pensamientos "reforzadores de poder" o pensamientos "agotadores de poder". Permite que te aliente a que pienses en este libro como un mapa que te conducirá a las cosas valiosas que necesitas para hacer que tu mente sea una fuente de poder y un cofre de tesoros.

Creo con todo mi corazón que tú, como individuo, eres un tesoro, y que hay increíbles tesoros en tu interior. Algunos de esos tesoros no los has desenterrado nunca, porque tus pensamientos no te han capacitado para entender que existen. Este libro puede cambiar eso.

Si quieres sinceramente ser distinto a lo que eres ahora, o quieres que algún aspecto de tu vida sea distinto, debes comenzar a pensar de modo diferente. Si tu actual modo de pensar se calificaría más de "basura" que de "tesoro", puedes cambiar eso. No envenenes tu vida con patrones de pensamiento erróneos. Te desafío a que inviertas el tiempo que necesites —ya sean doce semanas, un año, o cualquier otra cantidad de tiempo— para renovar tu mente y comprobar si no obtienes un dividendo increíblemente maravilloso. Utiliza este libro para ayudarte a comenzar, y mantenlo a mano durante todo un año, o quizá durante toda una vida, a medida que aprendes a cambiar tu vida cambiando tu modo de pensar. Si no emprendes acción ninguna, las cosas podrían quedarse como están, o hasta podrían ponerse peor. Si inviertes ahora, puedes esperar una gran mejora en cada área de tu vida.

Cómo usar este libro

Pensamientos de Poder es para ser usado, no simplemente leído. A medida que avances en este libro, marca pasajes que se apliquen a tu vida, toma notas sobre puntos que te hagan pensar de maneras nuevas, o toma tiempo para escribir en un diario. Lee con atención; puede que necesites detenerte y reflexionar en un pensamiento o pasaje en particular. ¡Hazlo! Este no es un libro para leerlo con rapidez. Haz pausas y ora durante el camino, y pide a Dios que te ayude a cambiar tus pensamientos para que puedas cambiar tu vida. Confía en mí; será tiempo bien empleado.

A lo largo de este libro verás las palabras *Piensa en ello*, a veces seguidas de una o dos preguntas. Por favor, toma tiempo para responder a las preguntas, preferiblemente por escrito, porque están pensadas para ayudarte a hacer aún más progreso del que solamente la lectura proporcionará en tu viaje hacia una vida poderosa, una vida en la cual las circunstancias no determinen si estás feliz o no, y el estrés no te abrume, una vida de confianza en Dios y en quien Él te hizo ser, una vida en la cual sientas que puedes hacer todo y ser todo lo que Él quiere para ti.

Cuando llegues a la Parte II, la sección dedicada a doce pensamientos de poder concretos, continuarás viendo preguntas a lo largo de los capítulos, y al final de cada capítulo verás un "Paquete de Poder". Cada Paquete de Poder es un grupo de pasajes de la Escritura que refuerzan los principios en cada pensamiento de poder. Si los lees, los memorizas, meditas en ellos, los obedeces, y permites que se arraiguen en tu mente, verás notables mejoras en tu vida.

Sé que la Palabra de Dios puede convertir una existencia débil o mediocre en una vida poderosa, emocionante y satisfactoria. En varios lugares a lo largo de este libro sugeriré que busques pasajes bíblicos que se apliquen a una mentalidad o circunstancia particular en tu vida. Puedes lograr esto de varias maneras:

- Utiliza la concordancia que hay en tu Biblia. Por ejemplo, si quieres encontrar un versículo sobre la paz, simplemente busca la palabra *paz* en la concordancia y verás listas de pasajes sobre la paz. Algunas Biblias no tienen concordancias; hay concordancias extensas por separado.
- Utiliza un índice de temas, que puedes usar de la misma manera que usas una concordancia. Donde una concordancia enumera pasajes con la palabra exacta que estás buscando, un índice de temas enumera esos pasajes y otros relacionados con el tema.
- Utiliza una Biblia en línea o un programa de software de la Biblia que tenga concordancia e índice de temas.
- Utiliza mi libro, *The Secret Power of Speaking God´s Word* [El Poder Secreto de Confesar la Palabra de Dios], que está organizado por temas.
- Utiliza la sección titulada "La Palabra para tu vida diaria" en *La Biblia de la Vida Diaria* que está disponible a través de Joyce Meyer Ministries o en librerías.

Estás a punto de entrar al campo de batalla para eliminar las minas terrestres de la desconfianza de uno mismo, el temor y la ansiedad que el enemigo ha plantado. Por tanto, en palabras de Pablo, te recuerdo: "Pónganse toda la armadura de Dios para que puedan hacer frente a las artimañas del diablo" (Efesios 6:11). Te aliento a que estés decidido desde el comienzo de tu viaje a que no tirarás la toalla. Quienes terminan la carrera son quienes reciben el premio.

Es mi oración que el Espíritu Santo te guíe a medida que leas y contemples los pensamientos de poder que se encuentran en este libro; que Él infunda en ti la paciencia para reflexionar en las verdades y meditar en la Palabra a medida que examinas el papel que cada pensamiento puede desempeñar —y desempeñará— en tu vida.

1

El poder de un yo positivo

El medallista de oro olímpico Scott Hamilton ha dicho: "La única discapacidad en la vida es una mala actitud". Es cierto. Nada te obstaculizará o estorbará en tu vida más gravemente que una mala actitud. Cuando utilizo la palabra *actitud* me estoy refiriendo al sistema de pensamientos, la postura mental, la mentalidad, o la manera de pensar con la que una persona afronta la vida. Por ejemplo, si una persona tiene una mala actitud hacia el trabajo, pensará pensamientos como los siguientes:

- *Tengo el trabajo más aburrido de la tierra.*
- *Mi jefe es demasiado demandante.*
- *Esta empresa necesita pagarme más y tratarme mejor.*
- *Debería tener más tiempo de vacaciones.*
- *Siempre tengo que hacer el "trabajo reñido".*
- *Nadie aquí me aprecia.*
- *Puede que tenga que trabajar con estas personas a mi alrededor, pero no tengo que ser agradable con ellas.*

Todos esos pensamientos se combinan para formar una

gran mala actitud. ¿Cómo podría una persona con esos pensamientos corriendo por su mente todo el día disfrutar alguna vez de su trabajo, convertirse en un empleado positivo, o realizar valiosas contribuciones a su empresa? No puede hacerlo; a menos que cambie sus pensamientos y desarrolle una mejor actitud. Aun si tu jefe definitivamente necesita realizar cambios y mejorar en varias áreas, debes entender que ser negativo en tu trabajo no cambia a tu jefe, pero sí transforma tu actitud en una que es "agotadora de poder".

¿Crees que la persona que acabo de describir sería una buena candidata para un aumento de sueldo o una promoción? Claro que no. ¿Pero y un hombre cuya actitud esté edificada en pensamientos como los siguientes?

- *Estoy muy agradecido por tener un trabajo.*
- *Voy a hacer lo máximo que pueda cada día.*
- *Creo que Dios me da favor cada día con mi jefe.*
- *Estoy contento de ser parte de un equipo con mis compañeros de trabajo aunque ninguno de nosotros seamos perfectos.*
- *El ambiente de trabajo puede que no sea ideal, pero haré mi parte para hacerlo agradable para mí mismo y quienes me rodean.*
- *Estoy comprometido a ser enfocado y diligente mientras esté en tiempo de la empresa.*
- *Me gustaría un aumento, así que trabajaré duro para ganarlo.*

Sin duda, la actitud positiva de esta persona le pondrá en posición para ser ascendido en su empresa, y si tiene el mismo tipo de actitud en otras áreas, disfrutará de una vida feliz y satisfactoria. Aun si su jefe nunca reconoce sus atributos, Dios sí lo hace, y o bien cambiará el corazón del jefe o le dará un empleo mejor. Dios siempre recompensa en público lo que hacemos en secreto para su honra y su gloria.

Te corresponde a ti

Todos nosotros tenemos el privilegio y la responsabilidad de escoger nuestras actitudes, sin importar en qué circunstancias o situaciones nos encontremos. La palabra clave aquí es *escoger*. Las actitudes no sólo se producen; son los productos de nuestras elecciones. Con el tiempo, los patrones de pensamiento establecidos en nuestra mente pueden ponernos en "piloto automático", lo cual significa que cuando se producen cierto tipo de situaciones, estamos programados de antemano para pensar en ellas de ciertas maneras. Tenemos que interrumpir esta función de piloto automático y aprender a detener nuestra mente para que no vaya en la dirección en que ha ido durante años si esa dirección no está produciendo cosas buenas en nuestra vida. Por ejemplo:

- Puede que hayas pasado años aborreciendo estar con tu familia para las celebraciones de vacaciones, pero este año puedes escoger pensar: *Estar con mi familia puede que no sea mi actividad favorita, pero voy a buscar a propósito algo bueno en cada uno de mis familiares.*
- Puede que tengas el hábito de quejarte o sentirte abrumado cuando llegan facturas a tu buzón cada mes, pero puedes comenzar a pensar: *Voy a pagar todo lo posible de esta factura, y poco a poco iré saliendo de la deuda.*

Es vital que entiendas que puedes escoger tus propios pensamientos. Puede que tengas el hábito de sólo pensar en cualquier cosa que te llegue a la mente, pero ahora estás en el proceso de re-entrenar tu mente pensamiento a pensamiento. A medida que aprendes a pensar como Dios piensa, le permite a Él colaborar contigo para lograr lo que necesites lograr.

Piensa en ello

¿Cuál crees que es el pensamiento o actitud más importante que necesitas cambiar en tu vida?

_____

_____

Un ajuste de actitud

Winston Churchill observó: "La actitud es una pequeña cosa que marca una gran diferencia". No podría estar más de acuerdo. Todos necesitamos "ajustes de actitud" a veces, y un ajuste de actitud es el resultado de cambiar el modo en que pensamos.

Si mantenemos nuestras actitudes elevadas y positivas, continuaremos escalando cada vez más alto en la vida y podremos remontarnos. Pero si nuestras actitudes son bajas y negativas, caeremos y nos quedaremos en la tierra baja de la vida, sin poder hacer nunca los viajes que Dios quiere para nosotros ni llegar a los destinos que Él ha planeado para nosotros.

Puede que has oído el dicho: "Tu actitud determina tu altitud". En otras palabras, una actitud positiva te hará "volar alto" en la vida, mientras que una actitud negativa te mantendrá abajo. Al igual que los pilotos tienen ciertas reglas a seguir para mantener los aviones orientados con las correctas actitudes y altitudes, quiero compartir contigo algunas reglas que puedes seguir en la vida para mantener tu actitud positiva para poder mantener tu "altitud" donde debería estar.

Regla #1: Mantener la actitud correcta cuando el viaje se pone difícil.

No importa lo que te suceda, decide pasar por ello con la actitud correcta. De hecho, decide *de antemano* que mantendrás una actitud positiva en medio de cada situación negativa que se te presente. Si tomas esta decisión y meditas en ello durante un tiempo bueno en tu vida, entonces cuando surja la dificultad ya estarás preparado para mantener una buena actitud. Por ejemplo, si se te presenta una factura inesperada o una reparación importante, decide en tu mente que no te quejarás porque tienes que apretarte el cinturón financiero por unos meses para compensarlo. En cambio, mira el desafío como una aventura y decide que encontrarás maneras creativas de recortar costos por un tiempo y buscarás maneras de disfrutar la vida sin gastar dinero. Yo he sido testigo una y otra vez de cómo Dios ayuda a las personas que mantienen una buena actitud en momentos desafiantes. Recientemente oí de una pareja que estaba batallando económicamente pero que también estaba decidida a mantener una actitud buena, positiva y agradecida. El hombre, al que llamaremos Juan, trabajaba en un restaurante y un día un cliente tuvo un ataque al corazón mientras comía allí. Juan tenía algo de formación médica por haber estado en las fuerzas armadas, y pudo aplicar reanimación cardiopulmonar para mantener al hombre respirando y su corazón latiendo hasta que llegasen los paramédicos. Resultó que el hombre cuya vida fue salvada era muy rico, y como agradecimiento le dio a Juan un cheque de cinco mil dólares como modo de decir: "Gracias por salvarme la vida". La buena actitud que mantuvo la pareja en su batalla económica abrió la puerta para que Dios obrase de modo milagroso en sus vidas.

A lo largo de la Historia tenemos ejemplos de personas que han mantenido buenas actitudes al afrontar momentos difíciles, y mediante ellas han convertido sus problemas en oportunidades. Concretamente, pienso en varios individuos que fueron encarcelados y escribieron algunos de los libros más influyentes que el mundo haya conocido nunca, como: Carta desde la cárcel de Birmingham por Martin Luther King Jr., *El Progreso del Peregrino* por Juan Bunyan, y *La Historia del Mundo* de Sir Walter Raleigh. Aunque el famoso compositor Ludwig van Beethoven no fue literalmente encarcelado, se quedó sordo casi por completo y sufrió una gran tristeza durante un periodo de su vida; y fue entonces cuando escribió sus mejores sinfonías. Sin duda, esas personas podrían haber tenido terribles actitudes cuando afrontaron los problemas, pero tomaron una decisión y mantuvieron la mejor de las actitudes durante los peores momentos, y realizaron contribuciones que siguen siendo leídas y oídas en el mundo actualmente.

No creo que ellas sencillamente nacieran siendo personas positivas; creo que tuvieron que hacer una elección y decidieron hacer la que les beneficiaría a ellos mismos y también al mundo. Uno de los peores errores que podemos cometer en nuestros pensamientos es creer que sencillamente no somos como *esas personas positivas* y que no podemos evitarlo. Si crees que no puedes hacer nada con respecto a tus pensamientos y tu actitud, entonces estás derrotado antes de ni siquiera intentarlo.

Sin importar con qué dificultad te encuentres, *mantener* la actitud correcta será mucho más fácil que *recuperar* la actitud correcta; por tanto, en cuanto sientas que tu actitud está perdiendo altitud, haz un ajuste. Recuerda resistir al diablo desde un principio (ver 1 Pedro 5:8, 9). En otras palabras, en cuanto el enemigo envíe pensamientos negativos a tu mente, detenlos. Decide que no estarás de acuerdo con ellos y determina que no escucharás más su voz. Disciplínate para permanecer firme con tu actitud positiva en cada circunstancia. La desgracia siempre será una opción; siempre puedes escoger ser infeliz y pesimista, pero también puedes escoger ser optimista y feliz.

Piensa en ello

¿Cómo puedes comenzar a hacer ajustes de actitud ahora para ayudarte a mantener una buena actitud la próxima vez que te encuentres delante de un desafío? Puede ser tan fácil como decir: "Entiendo que la vida no es perfecta pero, con la ayuda de Dios, voy a ser estable aun durante las tormentas de la vida".

_____

_____

Regla #2: Comprende que los momentos duros no durarán para siempre.

He oído a muchas personas que viven en partes del mundo donde hay cuatro estaciones diferenciadas hablar sobre lo mucho que disfrutan del invierno, primavera, verano y otoño. Les gusta la variedad y la belleza, cualidades y oportunidades únicas de cada estación. La Biblia nos dice que Dios mismo cambia los tiempos y las estaciones (ver Daniel 2:21). Las estaciones cambian; esto es cierto en el mundo natural y es cierto con respecto a las estaciones de nuestras vidas. Significa que los momentos difíciles no durarán para siempre. Puede que tengamos días "off", semanas difíciles, meses malos, o hasta un año que parezca tener más que su parte correspondiente de problemas, pero cada experiencia negativa sí llega a su fin.

Algunas de las situaciones difíciles en que nos encontramos parecen continuar por demasiado tiempo. Cuando eso

sucede, normalmente somos tentados a quejarnos o a des-
alentarnos. En cambio, necesitamos ajustar enseguida nuestras actitudes y pedir a Dios que nos enseñe algo valioso a
medida que proseguimos en la situación que afrontamos.
Según Santiago 1:2-3, Dios utiliza las pruebas y la presión
para producir buenos resultados en nuestras vidas. Él siempre quiere bendecirnos. A veces, sus bendiciones llegan
mediante circunstancias inesperadas que podemos considerar negativas, pero si mantenemos actitudes positivas en
medio de esas situaciones, experimentaremos los resultados
positivos que Dios desea darnos.

Si estás atravesando un tiempo difícil en este momento,
permite que te recuerde que este probablemente no sea el
primer desafío que hayas afrontado jamás. Sobreviviste
al último (y probablemente aprendiste algunas lecciones
valiosas) y sobrevivirás también a este. Tus pruebas son
temporales; no durarán para siempre. Mejores días vienen
en camino. Solamente mantén tu actitud "arriba" en lugar
de "abajo", y recuerda que esta es sólo una estación y *pasará*.

Piensa en ello

Echa la vista atrás al curso de tu vida y recuerda algunas
de las pruebas que has afrontado. ¿Cómo las ha usado Dios
para aportar algo bueno a tu vida?

_____

_____

Ahora, recuérdate a ti mismo que Él también sacará bien de
la actual situación, ¡y también de la siguiente!

Cuando David se enfrentó al gigante Goliat, recordó al
león y al oso a los que él ya había derrotado y eso le dio
valentía en su actual situación.

Regla #3: No tomes decisiones importantes durante una tormenta.

No hay nadie para quien toda su vida sea un largo y soleado día. En algún momento, todos afrontamos tormentas, vengan en forma de una enfermedad inesperada, la pérdida del empleo, crisis económica, dificultades matrimoniales, problemas con los hijos, o cualquier otro número de escenarios que sean estresantes, intensos e importantes. Yo he afrontado muchas tormentas en mi vida, algunas como las rápidas tormentas de la tarde que son comunes en el verano y otras que parecían como huracanes de categoría cuatro. Si he aprendido algo sobre capear las tormentas de la vida, ha sido que no duran para siempre, como mencioné en la Regla #2, y que si es posible, no necesito tomar decisiones importantes en medio de ellas.

Cuando surgen las tormentas en la vida, es mejor mantener los pensamientos y las emociones todo lo calmados posible. Los pensamientos y los sentimientos a menudo corren sin control en mitad de las crisis, pero esos son exactamente los momentos en que necesitamos ser cuidadosos a la hora de tomar decisiones. Debemos permanecer calmados y disciplinarnos para enfocarnos en hacer lo que podemos hacer y confiar en que Dios haga lo que nosotros no podemos hacer.

Al igual que la mala decisión de un piloto puede hacer que un avión sea desviado de su destino o hasta causar un peligroso aterrizaje de emergencia, una mala decisión puede desviarte o retrasarte para alcanzar tu destino. La próxima vez que afrontes una tormenta o una crisis en tu vida, espero que recuerdes estas palabras, que yo digo con frecuencia: "Deja que las emociones amainen antes de que decidas". Haz todo lo posible para dejar que las cosas se aplaquen antes de tomar decisiones importantes. Puede que no siempre tengas esa elección, pero tanto como sea posible, pon en espera las decisiones importantes hasta que pase tu tormenta. Al igual que el viento sopla muy fuerte durante una tormenta, nuestros pensamientos pueden volverse bastante frenéticos, y ese no es el mejor momento para tomar decisiones importantes.

Piensa en ello

¿Cuál consideras que es tu mayor desafío mental o emocional cuando surgen tormentas en tu vida? ¿Es temor, ansiedad, impaciencia, reaccionar en exceso, o alguna otra cosa?

_____

_____

Decide hoy esperar en la sabiduría y no responder emocionalmente por pánico y temor.

Regla #4: Estar en contacto con la "torre de control".

Los controladores de tráfico aéreo son las únicas personas en la tierra que pueden ver el "cuadro completo" de lo que está sucediendo en el cielo y que tienen el conocimiento y la autoridad para decirles a los aviones que disminuyan la velocidad o la aumenten, que vuelen más alto o más bajo, que eviten o atraviesen tormentas, o tomen rutas alternativas hasta sus destino. Según la Asociación Nacional de Controladores de Tráfico Aéreo, los controladores de tráfico aéreo en los Estados Unidos manejan unos ochenta y siete mil vuelos cada día, y sesenta y cuatro millones de despegues y aterrizajes por año. Es interesante que los controladores de tráfico aéreo manejan no sólo vuelos comerciales, sino también aviación privada, militar y tráfico aéreo de mercancías, al igual que taxis aéreos. Si todos los vuelos monitorizados por controladores de tráfico aéreo hubieran de ser situados en monitores en los aeropuertos, se necesitarían más de 460 monitores. Con tantos vuelos despegando y aterrizando cada día, los pilotos tienen que estar en contacto con las torres de control si quieres realizar vuelos seguros y puntuales.

Al igual que los pilotos de avión deben mantener contacto con las torres de control del tráfico aéreo, tú y yo debemos estar en contacto con Dios: quien ve el cuadro completo de nuestra vida y quien orquesta todo lo que nos implica. Él se asegura de que todo lo que tiene que suceder en nuestra vida suceda en el momento correcto, se mueva a la velocidad correcta, y nos haga llegar con seguridad a los "destinos" que Él ha planeado para nosotros.

Si queremos permanecer en curso con Dios y hacerlo con buenas actitudes, tenemos que hacer de la comunicación con Él una prioridad en nuestros horarios diarios. Él te ayudará a navegar por los altibajos de la vida, y a encontrar tu camino en los días "nublados" cuando parezca que no ves el siguiente paso que tienes que dar. No puedo instarte con la fuerza suficiente a que te comuniques con Él frecuentemente mediante la oración, la lectura de su Palabra, la adoración, y el sencillo reconocimiento de su presencia y guía a lo largo de cada día. Si quieres aprender más sobre cómo estar en contacto con Dios momento a momento y desarrollar una cercana relación de comunicación con Él, te recomiendo mis libros *El Poder de la Oración Sencilla* y *Conociendo a Dios Íntimamente*.

Piensa en ello

¿Cómo es tu relación personal con Dios? Si es menos satisfactoria de lo que te gustaría, ¿qué ajustes puedes hacer para mejorarla?

_____

_____

Regla #5: Intenta mantener las cosas en perspectiva.

Una de las definiciones de *perspectiva* en el diccionario Webster´s es "la interrelación en la cual un sujeto o sus partes se perciben mentalmente". Interesante, ¿verdad? Esta definición hace una clara distinción. Da a entender que nuestras capacidades mentales pueden hacernos ver las cosas de maneras que pueden no ser precisas.

Cuando carecemos de la perspectiva adecuada, podemos considerar situaciones sin importancia como importantes crisis, o podemos hacer lo contrario y considerar situaciones importantes como "de poca monta". Cualquiera de las tendencias —exagerar las cosas o minimizarlas— puede conducir a problemas, así que necesitamos hacer todo lo posible por ver las cosas como realmente son y no permitir que estén fuera de proporciones.

Conozco a un joven que pasó muchos años de su vida intentando frecuentemente demostrar que tenía razón en cada desacuerdo. Habitualmente discutía y se enojaba, y de hecho eso sucedía tan a menudo que perdió a muchos amigos. Sencillamente no era agradable estar con él. Después de que eso continuara durante varios años, finalmente comencé a observar un gran cambio en él. No argumentaba si alguien tenía una opinión distinta a la suya o no quería hacer algo a la manera de él. Le pregunté qué le hizo cambiar, y él me dijo: "He descubierto que tener la razón se valora demasiado". Cuando él puso el tener la razón en la perspectiva adecuada y lo comparó con la confusión que experimentaba, finalmente entendió que sencillamente no valía la pena.

Trata de formar el hábito de mirar la vida en general en lugar de centrarte en una sola cosa que te pueda estar molestando. Pensar en exceso en los problemas que encontramos en la vida solamente los hace parecer mayores de lo que realmente son. Cuando estés experimentando cualquier problema que te moleste, toma tiempo para recordar intencionadamente las cosas buenas de las que también disfrutas. El rey David hizo esto durante épocas de depresión y le ayudó a mantener las cosas en perspectiva (ver Salmo 42).

Piensa en ello

¿Eres bueno para mantener las cosas en perspectiva, o es esta un área en la cual necesitas mejorar?

_____

_____

Un yo positivo es un yo poderoso

Una organización una vez ofreció una recompensa de cinco mil dólares por pieza por lobos que fuesen capturados vivos. Seducidos por la idea de tal dinero, Sam y Jed enseguida partieron por los bosques y las montañas en busca de los animales que podían asegurarles su fortuna.

Una noche se quedaron dormidos bajo las estrellas, agotados después de días de entusiasta caza. Sam se despertó en mitad de la noche y vio a unos cincuenta lobos que los rodeaban a él y a Jed; lobos hambrientos enseñando sus dientes, con sus ojos relucientes ante el pensamiento de una fácil presa humana.

Al entender lo que estaba sucediendo, Sam despertó a su amigo y dijo: "Jed, ¡despierta! ¡Somos ricos!".[1]

Una actitud positiva te capacita para sacar lo mejor de cada situación, y eso te da poder sobre tus circunstancias en lugar de permitir que tus circunstancias tengan poder sobre ti. Esto fue, sin duda, cierto para Sam. Mientras la mayoría de personas estarían aterradas al estar rodeada de una manada de lobos, Sam vio la oportunidad que había estado esperando.

Haz hoy el compromiso de ser una persona positiva. Cuanto más positivo seas, más poderoso serás.

CAPÍTULO
2

Enseña a tu mente a trabajar para ti

¿Sabes que tu mente puede, o bien trabajar para ti o contra ti, dependiendo de cómo la entrenes? Cuando trabaja para ti, te ayuda a mantenerte positivo, a alcanzar tus metas en la vida, y a pensar el tipo de pensamientos que te capacita para disfrutar de cada día. Cuando trabaja contra ti, puede hacerte negativo y desalentado, refrenarte de lograr lo que quieres o lo que necesitas, y hacer que pienses el tipo de pensamientos negativos que dan como resultado el sabotaje a uno mismo.

Como estructura física y un órgano del cuerpo humano, tu cerebro participa en muchas funciones que tienen lugar sin tu conocimiento, sin tu ayuda, y fuera de tu control. Tiene todo tipo de tareas en tu cuerpo. Tu ritmo cardíaco, respiración, presión sanguínea, movimiento y coordinación, equilibrio, temperatura corporal, hambre y sed, procesamiento sensorial, vista y oído, emociones, aprendizaje y memoria son todas ellas áreas en las que el cerebro está implicado.

Pero tu cerebro es también el "hogar" de tus pensamientos: tu mente. La Dra. Caroline Leaf, una importante especialista en aprendizaje neuro-metacognitivo y cristiana comprometida, observa en su enseñanza sobre el cerebro que: "La Palabra y la ciencia creen que la mente y el cerebro son uno". El modo en que piensas es voluntario, y puedes controlar tus pensamientos. Quiero que le asignes una nueva tarea a tu cerebro y comiences a enseñar a tu mente a trabajar para ti en lugar de hacerlo contra ti. Un modo importante de hacerlo es tomar la decisión intencionada de que comenzarás a pensar positivamente. Entiendo que tu cerebro no será capaz de cumplir con el nuevo rol por completo de la noche a la mañana. Puede que le estés pidiendo que pase por una transformación radical, y eso tomará tiempo. Por tanto, dale un poco de misericordia, pero decide que con tu diligencia y la ayuda de Dios, tu cerebro pasará a trabajar *para* ti en lugar de hacerlo contra ti y que se convertirá en una fuerza poderosa y positiva en tu vida.

Me gusta lo que dice la Dra. Leaf: que el cerebro humano toma "dieciocho años para crecer y toda una vida para madurar". No pases por alto el punto. Mientras que todos los demás órganos en el cuerpo están plenamente formados cuando una persona nace, y simplemente se hacen más grandes a medida que el cuerpo es más grande, el cerebro realmente toma dieciocho años para crecer. Una vez que está formado totalmente, continúa madurando hasta el día en que la persona muere. Esto significa que, sin importar lo viejo que seas, tu cerebro sigue madurando. Esta es una noticia estupenda porque significa que no tienes por qué quedarte atascado en ningún patrón de pensamiento viejo o equivocado. Tu cerebro sigue madurando, así que puedes seguir madurando en tu forma de pensar.

Piensa en ello

¿Qué viene a tu mente de inmediato cuando pregunto de qué manera(s) está trabajando tu mente contra ti?

_____

_____

Ayudará a tu salud

Tu forma de pensar puede tener un efecto positivo en tu salud física. La gente ha sospechado durante generaciones que hay una interrelación entre la mente y el cuerpo, pero en años recientes, varios científicos e investigadores de todo el mundo lo han estudiado y demostrado.

En un artículo en 2004 en _USA Today_, Carol Ryff de la Universidad de Wisconsin-Madison dijo: "Hay una ciencia que está emergiendo y que dice que una actitud positiva no es sólo un estado mental. También tiene vínculos con lo que sucede en el cerebro y en el cuerpo". El estudio de Ryff ha demostrado que las personas que tienen niveles de bienestar más elevados de lo normal muestran "menor riesgo cardiovascular, menores niveles de hormonas del estrés, y menores niveles de inflamación, lo cual sirve como marcador del sistema inmunológico".[1]

Además, un estudio realizado en Holanda en 2004 descubrió que las personas que son optimistas tienen corazones más sanos que quienes son consideradas "gruñonas". Menos personas que se describían a sí mismas como "optimistas" murieron de enfermedades cardiovasculares y tenían menores índices de muerte en general que el de los pesimistas.[2]

La Dra. Becca Levy de la Universidad de Yale dirigió un estudio que concluyó que "una actitud positiva hacia el envejecimiento era mayor que medidas fisiológicas como baja presión sanguínea y colesterol, cada una de las cuales se considera que añade un máximo de cuatro años a la vida". Este estudio también descubrió que las personas optimistas viven más tiempo que las personas que se preocupan constantemente, y que las actitudes positivas pueden añadir más años a la vida de una persona que hacer ejercicio o no fumar[3]. En cierta manera, este estudio me resulta sorprendente, pero en otra, no tengo problema en aceptar esos descubrimientos porque he aprendido que la mente es muy poderosa, y no me sorprende hasta qué grado llega su influencia en nuestra vida física.

Según la Clínica Mayo, de renombre mundial, pensar positivamente también puede resultar en los siguientes beneficios físicos:[4]

- Menor estrés negativo
- Mayor resistencia a agarrar el catarro común
- Un sentimiento de bienestar y salud mejorada
- Riesgo reducido de enfermedad de la arteria coronaria
- Mejor respiración si hay ciertas enfermedades de pulmón, como enfisema
- Mejorada capacidad de hacer frente a las cosas para mujeres con alto riesgo de embarazo
- Mejores capacidades de manejar las dificultades

Afirmando aún más la relación entre mente y cuerpo de manera interesante, me resultó fascinante ver que en el año 2005, Associated Press publicó un artículo que informaba: "Nuevas investigaciones sugieren que cuando la enfermedad de Alzheimer le roba a alguien la capacidad de esperar que un analgésico demostrado le ayude, no funciona tan bien".[5] ¿No es sorprendente? Mientras las personas son capaces de pensar que los analgésicos funcionan, esas medicinas parecen ayudarnos, pero cuando dejamos de pensar que son eficaces, realmente dejan de ser eficaces. ¡Nuestras mentes son increíbles!

Sabemos que el pensamiento positivo es bueno para nuestras actitudes y emociones, pero las investigaciones a las que he hecho referencia en esta sección, más una enorme cantidad de estudios disponibles en varias formas en la actualidad, indican claramente que el pensamiento positivo es también muy beneficioso para nuestro bienestar físico. Si queremos vivir vidas sanas, tenemos que tener mentes sanas; y eso comienza con pensar positivamente en lugar de negativamente.

Los resultados del pensamiento positivo

Has leído sobre varios estudios y experimentos que demuestran cómo nuestros pensamientos nos influencian. Un caso que encuentro especialmente interesante es un experimento realizado por un profesor del Instituto de Tecnología de Massachusetts llamado Dan Ariely y algunos de sus colegas. Ellos establecieron una falsa instalación de pruebas de recompensa donde pedían a la gente que pasara por una serie de shocks eléctricos antes y después de recibir cierto analgésico. Los participantes recibieron primero shocks sin ningún analgésico y después tomaron pastillas llamadas "Veladone-Rx" antes de volver a recibir los shocks. Les dijeron a algunos que las pastillas de Veladone-Rx costaban 2.50 dólares cada una, mientras que a otros les dijeron que costaban sólo diez centavos cada una. Casi todas las personas que pensaban que las pastillas costaban 2.50 cada una dijeron que sentían alivio del dolor cuando recibieron la segunda serie de shocks, pero sólo la mitad de quienes pensaban que las pastillas costaban diez centavos dijeron sentir algún alivio. La verdad sobre la Veladone-Rx: las pastillas no eran otra cosa que comprimidos de vitamina C.[6]

¿Cuál era la clave del experimento del Dr. Ariely? La gente *piensa* que los productos caros funcionan mejor que los baratos. Las pastillas que supuestamente costaban 2.50 dólares cada una no tenían ningún efecto real de analgésico en absoluto en quienes las tomaron, pero las personas *esperaban* que las pastillas fuesen eficaces porque costaban mucho. Sus expectativas los prepararon para pensar de manera positiva en cuanto a las pastillas e indicar resultados positivos, aunque las pastillas no les daban otra cosa que vitamina C.

Claramente, el pensamiento positivo con frecuencia produce resultados positivos. En la siguiente sección de este libro, quiero compartir y desarrollar cuatro cosas concretas que "hace" el pensamiento positivo para facilitar resultados positivos en nuestras vidas:

- El pensamiento positivo libera el poder del potencial.
- El pensamiento positivo fomenta respuestas positivas.
- El pensamiento positivo mantiene las cosas en perspectiva.
- El pensamiento positivo te ayuda a disfrutar la vida.

Piensa en ello

En una escala de 1 a 10, siendo el 1 "nada de bueno" y el 10 "sobresaliente", ¿cómo te evaluarías a ti mismo como pensador positivo?

El pensamiento positivo libera el poder del potencial

Las personas que piensan positivamente pueden ver potencial hasta en las situaciones más desalentadoras, mientras que quienes no piensan positivamente enseguida señalan los problemas y las limitaciones de las situaciones. Esto sobre-pasa la idea proverbial de sencillamente ver un vaso "medio lleno" o "medio vacío", y se extiende hasta realmente tomar decisiones y emprender actos basados en el pensamiento positivo o negativo.

Una de las mejores historias que conozco sobre el pensa-miento positivo que libera el poder del potencial tuvo lugar hace siglos, cuando muchas partes del mundo antiguo no estaban aún colonizadas. Dios prometió al pueblo de Israel que ellos poseerían un país rico y fértil, conocido como Canaán. Él no les prometió que podían atravesar sus fron-teras sin oposición, pero sí prometió que lo habitarían; y cuando Dios hace una promesa, la hace de verdad.

Tomando la palabra de Dios, los israelitas designaron a doce hombres para que entrasen a Canaán para "espiar la tierra" y traer un informe. Al regresar, diez espías admi-tieron que la tierra fluía leche y miel, y reconocieron que el fruto en Canaán era grande y hermoso, pero entonces comentaron que la tierra estaba llena de gigantes a los que sería imposible vencer. Ellos permitieron que la presencia de los gigantes quitase valor a las promesas de Dios.

Como contraste, Josué y Caleb llevaron buenos informes, llenos de fe y de confianza en Dios, y Caleb habló con con-fianza, diciendo: "Subamos a conquistar esa tierra. Estoy seguro de que podremos hacerlo" (Números 13:30). Los diez espías pensaban que los gigantes en la tierra eran dema-siado grandes para matarlos, pero Josué y Caleb pensaban que eran demasiado grandes como para fallar. Josué y Caleb fueron los dos únicos hombres que fueron positivos ante la oposición de los gigantes. Ellos no ignoraron los desafíos, pero tampoco les dieron un énfasis excesivo; y ellos fueron los únicos que entraron en la Tierra Prometida.

Los espías que murieron en el desierto sólo vieron lo que era y no vieron lo que podía ser. Su pensamiento negativo produjo actitudes derrotistas e hicieron que tratasen de persuadir a Moisés de que la palabra de Dios para Israel no era verdadera, que poseer la Tierra Prometida no era realmente posible.

Ser positivo no significa que neguemos la existencia de dificultad; significa que creemos que Dios es mayor que nuestras dificultades. Creer a Dios puede hacer que ganemos cada batalla que afrontemos. Cuando estamos cerrados a "posibilidades positivas", solamente vemos lo que está delante de nosotros, y no lo que podríamos ver si sencillamente fuésemos positivos y creativos.

Entrena tu cerebro para confiar y creer en Dios y para pensar pensamientos positivos que estén basados en su Palabra. Decide que pensarás como Josué y Caleb lo hicieron, y no como los diez espías negativos que nunca llegaron a disfrutar de la Tierra Prometida. Escoge ver el poder disponible para ti por medio de Dios si confías en Él más que en tus circunstancias. ¡Recuerda siempre que nada es imposible para Dios!

Piensa en ello

¿En qué situación concreta necesitas creer que Dios es mayor que tus dificultades?

_____

_____

El pensamiento positivo fomenta respuestas positivas

El modo en que pensamos afecta al modo en que hablamos, y el modo en que hablamos afecta a la manera en que otros nos responden. Si piensas y hablas negativamente, es probable que oigas una respuesta negativa. Lo contrario también es cierto. Los pensamientos positivos y el lenguaje positivo fomentan respuestas positivas.

Por ejemplo, digamos que eres un huésped en el hogar de alguien por esa noche. Tu anfitrión te dice justamente antes de acostarte: "Se supone que esta noche va a hacer frío, pero probablemente haya suficientes mantas en la cama. No crees que necesitarás una manta extra, ¿verdad?". Piensa en ello. Probablemente responderías algo como esto: "No. Lo que haya en la cama estará bien".

Ahora, piensa en este escenario. Tu anfitrión te dice: "Se supone que esta noche va a hacer frío, así que probablemente querrás una manta extra, ¿verdad?". La mayoría de personas en esa situación responderían: "Sí".

Estoy segura de que puedes recordar muchas situaciones en la vida en las que tu manera de comunicarte con alguien influenció su respuesta. Recientemente me escuché a mí misma preguntar a una cajera en la caja: "No tiene un pañuelo tras la caja, ¿verdad?". Desde luego, ella rápidamente dijo: "No". Quizá, si yo hubiera hecho la pregunta de manera positiva, ella habría sido más diligente para buscar uno.

El tipo más común de negativismo que atrae respuestas negativas de otros es el que yo denomino "actitud de mundo plano". Esto sucede cuando una afirmación no es verdad, pero la gente la cree basándose en lo que oyen, en la experiencia del pasado, o en lo que se considera "conocimiento común". Permíteme explicarlo.

Cristóbal Colón creía que el mundo era redondo. Por tanto, razonó que si navegaba, finalmente llegaría a tierra —territorio aún sin descubrir— o terminaría de regreso donde había comenzado. Las personas que rodeaban a Colón *pensaban* que el mundo era plano, así que cuando "eruditos" y "expertos" examinaron sus planes, dijeron que su idea era imposible. Debido a que creían que el mundo era plano, suponían que seguramente él se caería por el borde del mundo y desaparecería. Pero Colón tenía razón. No se cayó por el borde del mundo, sino que demostró que era redondo y terminó descubriendo América en 1492.

Durante principios del siglo XX, un impresionante conjunto de genios científicos se burlaron de la idea de un aeroplano. Dijeron: "Es una fantasía inducida por el opio; una idea chiflada". ¿De verdad? Orville y Wilbur Wright no pensaban eso, y han pasado a la Historia como "los primeros en volar". Con un escepticismo similar hacia los aeroplanos, Marshal Ferdinand Foch dijo en 1911: "Los aeroplanos son juguetes interesantes, pero no tienen valor militar". Foch más adelante se convirtió en comandante supremo de las fuerzas Aliadas durante la Primera Guerra Mundial. Aunque los aeroplanos no se utilizaron ampliamente en los primeros momentos de la guerra, se volvieron cada vez más importantes, y Foch y otros descubrieron que después de todo eran valiosos.

Thomas Edison trató de persuadir a Henry Ford para que abandonase su novata idea de un motor para auto porque estaba convencido de que nunca funcionaría. Dijo: "Ven y trabaja para mí y haz algo que realmente valga la pena". Aunque Edison era un gran inventor, suena como si sólo fuera positivo con respecto a lo que él podía hacer y bastante pesimista con las ideas de otras personas. La próxima vez que te subas a un auto para ir a algún lugar, alégrate de que Ford no permitiera que la perspectiva negativa de Edison sobre los automóviles le influenciara. Que este ejemplo te recuerde que nunca permitas que una persona pesimista te convenza para que abandones tus sueños.

Todas esas personas, y otras miles a lo largo de la Historia, tenían una "mentalidad de mundo plano". Estaban convencidas de que ciertas cosas no podían hacerse, aunque nadie lo había intentado jamás. Estoy segura de que Cristóbal Colón, los hermanos Wright, y Henry Ford tenían que estar decididos a mantener sus actitudes positivas. Aunque estaban rodeados de negatividad, ellos se mantuvieron positivos y finalmente encontraron el éxito. Me pregunto cuánto más podrían haber logrado si simplemente hubieran estado rodeados de aliento positivo en lugar de ridículo. ¡No hay forma de saberlo!

No permitas que el pensamiento limitado de alguien te limite a ti. La negatividad puede ser contagiosa; ¡tienes que prestar atención si no quieres que te contagie! Aunque tú seas la única persona positiva en tu familia, en tus círculos sociales, o en tu grupo de trabajo, sé la única con una actitud y una perspectiva optimista en cada situación.

Recuerda: las actitudes negativas producen respuestas negativas, mientas que las actitudes positivas fomentan respuestas positivas. En la historia sobre Josué y Caleb, esto fue ciertamente verdad. Después de que los diez espías diesen su informe negativo, los israelitas lloraron toda la noche y se desalentaron terriblemente (ver Números 14:1). Aquellos diez hombres y sus malas actitudes hicieron que una nación entera perdiera el ánimo y dudase de las promesas de Dios.

Entonces, los israelitas se volvieron tan negativos que querían apedrear a Josué y Caleb, que eran positivos (ver Números 14:10). De modo similar, al enemigo, con frecuencia obrando por medio de otras personas, le gusta silenciar a las personas que tienen actitudes llenas de fe y de posibilidad. No permitas que nadie te silencie. Aprende a ser positivo y mantente positivo en todas las maneras.

A un soldado se le asignó quedarse al final de la fila de la comida y ofrecer albaricoques a todo el que pasaba por la fila. Él decidió probar la teoría de que la forma en que la gente hace preguntas impacta las respuestas que se reciben. A los primeros cien hombres que pasaron les dijo: "No quieres ningún albaricoque, ¿verdad?". El noventa por ciento de ellos dijo que no. A los siguientes cien hombres les dijo: "¿Quieres algunos albaricoques?". El cincuenta por ciento dijo que sí; el 50 por ciento dijo que no. Él cambió su estrategia ligeramente para los siguientes cien hombres, preguntándoles: "¿Quieres un albaricoque o dos?". El cuarenta por ciento tomó los dos y el 50 por ciento tomó uno. Sencillamente cambiando el modo de preguntar a los soldados en cuanto a los albaricoques, ¡él vio un giro completo en el porcentaje de hombres que tomaron albaricoques!

Aprende una lección del soldado. Aprende a ser consciente del modo en que piensas y del modo en que hablas a la gente. Entrena tu mente para pensar positivamente hacia cada situación y entrena tu lengua para hablar positivamente a todo aquel que te encuentres.

Piensa en ello

¿Puedes recordar una ocasión en que tu actitud negativa provocó una respuesta negativa? ¿Cómo podrías haber sido más positivo en esa situación?

_____

_____

El pensamiento positivo mantiene las cosas en perspectiva

Como dije en el capítulo 1, pensar positivamente nos ayuda a mantener las cosas en perspectiva. Cuando pensamos positivamente, evitamos "hacer montañas de granos de arena". El pensamiento negativo tiende a sacar de proporción las cosas, considerándolas mayores y más difíciles de lo que realmente son. Las personas que piensan negativamente exageran los aspectos desagradables o indeseables de una situación a la vez que no ven nada bueno en ella.

Yo creo que la vida de cada persona y hasta sus circunstancias incluye más cosas correctas que incorrectas y más
bien que mal si sencillamente decide pensar positivamente
al respecto y buscar los elementos buenos en ello. ¡Ya ves
que sigo creyendo que Dios es mayor que el diablo!

Piensa en ello

¿Has hecho una montaña de un grano de arena últimamente?
¿Hay algo en tu vida que estés sacando de proporción?

_____

_____

El pensamiento positivo nos ayuda a disfrutar la vida

Hace años, un hombre llamado capitán Edward A. Murphy
estaba trabajando en un proyecto para las Fuerzas Aéreas
de los Estados Unidos. Se enojó y maldijo a un técnico que
había cometido un error, notando que "si algo puede hacerse
mal, este hombre lo hará". Con el tiempo, tal modo de pensar se hizo conocido como "la Ley de Murphy", la cual básicamente afirma: "Nada es tan fácil como parece; todo toma
más tiempo del que uno espera; y si algo puede ir mal, irá; en
el peor momento posible". ¡Qué negativo! ¿Cómo podían disfrutar de la vida si vivían según la Ley de Murphy? Siempre
esperarían lo peor, ¡así que probablemente lo obtendrían!

Creo que Dios tiene leyes que están en total desacuerdo
con la Ley de Murphy. El mundo puede esperar que la Ley
de Murphy opere en sus vidas, pero necesitamos resistir ese
tipo de pensamiento negativo y aceptar en cambio la Ley de
Dios, la cual dice algo parecido a esto: "Si algo puede ir bien,
irá; nada es tan difícil como parece; todo es más satisfactorio de lo que parece; si algo bueno puede sucederle a alguien,
me sucederá a mí".

El pensamiento negativo siempre produce una vida negativa. ¿Cuánto más podrías disfrutar tu vida si tus pensamientos estuvieran de acuerdo con la Ley de Dios, no con la de Murphy? Dios tiene una vida estupenda para ti, una vida que Él quiere que disfrutes totalmente y vivas al máximo. Te desafío a vivir según la Ley de Dios y llenar tu mente regularmente de pensamientos positivos.

Piensa en ello

¿En qué circunstancias concretas necesitas comenzar a creer la Ley de Dios en lugar de la Ley de Murphy?

_____

_____

No permitas que lo positivo se vuelva negativo

Mira el cuadro general

Cuando nos enfocamos excesivamente en los elementos negativos de cierta situación excluyendo sus aspectos buenos, estamos "filtrando" lo positivo y exagerando lo negativo. Muy pocas situaciones son 100 por ciento negativas; la mayoría de las veces podemos encontrar algo bueno en cada circunstancia, aun si tenemos que ser realmente diligentes al respecto.

Digamos que eres una mamá que no trabaja fuera de casa y tienes niños pequeños, y tu esposo se va de la casa para trabajar cada día. Tu hijo de cuatro años pinta en las paredes, corta agujeros en sus pantalones nuevos, da patadas a su hermana, y derrama jugo de fruta sobre tu alfombra recién limpia. Digamos también que él finalmente aprendió a disculparse ante su hermana sin que se lo tengan que recordar, confesó haber cortado sus pantalones en lugar de decir que el perro lo hizo, hace un intento de limpiar su cuarto, y dice que tú eres la mejor mamá de todo el mundo. Decir que él fue absolutamente horrible durante el día entero y olvidar sus buenos momentos sería filtrar lo bueno y eliminarlo, y dejaría en tu mente sólo pensamientos negativos. Aunque, sin duda, habría habido cosas negativas en ese día, tuvo también sus experiencias positivas.

No puedo enfatizar con demasiada fuerza lo importante que es que resistas la tentación de caracterizar algo como totalmente negativo o enfocarte excesivamente en aspectos negativos de una situación. Mira la situación como un todo y encuentra algo positivo al respecto. Eso te ayudará a convertirte en una persona positiva.

Piensa en ello

¿Cuál es la situación más negativa en tu vida? Ahora, enumera tres cosas positivas respecto a ella. Si no estás acostumbrado a hacer esto, puede desafiarte, pero de todos modos inténtalo.

_____

_____

No lo conviertas en algo personal

Automáticamente culparnos a nosotros mismos cuando algo va mal o pensar que todo lo que va mal está dirigido contra nosotros como individuos se denomina "personalizar" y hace que el pensamiento positivo sea muy difícil. Esto sucede con frecuencia con jóvenes en equipos deportivos, cuando fallan el último tiro, gol o carrera del partido y sienten que son únicamente responsables de perder. Necesitan entender que tanto ganar como perder son esfuerzos de equipo. Se necesita a todo un equipo para ganar; se necesita a todo un equipo para perder. Aun si un individuo falló la última oportunidad de ganar el partido, hubo muchas otras que se perdieron a lo largo del camino que se añadieron al resultado final.

De modo similar, digamos que un grupo de mujeres decide reunirse para comer y, en el último minuto, Julia lo cancela. Si Susi es alguien que se toma todo personalmente, automáticamente supondrá que Julia no quería estar con ella cuando, en realidad, Julia puede que haya tenido una crisis familiar, un invitado inesperado, o una emergencia dental.

Piensa en ello

¿Cuándo fue la última vez que te culpaste a ti mismo de algo que no era culpa tuya? ¿Hubo otra manera en que podrías haber visto la situación y que no te convirtiera a ti en el villano?

_____

_____

¿Hieren tus sentimientos muchas veces? ¿Podría ser que estés personalizando algunas situaciones? ¿Cómo puedes evitar eso en el futuro?

_____

_____

Anticipa lo mejor

Uno de los mayores fabricantes de zapatos del mundo envió a dos investigadores de mercado, independiente el uno del otro, a una nación subdesarrollada para descubrir si ese país era o no un mercado viable para ellos. El primer investigador envió un telegrama a la oficina diciendo: "No mercado aquí. Nadie lleva zapatos". El segundo investigador envió un telegrama a la oficina diciendo: "Potencial ilimitado aquí; ¡nadie tiene zapatos!". [7]

Estoy segura de que el segundo investigador hizo ese viaje esperando enviar buenas noticias a su jefe; y lo hizo. Podría haber percibido el hecho de que todos en la nación que visitó iban descalzos como un desafío o como un obstáculo, como hizo el otro investigador, y entonces su actitud habría sido negativa. Pero porque él anticipaba lo mejor, vio la situación bajo una luz positiva.

En cualquier situación, el hábito de pensar sobre lo que puede ir mal o imaginar escenarios del peor de los casos es un mal hábito que necesita ser roto. Digamos que un amigo y tú están planeando una excursión a pie. La mayoría de excursiones a pie tienen sus desafíos, pero la persona que podrá vencer los desafíos es la que espera que la excursión salga bien y está decidida a disfrutarla. El que piensa: *Bueno, quizá sea un camino hermoso, pero está lleno de mosquitos, y hará calor, y me dolerán los pies después de un rato. ¿Y si nos perdemos y no podemos encontrar el camino de regreso?* ¡está condenado a pasar un día largo y miserable! Esta persona ya ha decidido no disfrutar la excursión antes de que ni siquiera comience. Muchas cosas en la vida vienen con desafíos, pero la mayoría de ellos pueden vencerse con una perspectiva positiva que espere lo mejor.

Piensa en ello

Piensa en un desafío que estés afrontando en este momento. ¿Cómo puedes esperar lo mejor? ¿Cuáles son dos cosas buenas que podrían surgir de este desafío?

_____

_____

Acepta algunas "áreas grises"

Si queremos mantenernos positivos, tenemos que entender que todo no es sólo blanco o negro. La vida tiene algunas áreas grises, algunos "intermedios". Todo no puede ser perfecto todo el tiempo, y todo no es horrible todo el tiempo. Decidir perderte una reunión o un evento social simplemente porque llegues cinco minutos tarde o porque tengas un grano en tu cara, cancelar un viaje porque el vuelo esté retrasado, o sentirse como un ser humano terrible debido a un error inocente es una manera de pensar conocida como "polarización", y conduce a la frustración y la negatividad. [8] Permanece optimista en cuanto a la vida, acepta que no serás perfecto todo el tiempo, y tampoco lo serán las personas o las cosas que te rodean.

Si esperamos perfección de la vida en general, normalmente tendemos a esperar lo mismo de las personas. Ese tipo de "expectativa irrealista" no sólo se encuentra con una gran cantidad de desengaño cuando no se cumplen nuestras expectativas, sino también pone una presión insoportable en personas que nos importan, y puede finalmente destruir relaciones. ¿Por qué no dar a las personas un respiro y dejar de demandar algo de ellas que no tienen la capacidad de producir? El apóstol Santiago dijo que todos con frecuencia tropezamos, caemos y ofendemos en muchas cosas (ver Santiago 3:2). Por tanto, si *todos* cometemos errores *con frecuencia*, ¿por qué no entender que es parte de la experiencia humana y relajarnos?

Piensa en ello

¿De qué maneras concretas necesitas aceptar más las "áreas imperfectas" en tu vida o en el modo en que las áreas imperfectas de otra persona te afectan?

_____

_____

CAPÍTULO

3

Por tu propio bien

Una joven iba a conocer por primera vez a los padres de su novio. Desde luego, quería verse muy bien, pero cuando se miró en el espejo vio que sus zapatos de salón de cuero se veían un poco apagados. Agarró una toallita de papel que había utilizado para secar grasa del beicon que había preparado para el desayuno aquella mañana, sacó brillo a sus zapatos, y se fue. Al llegar a la casa de los padres de su novio, ellos la saludaron, y lo mismo hizo su consentido y temperamental caniche. El perro la siguió felizmente toda la tarde, debido al olor de sus zapatos. Cuando la visita llegaba a su fin y ella se preparaba para irse, los padres comentaron: "Nuestro perro es excelente para juzgar el carácter, ¡y sin duda alguna le gustas! ¡Bienvenida a la familia! [1]

En esta historia, los padres del novio tomaron una decisión basada en algo que ellos *creían* que era verdad; ¡pero no era verdad en absoluto! Obviamente, ellos no podían oler la grasa del beicon que había en los zapatos de la novia de su hijo, pero el caniche ciertamente sí pudo, y respondió favorablemente a la muchacha debido a ello. Ellos decidieron que la joven sería una adición bienvenida a su familia porque el perro era un estupendo juez del carácter. Las personas permiten que lo que piensan influya en ellas de muchas maneras, ¡tanto grandes como pequeñas!

Los pensamientos son poderosos

En años recientes, se ha hecho mucho del hecho de que los pensamientos y las actitudes influencian a las personas de muchas maneras. Muchas escuelas de medicina y hospitales han recibido fondos para estudiar la relación entre mente y cuerpo e implementar programas para ayudar a los pacientes a curarse físicamente volviéndose más sanos mentalmente. Es estupendo que la comunidad médica esté prestando atención a la relación mente-cuerpo, pero el entendimiento del poder de los pensamientos no es un nuevo desarrollo. De hecho, se aborda en el Antiguo y en el Nuevo Testamento, ¡escritos hace miles de años!

En Romanos 14:14 el apóstol Pablo indica la fuerte creencia de que los pensamientos son muy poderosos. Respondiendo a un acalorado debate sobre si los cristianos en la Iglesia primitiva deberían o no comer carne que había sido ofrecida a ídolos, él escribió: "Yo, de mi parte, estoy plenamente convencido en el Señor Jesús de que no hay nada impuro en sí mismo. Si algo es impuro, lo es solamente para quien así lo *considera*" (énfasis de la autora).

Pablo no creía que la carne ofrecida a ídolos pudiera estar manchada, porque sabía que los ídolos no eran otra cosa sino madera o piedra. Sin embargo, muchas personas no veían las cosas como las veía Pablo, y él entendía eso. Por tanto, su consejo para ellos fue no comer la carne si ellos *consideraban* que era impura. Él sabía que comer carne que ellos considerasen contaminada afectaría a su conciencia de la misma manera que lo hubiera hecho si la carne realmente hubiera sido impura. En otras palabras, en cierto sentido, percepción es realidad.

Cuanto más medito en Romanos 14:14, más sorprendida estoy por la profundidad de la perspectiva de Pablo. El principio que él entendía era cierto cuando se aplicaba a carne ofrecida a ídolos en tiempos de antaño, y sigue siendo cierto en la actualidad en cualquier área de la vida. Por ejemplo, una persona que piense, *"Nunca obtendré un buen trabajo"*, no es probable que lo consiga. Las personas cuyos pensamientos les han convencido de que nunca pueden hacer nada bien, tienden a cometer más errores de lo normal y a tener un mayor índice de fracaso. Las personas que se consideran a sí mismas propensas a los accidentes, parecen tener un accidente tras otro. En su forma extrema, permitir que los pensamientos se conviertan en realidades puede resultar en enfermedades como la anorexia, en la cual los pacientes cuyo peso y grasa corporal están muy por debajo de lo normal están convencidos en sus mentes de que tienen mucho sobrepeso. Están tan profundamente convencidos, que incluso cuando se miran en el espejo la imagen que ven aparece mucho mayor de lo que es en realidad.

Nunca podemos avanzar más allá de lo que pensamos y creemos. Muchas personas en la actualidad ni siquiera se molestan en pensar racionalmente en cuanto a lo que creen, y a veces terminan edificando sus vidas sobre creencias que simplemente no son verdad. Para ellos, cualquier cosa que "ellos" dicen se convierte en verdad; y "ellos" pueden ser los medios de comunicación, una celebridad, un grupo de amigos, u otros a quienes les gusta compartir opiniones pero que pueden o no tener realmente idea alguna de lo que es verdad. Cuando creemos mentiras, nuestras mentes pueden realmente limitarnos y hasta evitar que hagamos aquello para lo cual Dios nos creó. Pero si contendemos por la verdad, aceptamos la verdad, y edificamos nuestras vidas sobre la verdad, tendremos éxito en cada empresa.

Piensa en ello

¿Qué pensamiento crees que te limita más que cualquier otra cosa? ¿Crees que puedes cambiarlo?

_____

_____

La batalla por la verdad

En tiempos de Pablo, muchas personas creían la mentira de que la carne ofrecida a ídolos era impura. Esa situación puede que siga siendo relevante en algunas culturas en la actualidad, pero no universalmente. Sin embargo, el mundo en el que tú y yo vivimos también está plagado de mentiras. Muchas personas no creen que haya tal cosa como "verdad absoluta", y creen que cualquier verdad que sí exista se aplica solamente a ciertos individuales o a situaciones concretas. Satanás ha construido toda esta mentalidad a fin de hacer a un lado las verdades eternas de Dios. Eso hace que las personas crean lo que es conveniente y fácil para ellas, en lugar de creer según los principios de Dios y vivirlos, los cuales están diseñados para darnos vida, paz y victoria y darle gloria a Él.

Uno de los problemas en el mundo actualmente es que las personas quieren "hacer sus propias cosas" aun si eso las hace desgraciadas. No quieren aceptar instrucciones de nadie ni que nadie les diga lo que tienen que hacer. Y no quieren leer palabras de verdad en un libro llamado la Biblia. Este tipo de arrogante independencia y rebelión es responsable de muchos resultados desagradables y hasta tragedias. Estoy segura, si te detienes a pensarlo, que conoces de situaciones en las cuales las personas han estado decididas a ir por su propio camino y terminaron con problemas terribles.

¡Eso no tiene que suceder! Dios nos ha dado instrucciones para la vida. Son verdad; y funcionan.

Para poder disfrutar la vida y evitar problemas innecesarios, debemos vivir de acuerdo a la verdad que se encuentra en la Palabra de Dios y no según las mentiras que oímos de otras personas, del mundo, o del enemigo. El enemigo está siempre preparado para engañarnos tentándonos a creer cosas que no son realmente verdad, pero pueden convertirse en realidades personales para nosotros si creemos las mentiras que las rodean. Cuando somos engañados, no conocemos, disfrutamos, ni vivimos según la verdad. Pero cuando vivimos según la verdad, hay grandes beneficios. Si no conocemos la verdad porque somos engañados, no hay manera de que podamos disfrutar los beneficios. Debemos saber cómo separar lo que es verdad de lo que no lo es. Podemos hacerlo, pero la batalla por la verdad tiene lugar en nuestra mente, y no la ganaremos sin pelear. Debemos examinar *lo que* creemos y *por qué* lo creemos. Es sabio estar firmemente convencidos para que cuando el diablo nos desafíe con respecto a la Palabra de Dios, estemos preparados para permanecer firmes.

Con frecuencia vemos que los hijos de padres cristianos llegan a una edad en la que comienzan a preguntarse si ellos realmente creen lo que sus padres les han enseñado o no. A veces pasan por un periodo de "crisis" con respecto a su fe en Dios. Necesitan encontrar su propia fe porque ya no pueden vivir de la fe de sus padres como han hecho en el pasado. Este puede ser un proceso muy sano. La mayoría de ellos normalmente entienden que sí creen que Jesús es su Salvador, pero fue una decisión que necesitaban tomar por sí mismos. No podemos estar firmes en las tormentas de la vida basándonos en la fe de otra persona. Debemos estar totalmente seguros en nuestro propio corazón y mente.

Cuando tomamos la decisión de cambiar nuestro modo

de pensar para alinearlo con la verdad de Dios, entramos en una guerra total con el enemigo, y nuestra mente es el campo de batalla sobre la cual se libra esta guerra. Satanás sabe que si puede dominar nuestros pensamientos, puede dominar nuestras vidas. Pero Dios nos ha dado la capacidad de vencer a Satanás, y podemos comenzar entendiendo su naturaleza y sus estrategias contra nosotros.

Entender al enemigo y sus estrategias

Piensa en Romanos 14:14 y el hecho de que lo que creamos se convierte en "verdad" en nuestra mente. Por eso debemos ser diligentes para saber y entender la "verdadera verdad", la verdad de Dios, y saber cómo reconocer y rechazar las mentiras. Si no tenemos cuidado, creeremos mentiras y ellas nos influenciarán de maneras negativas. Eso es *exactamente* lo que el enemigo quiere.

Juan 8:44 identifica claramente al enemigo como "un mentiroso. ¡Es el padre de la mentira!". Todo en cuanto a él y todo lo que él intenta hacernos creer es una mentira. Él es el gran engañador, y logra entrada en la vida de varios individuos engañándolos.

En el mundo natural hay una criatura que también practica el engaño y, al igual que el enemigo, no conoce otro modo de vivir. Probablemente nunca hayas oído de la araña Portia, pero este pequeño insecto claramente ilustra cómo trabaja el enemigo.

La araña Portia es un experto depredador cuya principal arma es el engaño. Para empezar, dice Robert R. Jackson en *National Geographic*, la araña se parece a un pedazo de hoja seca o follaje que ha caído en la telaraña. Cuando ataca a otras especies de arañas, utiliza varios métodos para atraer a la araña invitada hasta un alcance donde pueda golpearla.

A veces avanza despacio hacia la telaraña y da golpecitos a los hilos de seda de una manera que imita las vibraciones de un mosquito atrapado en la telaraña. La araña invitada marcha hacia su cena y en cambio se convierte ella misma en la cena.

La araña Portia puede realmente adaptar su engaño para su presa. Con un tipo de araña que mantiene su hogar dentro de una hoja enrollada, la araña Portia danza sobre el exterior de la hoja, imitando un ritual de aparejamiento.

Jackson escribe: "Portia puede encontrar una señal para casi cualquier araña por medio de prueba y error. Hace diferentes señales hasta que la araña víctima finalmente responde apropiadamente; entonces sigue haciendo la señal que funciona".[2]

No seamos ignorantes

La Biblia dice que no deberíamos ser ignorantes de las maquinaciones del enemigo (ver 2 Corintios 2:11, RV-60). Es interesante que la palabra *maquinación* se define como "una estrategia para engañar". Claramente, una manera en que él usa sus maquinaciones contra nosotros es plantar en nuestra mente pensamientos que tienen un propósito maligno. La Dra. Caroline Leaf enseña que en el momento en que nuestros pensamientos se vuelven tóxicos (en otras palabras, llenos de ansiedad, cargados por depresión, influenciados por mentiras, o dañinos de otras maneras: ¡venenosos!), nuestro cerebro no puede funcionar tal como Dios diseñó. Ella cree, y yo también, que el enemigo sabe esto y se aprovecha de ello librando guerra en el campo de batalla de la mente.

He descubierto que la preocupación y el razonamiento son dos de las mejores maquinaciones de Satanás en la vida. Es importante conocer tus "puntos débiles", y orar que cuando seas tentado en esas áreas, seas capaz de reconocer y resistir la tentación. La preocupación y el razonamiento son tentaciones igual que mentir, robar, o cualquier otro pecado. Normalmente no vemos cosas como la preocupación como un pecado, pero todo lo que no provenga de fe es pecado según Romanos 14:23. Sin duda, no nos preocupamos por fe, así que tenemos que afrontar el hecho de que es pecado y muy deshonroso para Dios.

Yo solía preocuparme y trataba de solucionar muchas cosas. Parecía que no podía relajarme y estar en paz a menos que pensara que lo había solucionado todo. Ahora entiendo que era mi desesperado pero necio intento de sentirme en control de la vida y, por tanto, segura. Cuando me permitía a mí misma preocuparme y razonar, daba lugar a Satanás en mis pensamientos (ver Efesios 4:27). A lo largo de los años, esta y otras áreas de debilidad le permitieron a él desarrollar varias fortalezas en mi mente. Permíteme explicarlo.

El enemigo no sólo trata de plantar mentiras individuales en nuestra mente; tiene una estrategia mayor y más sutil que eso. Es importante que recordemos ahora el pasaje de 2 Corintios 10:4-6.

Las armas con que luchamos no son del mundo, sino que tienen el poder divino para derribar *fortalezas*. Destruimos argumentos y toda altivez que se levanta contra el conocimiento de Dios, y llevamos cautivo todo pensamiento para que se someta a Cristo. Y estamos dispuestos a castigar cualquier acto de desobediencia una vez que yo pueda contar con la completa obediencia de ustedes (énfasis de la autora).

Oculta en este pasaje está una palabra clave: *fortalezas*. Lo que el enemigo quiere hacer en nuestras mentes es construir fortalezas. El diccionario American Heritage define una *fortaleza* como "un fuerte; un área dominada u ocupada por un grupo especial". Por tanto, las fortalezas son mentalidades y patrones de pensamiento incorrectos que están basados en mentiras y capacitan al enemigo para dominar ciertas áreas de nuestras vidas.

Cuando yo era niña, siempre sentía la necesidad de ocuparme de mí misma porque nadie más lo estaba haciendo. Mediante el temor que se manifestaba en preocupación y razonamiento, Satanás obtuvo entrada y construyó una fortaleza mental en esas áreas. Yo también me sentía avergonzada porque mi padre abusó de mí cuando yo era niña, y Satanás utilizó esa circunstancia para construir una fortaleza en mi mente de inseguridad y una baja autoestima. Esta mentalidad errónea afectó a cada área de mi vida por muchos años.

El enemigo sabe que las fortalezas son efectivas. Si puede atraparnos en ellas, puede obrar todo tipo de destrucción. Dios no quiere nos mantengamos cautivos en fuertes de las mentiras del enemigo, así que nos enseña por medio de su Palabra cómo destruirlos. Este proceso se denomina "renovar la mente", que es sencillamente aprender cómo pensar adecuadamente. Necesitamos examinar lo que creemos y comenzar a preguntar por qué creemos de ese modo en particular. Millones de personas están atrapadas en vidas desgraciadas porque creen mentiras. Puede que crean, como yo antes, que no tienen valor alguno y se pregunten por qué nacieron. Podrían tener una raíz de rechazo en sus vidas, que es un profundo sentimiento de que nadie las quiere ni siente que ellas tengan ningún valor. Si una persona tiene una raíz de rechazo, se imaginará todo tipo de cosas que no son verdad en absoluto. Esas personas tienen tal expectativa de ser rechazadas, que realmente terminan comportándose de maneras que hacen que las personas se sientan incómodas e incapaces de disfrutar con ellas. Frecuentemente sí se las pasa por alto en la vida, pero fueron sus propios pensamientos los que crearon el problema.

Piensa en ello

La preocupación, el razonamiento y la inseguridad fueron algunas de las maquinaciones más eficaces del enemigo contra mí. ¿Cuáles son sus mejores maquinaciones contra ti?

_____

_____

Derribando fortalezas

La manera de librarnos de la oscuridad es encender la luz, y la única manera de destruir una fortaleza de mentiras es disipándola a la luz de la verdad. La mayor arma que tú y yo tenemos es la verdad de la Palabra de Dios. El pasaje de 2 Corintios 10:5 dice que debemos llevar todo pensamiento "cautivo para que se someta a Cristo". Puedo asegurarte que si no llevamos cautivos los pensamientos erróneos, esos pensamientos erróneos nos llevarán cautivos *a nosotros*.

Durante los días en que Jesús vivió en la tierra, Pilato le hizo una pregunta que se ha planteado a lo largo de los siglos y que se sigue haciendo en la actualidad: "¿Qué es la verdad?" (Juan 18:38). Jesús ya había respondido esta pregunta de manera clara y sencilla. "Yo soy el camino, la verdad y la vida" (Juan 14:6). Cuando estaba orando a Dios en Juan 17:17, Jesús también dijo: "Tu palabra es la verdad". Él no sólo conocía la verdad, sino que cuando su propia mente estaba siendo atacada por Satanás, habló en voz alta la verdad de la Palabra de Dios (Lucas 4:1-13). Esta es una de las maneras más eficaces de "derribar" pensamientos, razonamientos, teorías e imaginaciones erróneas. Yo lo veo como interrumpir al diablo en medio de su tentación.

Eso es lo que Dios me enseñó a hacer cuando surgían los pensamientos de preocupación y razonamiento. Y eso es lo

que Él quiere que tú hagas con los pensamientos erróneos
que el enemigo utiliza contra ti. Cuando tu mente esté siendo
bombardeada con pensamientos erróneos, simplemente di
en voz alta la parte de la Palabra de Dios que se oponga a la
mentira que hay en tu mente. Por ejemplo: si te encuentras
pensando que eres inútil y siempre fracasas en lo que intentas, entonces di en voz alta: "Dios tiene un propósito para mi
vida y Él me hace triunfar y tener éxito".

Somos colaboradores de Dios. Nuestra parte es confiar
en Él, conocer su Palabra y creerla, y la parte de Él es hacer
todo lo que sea necesario hacer en cada situación. No podemos conocer la Palabra de Dios a menos que nos dedique-
mos diligentemente a leerla y estudiarla. Nadie esperaría
ser un doctor exitoso sin estudiar, y no sé por qué las personas esperan ser fuertes en su fe sin hacer lo mismo.

Jesús afirmó claramente en Mateo 6:25-34 que no hemos
de preocuparnos por nada porque Dios es fiel para darnos
todo lo que necesitamos, cuando lo necesitamos. Proverbios 3:5, 6 dice: "Confía en el Señor de todo corazón, y no
en tu propia inteligencia. Reconócelo en todos tus caminos,
y él allanará tus sendas".

Cuando Dios abrió mis ojos a la verdad de su Palabra,
comencé a confiar en lo que la Escritura decía por encima
de lo que el enemigo decía. Cuanto más meditaba en pasajes como los que acabo de mencionar y otros, más cambia-
ban mis pensamientos y aumentaban mi libertad y mi gozo.
Poco a poco, a medida que la verdad de la Palabra de Dios se
fue arraigando en mi mente, el enemigo perdió terreno en
mis pensamientos.

Tener mi mente renovada no sucedió de la noche a la
mañana. Satanás, muy pacientemente y diligentemente,
había construido erróneos patrones de pensamiento en mi
mente. Había estado trabajando desde que yo nací, y tenía
intención de continuar hasta que yo muriese. Debemos tener

la misma tenacidad que él tiene y estar dispuestos a pasar el resto de nuestras vidas trabajando con Dios para deshacer el daño que el diablo hizo. Dios quiere restaurar todo lo que el diablo nos ha robado, y cultivar el carácter de Cristo en nosotros (ver Isaías 61:7 y 1 Tesalonicenses 5:23, 24). Toma la decisión ahora de que nunca te rendirás hasta que experimentes victoria en todas las áreas de tu vida. También te aliento a que seas paciente y decidido aunque no obtengas resultados instantáneos. Dios está obrando en ti y en tu vida, y verás resultados a su debido tiempo.

La Palabra de Dios, la Biblia, es verdad. Enseña la verdad; nos enseña una manera de vivir que produce vida. La Palabra de Dios ha soportado la prueba del tiempo y ha sido demostrada en millones de vidas de personas a lo largo de miles de años. Funciona, si la seguimos; sé esto por años de experiencia personal y por incontables veces en que he visto cambiar vidas de otras personas de maneras increíbles simplemente porque creyeron y obedecieron la verdad de Dios.

Sé libre y mantente libre

Una vez que aprendemos cómo ser libres de la influencia del enemigo en nuestra mente creyendo y aplicando la verdad de Dios a nuestra vida, entonces necesitamos aprender cómo mantenernos libres. No es suficiente sólo con llevar cautivos pensamientos erróneos; también tenemos que escoger pensar los pensamientos correctos en el futuro. Descubrí que esto era verdad en mi batalla contra la preocupación y el razonamiento. En cuanto aprendí que Dios no quería que me preocupase o tratase de solucionarlo todo, hice todos los esfuerzos por no hacerlo. Cuando llegaban pensamientos erróneos a mi cabeza, yo hacía todo lo posible para llevarlos cautivos. Decía: "No, ¡no voy a pensar eso!". Por un momento, mi mente encontraba libertad. Pero poco después, los viejos pensamientos regresaban. Otra vez yo decía: "No, ¡no voy a pensar eso!". Pero tarde o temprano, el mismo pensamiento, u otro parecido, regresaba. Este ciclo continuó y continuó, y a veces, al final del día yo estaba totalmente agotada.

Un día recuerdo haber orado: "Dios, no puedo seguir así día tras día. En cuanto capturo estos pensamientos erróneos, regresan. ¿Qué tengo que hacer?" Cuando pelees la batalla en tu mente, puede que te encuentres haciendo esa misma oración, así que quiero compartir contigo la sencilla respuesta que Dios me dio. ¡Él dijo que lo único que yo tenía que hacer era pensar en otra cosa! Cuando piensas en algo bueno, no hay lugar para que pensamientos erróneos entren en tu mente. Concentrarte en no tratar de pensar pensamientos erróneos puede en realidad aumentarlos, pero sencillamente llenar tu mente de cosas buenas no deja lugar para que entren cosas malas. La Biblia dice que si andamos en el Espíritu no satisfaremos los deseos de la carne (ver Gálatas 5:16), y esto simplemente significa que si nos concentramos en las cosas que Dios desea, entonces no tendremos lugar en nuestras vidas para lo que el diablo desea.

Esa fue una revelación transformadora para mí. Entendí que no podía esperar a que algo bueno simplemente cayera en mi mente. Yo tenía que *escoger* mis pensamientos *a propósito*. Necesitaba fijar mi mente en "lo verdadero, todo lo respetable, todo lo justo, todo lo puro, todo lo amable, todo lo digno de admiración, en fin, todo lo que sea excelente o merezca elogio" (Filipenses 4:8). La Biblia dice en Deuteronomio 30:19 que Dios pone delante de nosotros la vida y la muerte, bendiciones y maldiciones. Si tú y yo no escogemos pensamientos que conducen a la vida, el enemigo hará la elección por nosotros; y él escogerá pensamientos para nosotros que conduzcan a la muerte. Pero cuando escogemos pensamientos que conducen a la vida, nuestras vidas serán bendecidas. Una vez más quiero recordarte que "tú puedes escoger tus pensamientos" y que deberías hacerlo con mucha atención. Te aliento a que realices lo que yo llamo "sesiones de pensar". Toma tiempo para pasar por tu mente una y otra vez pensamientos buenos, y esto te ayudará a formar el hábito de pensar cosas buenas. Debes creer que puedes hacer una cosa, o no lo intentarás. Así que repito: "¡Tú puedes escoger tus propios pensamientos!". Puedes vencer el mal con el bien (Romanos 12:21).

Escríbelo

Escribir las cosas parece que realmente me ayuda a aprender. Por ejemplo, he descubierto que escribir una lista de todos los puntos positivos sobre una situación o una persona, junto con escribir pasajes bíblicos relacionados, me ayuda a mantenerme gozosa y evitar sacar las cosas de proporción. Después de hacer tal lista, a veces la llevo conmigo para poder consultarla, o la leo cada mañana. Eso me ayuda cuando soy tentada a dar lugar al pensamiento erróneo. Yo lo llamo "pelear la buena batalla de la fe". Dios ha utilizado este método de renovar mi mente en muchas áreas. He aprendido que cuanto más amplío y medito en lo que es bueno, más pequeños se vuelven mis problemas. Lo mismo puede suceder para ti. Solamente inténtalo. Hacer estos ejercicios te ayudarán a formar nuevos hábitos de pensamiento que finalmente se volverán muy naturales para ti en lugar de ser algo en lo que tengas que trabajar.

Piensa en ello

Piensa en una persona o situación que sea difícil para ti y haz una lista de elementos positivos al respecto. Llévala contigo y léela (en voz alta si es posible) cuando seas tentado a ceder al pensamiento erróneo.

Ponte de acuerdo con Dios

Necesitamos renovar *constantemente* nuestra mente con la verdad de la Palabra de Dios. No sólo estoy escribiendo un libro sobre los pensamientos en este momento, sino que también estoy leyendo para mi propio estudio y edificación. Necesitamos ser "aprendices toda la vida".

Yo solía ser una persona muy negativa, así que fue necesaria una determinación diaria para que reprogramase mi modo de pensar. Tomó tiempo, pero gradualmente, a medida que aplicaba nuevo conocimiento a este desafío, desarrollé una nueva manera de pensar. Aunque encarar las cosas desde una perspectiva positiva ahora se ha convertido en mi respuesta normal, sigo leyendo y estudiando en esta área periódicamente para darme a mí misma "cursos de refresco". Sé que era una importante debilidad para mí, y nunca quiero suponer que he aprendido todo lo que hay que aprender y que sé todo lo que hay que saber. La persona más tonta del mundo es aquella que piensa que lo sabe todo y que no tiene más necesidad de aprender.

Si podemos aprender a ponernos de acuerdo con Dios en nuestros pensamientos —a pensar del modo en que Él quiere que pensemos—, entonces podemos tener lo que Él quiere que tengamos, ser lo que Él quiere que seamos, y hacer lo que Él quiere que hagamos.

Yo he dicho muchas veces: "Tenemos que pensar en lo que estamos pensando", y lo creo ahora más que nunca. Si estás de mal genio, pregúntate en qué has estado pensando, y probablemente descubrirás la raíz de tu mal genio. Si sientes lástima de ti mismo, solamente piensa en qué estás pensando; tu actitud puede que necesite un ajuste. Recuerda: "Donde va la mente, el hombre le sigue". Nuestro estado de ánimo está directamente vinculado con nuestros pensamientos, así que buenos pensamientos producirán buen ánimo.

¡Piensa responsablemente!

Necesitamos asumir la responsabilidad de nuestros pensamientos. Debemos dejar de actuar como si no hubiera nada que podamos hacer con respecto a ellos. Dios nos ha dado el poder de resistir al diablo escogiendo pensar en cosas que son piadosas y buenas. Me da una tremenda esperanza cuando entiendo que puedo estar segura de tener una vida mejor pensando buenos pensamientos. ¡Eso es emocionante!

Dios nos mostrará qué tenemos que hacer para "limpiar" nuestro modo de pensar, pero Él no lo hará por nosotros. Él nos da su Palabra para enseñarnos, y su Espíritu para ayudarnos, pero solamente nosotros podemos tomar la decisión de hacer lo que deberíamos hacer.

Puedes aprender a pensar adecuadamente y poderosamente si quieres; tomará tiempo, pero es una inversión que da grandes dividendos.

La Biblia es un registro de los pensamientos de Dios, de sus caminos y de sus obras. ¡Cuando estamos de acuerdo con ella estamos de acuerdo con Dios!

Piensa en ello

¿Has asumido responsabilidad personal de tus pensamientos y actitudes? Si no es así, escribe que hoy es el día en que comienzas a asumir responsabilidad de cómo piensas, anota la fecha y fírmalo como si estuvieras haciendo un contrato con Dios.

_____

_____

CAPÍTULO
4

Pensar con propósito

Es sorprendente con cuánta rapidez y totalidad nuestros pensamientos pueden cambiar nuestro humor. El pensamiento negativo de cualquier tipo rápidamente me roba el gozo y me causa mal humor. Cuando somos negativos y pesimistas, otras personas no disfrutan de estar con nosotros, y cuando nuestros pensamientos están abatidos, todo lo demás se abate junto con ellos. Nuestro humor, aspecto, conversación, y hasta nuestro cuerpo pueden comenzar a inclinarse en una posición descendente. Las manos quedan colgantes, los hombros se bajan, y tendemos a mirar hacia abajo en lugar de hacia arriba. Las personas que tienden a ser negativas en sus pensamientos y en su conversación son normalmente infelices y rara vez están contentas con algo por mucho tiempo. Aun si algo emocionante sucede, ellos enseguida le encuentran algo de malo. En cuanto ven una cosa mal, tienden a fijar su mente en ello; cualquier disfrute que pudieran tener es obstaculizado por concentrarse en lo negativo. Puede que ocasionalmente experimenten un entusiasmo momentáneo, pero enseguida se evapora y el pesimismo una vez más llena todo su porte. Probablemente no se dan cuenta de que podrían ser felices si sencillamente cambiasen su modo de pensar. Debemos dejar de meramente *esperar* que algo bueno suceda y emprender la acción para asegurarnos de que algo bueno sucederá.

Me quedo realmente sorprendida cuando pienso en el hecho de que tenemos la capacidad de hacernos felices o tristes a nosotros mismos por lo que escogemos pensar. La Biblia dice que debemos estar satisfechos con las consecuencias de nuestras palabras, sean buenas o malas (ver Proverbios 18:20). También nos dice: "En la lengua hay poder de vida y muerte; quienes la aman comerán de su fruto" (Proverbios 18:21). Nuestras palabras comienzan con nuestros pensamientos, así que el mismo principio que se aplica a nuestra boca también se aplica a nuestra mente. Necesitamos estar satisfechos con las consecuencias de nuestros pensamientos porque ellos tienen poder de vida y muerte. Yo añadiría que tienen poder de contentamiento y descontento, de gozo y tristeza.

Cuanto más tiempo vivo, más me sorprendo por el hecho de que mi mente afecte tan profundamente a mi ánimo. Aún necesito pelear la batalla en mi mente, y dudo de que nadie llegue al punto de ser totalmente "libre de batalla". Desde luego, he aprendido a disciplinar mi mente con mayor rapidez de lo que antes lo hacía, pero sigue habiendo momentos en que mi mente está bajo ataque.

Dios nos ha dado el fruto del dominio propio (ver Gálatas 5:22, 23), lo cual significa que no tenemos por qué permitir que nuestros pensamientos estén fuera de control, sino que podemos ser intencionales en nuestro modo de pensar. Podemos controlar lo que pensamos, y podemos escoger nuestros pensamientos. Dios nos ha dado la capacidad de hacer elecciones en cuanto a muchas cosas en la vida, incluyendo nuestros pensamientos, y debemos ser responsables de hacer esas elecciones con cuidado. En la esfera de la mente, ejercer dominio propio y hacer elecciones sabias se denomina "pensar con propósito".

Piensa en ello

¿Cuáles son las maneras más obvias en que tus pensamientos afectan a tu humor? ¿Puedes pensar en una persona o situación en cuanto a la que tiendas a ser negativo?

_____

_____

Gran modo de pensar, gran vida

Una de las revelaciones más transformadoras que podemos tener es descubrir que podemos hacer algo en cuanto a nuestros pensamientos. Podemos practicar el "pensar con propósito". No tenemos que meditar en todo lo que surja en nuestra mente; podemos escoger en qué queremos pensar. Podemos escoger pensamientos que mejoren el poder, no pensamientos que lo agoten. Podemos ser deliberados en cuanto a lo que entra en nuestra mente. Podemos romper con malos hábitos y formar buenos hábitos. De hecho, aprender a pensar grandes pensamientos a propósito es la clave de una gran vida.

Con frecuencia nos permitimos creer la idea que tiene el mundo de "una gran vida". Puede que equiparemos grandeza con fama, fortuna, éxito deportivo, estatus de celebridad, notables logros comerciales o científicos, o atractivo físico. Pero ninguna de esas cosas constituye una verdadera gran vida. De hecho, algunas de las personas más famosas y ricas del mundo son algunas de las más desgraciadas. Para tener realmente una gran vida, yo creo que una persona tiene que tener amor, paz, gozo, una correcta relación con

Dios, buenas relaciones, y otras cualidades que el mundo no necesariamente considera "grandes". Sin esas cosas, ¿cómo podría ser grande la vida de nadie? Solamente piensa: lo que realmente tenemos sin paz ni gozo, es una vida llena de peleas y desgracia; y nadie considera que esa sea una gran manera de vivir.

Piensa en ello

¿Cuál es tu propia definición personal de una gran vida?

_____

_____

Tres claves para pensar con propósito

Dios deja claro en su Palabra que los pensamientos están directamente relacionados con la calidad de vida. Por medio de muchos años de estudio, enseñanza, y escribir acerca de la mente, puedo decir sinceramente que tu modo de pensar *será* transformado y tu vida *será* cambiada *si* sigues las instrucciones de Dios con respecto a tus pensamientos. En esta sección quiero compartir contigo tres claves para una gran forma de pensar. Todas ellas funcionan, pero ninguna de ellas se produce accidentalmente o sin esfuerzo. Si quieres que sean efectivas en tu vida, tendrás que incorporarlas a tu modo de pensar con propósito.

1. Concentra tu mente y mantenla concentrada.

El apóstol Pablo nos da una valiosa instrucción sobre nuestra manera de pensar en Colosenses 3:2: "Concentren su atención en las cosas de arriba, no en las de la tierra". Él nos dice claramente que pensemos en cosas que son importantes para Dios (las cosas de arriba), y hacer eso siempre llenará nuestra mente de buenos pensamientos.

"Concentrar" tu mente probablemente sea una de las cosas mejores y más beneficiosas que puedes aprender a hacer. "Concentrar" tu mente significa fijar tu mente firmemente. El cemento mojado puede ser movido con facilidad y es muy impresionable antes de que se seque o se "fije". Pero una vez fijado, está en su lugar para bien; no puede ser fácilmente moldeado o cambiado. El mismo principio se aplica a concentrar o fijar tu mente. Fijar tu mente es decidir decisivamente lo que pensarás, lo que creerás, y lo que harás o no harás; y establecerlo de tal manera que no puedas ser fácilmente movido o persuadido a hacer lo contrario. Cuando fijas tu mente según la verdad de los principios de Dios para una buena vida, necesitas mantenerla fija y no permitir que fuerzas externas vuelvan a moldear tu modo de pensar. Concentrar tu mente no significa ser estrecho de mente y terco. Siempre deberíamos estar abiertos a aprender, crecer y cambiar, pero debemos resistir regularmente la tentación de conformar nuestros pensamientos al mundo y sus ideas. Fijar tu mente en las cosas de arriba significa estar firme en tu decisión de estar de acuerdo con las maneras de vivir de Dios sin importar quién trate de convencerte de que estás equivocado.

Cuando yo comencé a conformar mi modo de pensar y de vivir a la Palabra de Dios, me encontré con una gran cantidad de oposición y tuve que estar firme en mi decisión. Por ejemplo, descubrí que cuando trataba de ser positiva, eso no era recibido bien por parte de quienes tenían el mal hábito de ser negativos. Ellos me decían que yo estaba tratando de vivir un cuento de hadas y que la vida real sencillamente no era así de positiva. Me decían que yo no podía "pensar" mi camino hacia el éxito. Fui realmente acusada de intentar operar en "control mental" como si fuera algo malvado y hasta demoníaco. Pero lo cierto es que Dios sí nos dice que controlemos nuestra mente, y no hacerlo es invitar toda forma de desgracia a nuestra vida.

Aunque es triste, tuve que entender que Satanás utilizaría hasta a mi familia y a mis amigos más cercanos para intentar evitar que yo hiciera progreso. Ellos me querían pero sencillamente no entendían, y tristemente, normalmente encontramos falta a lo que no entendemos. Yo tenía que saber con seguridad que Dios me estaba guiando, y tuve que estar firme en mi resolución de pensar pensamientos correctos para poder ver resultados correctos en mi vida. Mis amigos estaban acostumbrados a hacer lo mismo que yo había hecho siempre, que era pensar según lo que veíamos y sentíamos. Les parecía extraño que pudiéramos creer y pensar según lo que podría ser en lugar de lo que era.

La razón de que concentrar tu mente y mantenerla concentrada sea tan importante es que realmente no hay mucha esperanza de ser capaz de resistir la tentación si no fijas tu mente de antemano con respecto a lo que harás cuando seas tentado. La Biblia afirma que debido a que Abraham estaba "plenamente seguro" con respecto a la promesa de Dios, no vaciló ni cuestionó dudosamente (ver romanos 4:20, 21). En otras palabras, él había concentrado su mente y pudo mantenerla concentrada durante la tentación. Tú serás tentado; eso es un hecho de la vida. Por tanto, necesitas pensar de antemano acerca de las situaciones que pueden plantear problemas para ti. Si esperas hasta estar en medio de una situación para decidir si estarás firme o no, entonces es seguro que te darás por vencido.

Cuando hacemos dieta, debemos aplicar este principio de "concentrar tu mente y mantenerla concentrada" a fin de tener éxito. Puedes fácilmente comprometerte a una dieta después de cenar o el domingo en la noche, pero la verdadera prueba llega el lunes en la mañana cuando empiezas a tener realmente hambre. Las personas que han fijado su mente se aferrarán a sus decisiones, entendiendo que tienen que atravesar los momentos de hambre a fin de lograr al final los resultados que desean. Este mismo principio debe aplicarse a cada área en la cual necesitemos hacer un cambio. Puede ser aplicada al ejercicio, a salir de la deuda, a limpiar el garaje, o a cualquier otra cosa.

Decide con antelación que vas a atravesar todo el camino con Dios. Algunas personas pasan toda su vida comenzando y abandonando. Nunca terminan. Puede que concentren su mente, pero cuando llega la tentación, cuando las cosas se ponen difíciles, no la mantienen concentrada. Te aliento firmemente a que seas una de esas personas que terminan lo que comienzan manteniendo tu mente fija en la dirección correcta durante todo el camino hasta la victoria.

> Deseamos, sin embargo, que cada uno de ustedes
> siga mostrando ese mismo empeño hasta
> la realización final y completa de su esperanza.
> (*Hebreos 6:11*)

Cualquier cosa que más te desafíe, decide *ahora* que vas a fijar tu mente para obtener una victoria total. Hablar contigo mismo de antemano es una de las maneras de concentrar tu mente. Algunos ejemplos de lo que podrías decirte a ti mismo cuando fijas tu mente en áreas que comúnmente causan tentación incluye:

- "No voy a pensar malos pensamientos sobre otras personas y no voy a murmurar. No murmuraré. Cuando alguien a mi alrededor comience a hablarme sobre otra persona de modo crítico, yo no me permitiré participar. No voy a participar en arruinar la reputación de alguien. No ofenderé al Espíritu Santo".

- "No voy a comer en exceso cuando me siente a comer hoy. Me detendré cuando me sienta satisfecho. Elegiré buenos alimentos y no comeré emocionalmente".
- "No voy a ser excesivo en ningún área de mi vida. Soy una persona equilibrada. No voy a quejarme de nada. Tengo mucho por lo que estar agradecido y pensaré en esas cosas".
- "Voy a vivir para agradar a Dios, no a las personas. Quiero ser aceptado pero no cederé en mi fe y mi integridad moral".
- "Voy a eliminar el estrés innecesario de mi vida. Ralentizaré el paso, no me comprometeré en exceso, y trataré de mantener la vida tan sencilla como sea posible".
- "Voy a pensar pensamientos positivos y hablar palabras positivas".

Si piensas pensamientos como esos, entonces cuando seas tentado a murmurar, comer en exceso, o afrontar cualquiera que sea tu tentación particular, ya tienes un fundamento en su lugar. El mensaje que has registrado en tu interior comenzará a sonar en ti, y tomar la decisión correcta no será tan difícil como lo habría sido si no hubieras concentrado ya tu mente en lo que deberías hacer cuando esa situación se presente.

Si preparas tu mente de antemano, entonces cuando llegue la tentación estarás en buena forma para decirle "no". No esperes simplemente a ver lo que sientes cuando surja la tentación. Jesús les dijo a sus discípulos que orasen para no entrar en tentación (ver Lucas 22:46). Esa es otra manera de fijar tu mente y tu corazón en la dirección correcta. Reconocer tus áreas débiles y saber qué tipo de situaciones son desafiantes para ti en la vida es sabio. Establecer firmemente tu mente para vencerlas es el camino hacia la victoria.

Piensa en ello

¿En qué situaciones específicas puedes aplicar estos principios de preparación?

_____

_____

2. Renueva tu mente

Ninguna enseñanza sobre la mente está completa sin Romanos 12:2: "No se amolden al mundo actual, sino sean *transformados* mediante la *renovación de su mente*. Así podrán comprobar cuál es la voluntad de Dios, buena, agradable y perfecta" (énfasis de la autora).

Una mente no renovada es una mente que nunca es cambiada después de recibir a Jesucristo como Salvador. El espíritu es regenerado pero la mente permanece igual. Este estado prepara terreno fértil para que el diablo opere; por esta razón los cristianos con frecuencia tienen la reputación de ser hipócritas. Dicen que creen algo pero su conducta no encaja con sus supuestas creencias. Puede que vayan a la iglesia cada semana, pero en su hogar o en el trabajo no difieren del resto del mundo. No sólo son desgraciados, sino que el ejemplo que establecen para otros es terrible.

Muchas personas que necesitan a Cristo en su vida tienen obstáculos para aceptarle debido al mal testimonio de otras personas que conocen y que dicen que son cristianas.

Una mente impropia

Si un hijo de Dios alberga pecado en su corazón, está prestando su mente a espíritus malvados para que la utilicen. Por ejemplo, la Biblia afirma claramente que si un hombre desea a una mujer en su corazón, ya ha cometido adulterio con ella en cuanto a su corazón respecta. Puede que él sea cristiano, pero es carnal; tiene una mente impropia. No controla sus pensamientos; no ha renovado su mente ni ha aprendido el poder de sus pensamientos.

Una mujer puede tener pensamientos impropios hacia otro hombre si, cuando lo ve, le admira excesivamente y tiende a compararlo con su propio esposo. Quizá le gustaría que su esposo tuviera alguna de las cualidades que ella ve en ese otro hombre, y sus pensamientos se vuelven impropios, pues ella hasta se imagina casada con él en lugar de con el esposo que tiene.

La mujer puede que se encuentre sintiéndose culpable por tener tales pensamientos, pero no entiende que puede negar esos pensamientos que son "huéspedes no invitados" en lugar de ofrecerles un confortable hogar.

Cuanto más tiempo permita alguien tener pensamientos impropios, más difícil será librarse de ellos. Satanás ha edificado una fortaleza en la mente del hombre que sólo puede ser derribada por una fuerte determinación y mega dosis de la Palabra de Dios.

Satanás introduce muchos pensamientos impropios en la cabeza del creyente, pues sabe que puede obstaculizar el fruto haciendo eso; puede mantener al creyente débil y sin poder por medio de controlar sus pensamientos. Satanás podría llenar la mente de alguien de crítica o prejuicios; podría utilizar pensamientos de celos para mantenerlo en atadura. Los pensamientos de orgullo están entre sus favoritos. Si puede hacer que tengamos un concepto más alto de nosotros mismos que el que debiéramos tener y más bajo de los demás que el que deberíamos, puede tener éxito en obstaculizarnos para amar a otras personas, que es el nuevo mandamiento que Jesús dio (ver Juan 13:34).

Renovar tu mente no es como renovar tu licencia de

conducir o tu tarjeta de la biblioteca, cosas que pueden hacerse rápidamente y no tienen que repetirse por meses o años. Renovar tu mente es más como emprender la tarea de renovar y restaurar una casa vieja. No sucede rápidamente; toma tiempo, energía y esfuerzo, y siempre hay algo que necesita atención.

No caigas en la trampa de creer que puedes renovar tu mente pensando pensamientos correctos una vez. Para que la mente sea renovada, tendrás que pensar pensamientos correctos una y otra vez, hasta que lleguen a arraigarse en tu modo de pensar; hasta que pensamientos correctos lleguen a ti con más facilidad y naturalidad que pensamientos erróneos. Tendrás que disciplinarte para pensar adecuadamente, y tendrás que guardarte contra caer en viejos patrones de pensamiento; y eso puede suceder muy fácilmente. Cuando suceda, no te sientas mal, solamente comienza a pensar correctamente otra vez. Finalmente llegarás al punto en que los pensamientos erróneos en realidad te ponen incómodo y sencillamente ya no encajan bien en tus procesos de pensamiento.

El continuo y continuado proceso de renovar la mente se extiende a cada aspecto de tu modo de pensar. Si eres como la mayoría de personas, muchas áreas de tu mente necesitan ser renovadas, áreas que pueden incluir: el modo en que piensas sobre ti mismo, tus finanzas, tu salud, tu familia, la administración del tiempo, las vacaciones y el recreo, tu trabajo, tu futuro, o cualquiera de una multitud de otros temas. No supongas que has renovado tu mente simplemente porque te sientas confiado en que tu modo de pensar ha cambiado en un área. Deberías celebrarlo por la basura mental que has eliminado, pero no seas complaciente y te quedes sin proseguir.

Muchas veces, las áreas de pensamiento que te resultan más desafiantes de renovar son las que más te duelen y evitan que recibas lo mejor que Dios tiene para ti. Yo era adicta al trabajo, y aunque hacía progreso contra ello poco a poco, era una batalla real para mí. Yo era insegura y me sentía devaluada debido a que recibí abusos físicos en mi niñez, y caí en la trampa de obtener mi dignidad de mis logros. No era capaz de disfrutar realmente de la nueva vida que Dios había proporcionado mediante Jesucristo porque trabajaba constantemente tratando de merecerme lo que Él ya había dado por su gracia y su misericordia como un don gratuito. ¡Mediante la persistencia en renovar mi mente, he podido equilibrar mejor mi vida de maneras que me sorprenden! Pero quiero hacer hincapié una y otra vez en que tendrás que estar dispuesto a invertir tiempo y esfuerzo si quieres cambiar tu modo de pensar.

Permíteme que diga rápidamente que no deberías sentirte condenado si estás batallando con tus pensamientos en este momento o si afrontas luchas en próximos días. La condenación sólo te debilita, y nunca te ayuda a hacer progreso. Siempre que reconocemos que estamos permitiendo malos pensamientos en nuestra mente, deberíamos pedir a Dios que nos perdone y proseguir hacia nuestra meta. Celebra cada victoria, porque te ayuda a no sentirte abrumado por lo que aún ha de ser conquistado, y recuerda que Dios es muy paciente y misericordioso. Él es comprensivo y nunca tirará la toalla contigo.

Piensa en ello

¿En qué áreas de tu vida necesita ser renovada tu mente?

_____

_____

3. "Ciñe" tu mente.

En 1 Pedro 1:13 se nos enseña: "ceñid los lomos de vuestro entendimiento, sed sobrios, y esperad por completo en la gracia que se os traerá cuando Jesucristo sea manifestado" (RV-60).

Tú y yo no estamos acostumbrados a oír el verbo "ceñir" en la actualidad, pero en tiempos bíblicos tanto hombres como mujeres llevaban largos trajes parecidos a faldas. Si intentaban correr con esas ropas, había una buena probabilidad de que se enredasen en las largas telas y tropezasen. Cuando necesitaban moverse con rapidez, agarraban el material de sus ropas y lo estiraban hacia arriba para poder caminar o correr con libertad. Ellos se ceñían su ropa.

Cuando la Biblia nos dice: "ceñid los lomos" de nuestra mente, yo creo que significa quitar de nuestra mente todo lo que nos haría tropezar a medida que corremos la carrera que Dios ha puesto delante de nosotros. Creo que también puede referirse a concentrarnos en las cosas en las que estamos en lugar de permitir que nuestros pensamientos anden vagando y errantes por todos lados. Dios tiene un buen plan para cada uno de nosotros, pero debemos andar por el camino que nos conduce a él. Enfoque y concentración son verdaderos desafíos en nuestro mundo en la actualidad. Tenemos una gran cantidad de información que nos llega en todo momento, y mantener nuestra mente en lo que es nuestro propósito requiere una gran determinación e incluso entrenamiento.

Podrías levantarte el lunes y tener toda la intención de comenzar tu día pasando tiempo con Dios en oración y estudio de la Biblia. También tienes intención de terminar tres proyectos concretos ese día. Necesitas ir al supermercado, realizar a tu auto ciertos trabajos de mantenimiento, y terminar de limpiar y ordenar un armario en el que comenzaste a trabajar la semana anterior. Tu intención es buena, pero si no te enfocas en esos proyectos, seguramente serás desviado por otras cosas o personas. Ceñir tu mente es otro modo de decir "permanecer enfocado en lo que necesitas hacer".

Huéspedes no invitados

¿Experimentas pensamientos que pasan por tu mente y parecen venir de ninguna parte? Sí vienen de alguna parte, y con frecuencia están diseñados para evitar que alcances tus objetivos. Esos pensamientos son realmente huéspedes no invitados que buscan un hogar, y nuestra tarea es decirles que no tenemos habitación para ellos.

¿Cómo responderías si personas a las que apenas conocieras se presentasen en la puerta de tu casa con sus maletas diciéndote que querían mudarse allí? Bien, desde luego que les dirías que no son bienvenidos, y a pesar de lo persistentes que fuesen ellos, tú te mantendrías firme en tu decisión de no poder proporcionarles un hogar. Deberíamos adoptar esa misma actitud con los pensamientos fugaces que en realidad son problemáticos huéspedes no invitados que llegan llamando a la puerta de nuestra mente.

Por ejemplo, si decides realizar algún curso universitario para mejorar tu educación y cuando vas a inscribirte comienzan a llegar a tu mente pensamientos como estos: "Eres demasiado mayor para la universidad". "Será demasiado difícil para ti y te llevará demasiado tiempo". "No te fue bien en la escuela, y la universidad es mucho más difícil". Detente en ese instante y pregúntate si esos pensamientos son tuyos o están llegando de algún lugar desde el exterior. ¿Los estás escogiendo tú o son huéspedes no invitados que el diablo te ha enviado? En lugar de ofrecerles un hogar, "ciñe" tu mente y piensa del modo en que quieres pensar. Permanece enfocado en tu objetivo, no en el temor que el diablo trata de infundirte. Piensa así: *Habrá muchas personas más jóvenes que yo en mis clases, pero yo tengo una buena mente y un destino que cumplir, así que voy a inscribirme y voy a realizar mi mejor esfuerzo. Aun si yo soy la persona más mayor en toda la universidad, no soy demasiado viejo para mejorar.*

Puede que quieras salir de deudas, vivir un estilo de vida más sano, mejorar tu matrimonio, u otras cosas. Cualquiera que sea tu situación concreta, sé diligente para ceñir los lomos de tu mente y librarte de cualquier pensamiento que se interponga en el camino a medida que busques avanzar.

Piensa en ello

¿Has desarrollado una capacidad de concentrarte y enfocarte, o permites que huéspedes inesperados te desvíen de tu curso?

Realiza algunas "sesiones de pensar"

Yo creo en realizar una "sesión de pensar" cada día. Si tuviéramos que sentarnos regularmente y decirnos a nosotros mismos: "Voy a pensar en algunas cosas durante unos minutos", y entonces deliberadamente pensáramos en algunas de las cosas en que la Biblia nos dice que pensemos, nuestras vidas mejorarían dramáticamente. Disciplinarnos para pensar adecuadamente realizando "sesiones de pensar con propósito" nos entrenará para comenzar a pensar adecuadamente en nuestra vida cotidiana.

Hay algunos pensamientos que necesitas pensar cada día a fin de fijar tu mente y mantenerla fija, renovar tu mente, y ceñir los lomos de tu entendimiento. En la siguiente sección de este libro voy a compartir contigo algunos de esos pensamientos y ayudarte a entender lo increíblemente poderosos que son. Por ejemplo, una de las cosas que todos los creyentes necesitan pensar cada día es esta verdad bíblica: "Tengo una correcta relación con Dios". Permíteme que te pregunte:

¿Puedes ver algo de malo en pensar ese pensamiento varias veces al día? ¡Yo, sin duda alguna, no! ¿Por qué no pensar algo a propósito que te beneficiará en lugar de meditar meramente en cualquier cosa que caiga en tu mente?

Utilizamos nuestras capacidades de pensamiento cada día, pero la mayoría de nosotros necesitamos cambiar el contenido de nuestros pensamientos. En lugar de pensar: *No soy bueno; lo fastidio todo; nunca hago nada bien*, podemos utilizar nuestra energía mental para pensar en cuánto nos ama Dios y que tenemos una relación correcta con Él por medio de Jesucristo.

O piensa en lo mucho más eficazmente que podrías vencer el temor en tu vida si tomases tiempo para pensar: *No tendré temor; no dejaré que el temor me controle; sé que vendrá de vez en cuando, pero aunque tenga que hacer algo a lo que tengo temor, voy a hacerlo*. Esta sería una manera de concentrar tu mente y mantenerla concentrada contra el temor. Entonces, cuando te enfrentases a la tentación de tener temor, serías más capaz de resistir.

A medida que emplees más y más tiempo en pensar correctamente, tendrá lugar una gran transformación en tu vida. Quizá tendrás que poner notas por tu casa que digan: "¿En qué has estado pensando hoy?". Podrías tener que poner una nota en tu auto para recordarte que pienses pensamientos correctos hoy, o hasta escribir cuáles son esos pensamientos y pegarlos en un espejo o en la pantalla de tu computadora. Este tipo de ejercicio sería común para un estudiante que afronta sus exámenes finales; ellos hacen todo lo que pueden para tener las respuestas correctas delante de ellos antes del examen para asegurarse de que se graduarán. Si te disciplinas a ti mismo para recordarte pasar tiempo pensando pensamientos correctos a propósito durante varios minutos cada día, descubrirás que las cosas mejoran tan radicalmente que te quedarás absolutamente sorprendido. Antes de que te des cuenta, estarás disfrutando la buena vida que Dios ha predestinado para ti.

> Porque somos hechura de Dios, creados en Cristo
> Jesús para buenas obras, las cuales Dios dispuso de
> antemano a fin de que las pongamos en práctica.
> (*Efesios 2:10*).

Piensa en ello

¿Cómo puedes incorporar una "sesión de pensar" de diez minutos a tu rutina diaria?

_____

_____

Romper malos hábitos

Dios nos ofrece a cada uno de nosotros una vida estupenda, pero debemos renovar nuestra mente y aprender a pensar con propósito si queremos experimentar todo lo que Él ha planeado para nosotros. Quizá una de las áreas en las que necesitemos ser más deliberados e intencionados sea el área de los hábitos. Los hábitos son actos que hacemos repetidamente, a veces sin ni siquiera pensar en ellos, o cosas que hemos hecho tan a menudo que se convierten en nuestras respuestas naturales a ciertas situaciones.

Por ejemplo, yo tengo el hábito de ponerme lápiz labial después de comer cuando estoy en público. Mis amigos bromean debido a que lo hago con mucha frecuencia. Saco de mi bolsillo espejo y mi lápiz labial, y me lo aplico. Cuando estoy en casa, utilizo un brillo de labios en cambio. No creo que nunca piense conscientemente en ello; lo he hecho por tanto tiempo que es un hábito. En el momento en que siento mis labios resecos me aplico algo para hidratarlos. También muevo mucho los dedos de mis pies. Ni siquiera sé por qué lo hago; es sólo un hábito. Al menos mantiene la sangre circulando en mis pies, lo cual es algo bueno.

Algunas personas tienen el hábito de poner las llaves de su auto en el mismo lugar cada vez que entran en su casa o en su oficina. Algunas se aseguran de que no haya absolutamente nada en sus buzones (sean físicos o electrónicos) al final de cada día de trabajo. Otras tienen el hábito de hacer ejercicio diariamente o comer de modo sano. Algunas llenan sus tanques de combustible cuando están medio vacíos en lugar de hacerlo cuando están casi vacíos. Esos son buenos hábitos. Desde luego, las personas tienen malos hábitos también: morderse las uñas, interrumpir a otros cuando están hablando, no apagar las luces cuando salen de una habitación, dejar desorden para que otros lo ordenen, o llegar tarde crónicamente.

Todos tenemos hábitos como los que he mencionado; muchos de ellos nos son únicos como individuos, y puede que no conozcamos a ninguna otra persona que haga lo que nosotros hacemos exactamente del modo en que lo hacemos. Algunos hábitos que son inofensivos no son necesariamente aquellos por los que debemos preocuparnos, pero nuestros hábitos dañinos necesitan ser rotos y sustituidos por buenos hábitos. Los malos hábitos no quedan rotos sencillamente porque queramos romperlos; debemos romperlos a propósito, y eso requerirá determinación y diligencia.

Encontré treinta y cuatro referencias en la versión de la Biblia en inglés. *Amplified Bible*, para la palabra *habitualmente*. Eso me dice que Dios espera de nosotros que formemos buenos hábitos. El salmista David dijo que el hombre que quiere prosperar y tener éxito necesita *habitualmente* pensar y meditar en la palabra de Dios de día y de noche (ver Salmo 1:2, 3, énfasis de la autora). Esto me dice que establecer los hábitos necesarios para tener éxito requiere disciplina y coherencia, especialmente en nuestros pensamientos. Con suficiente disciplina y coherencia podemos romper malos hábitos y pueden formarse otros nuevos.

Piensa en romper un mal hábito como en romper con un mal novio. Curiosamente, podríamos extrañar a ese novio aun cuando supiéramos que hicimos lo correcto al romper con él. Podríamos sentirnos solos durante un tiempo y ser tentados a volver a él, pero si permanecemos firmes en nuestra decisión, finalmente ya no lo extrañaremos y encontraremos a otra persona que nos proporcione una relación sana. De manera similar, podemos romper un mal hábito y aún así extrañarlo durante un tiempo, hasta ser tentados a regresar a viejos caminos. Este es el momento de concentrar tu mente y mantenerla concentrada en la nueva dirección, porque no querrás permanecer atado al viejo y perderte lo bueno que Dios tiene para ti.

En el Nuevo Testamento, Pablo escribe que debemos habitualmente dar muerte a las obras malas impulsadas por el cuerpo si queremos vivir verdaderamente y genuinamente (ver Romanos 8:13). Simplemente está diciendo que debemos aprender a discernir lo que no es voluntad de Dios y, por tanto, no es bueno para nosotros, y debemos decir habitualmente no a esas cosas. Hacer lo que es correcto una vez o hasta unas cuantas veces no significa tener éxito, pero hacer lo correcto *habitualmente* producirá una vida que vale la pena vivir. Puede que no sea fácil, pero valdrá la pena el esfuerzo empleado.

No te desanimes si al principio sientes que estás haciendo poco o ningún progreso en formar nuevos hábitos. Recuerda que los hábitos toman tiempo. Como mencioné en la introducción a la Parte I, algunos expertos dicen que un hábito puede desarrollarse en veintiún días, mientras que otros dicen que se necesita un mes. No sé si esas cantidades son precisas o no, pero lo que sí sé por experiencia es que cualquier cosa en la que permanezco por treinta días sí comienza a quedar arraigada en mis pensamientos, mi carácter y mi rutina. Treinta días me da un buen comienzo, y prefiero pasar mi tiempo avanzando que retrocediendo. Por tanto, si necesitas formar un nuevo hábito, inténtalo durante treinta días. Al final de ese periodo, comprueba dónde estás. Si parece establecido, felicidades, pues tienes un nuevo hábito. Si no, sigue siendo diligente, disciplinado y concentrado, y finalmente tendrás éxito. La persona que nunca se rinde siempre ve la victoria.

Piensa en ello

¿Qué buenos hábitos necesitas desarrollar en tu vida? ¿Cómo comenzarás? ¿Cuándo comenzarás?

_____

_____

La importancia de meditar en la Palabra de Dios

Todas las personas exitosas de las que leemos en la Biblia tenían el hábito de meditar en la Palabra de Dios. Ellas sabían que era la manera de mantener sus mentes renovadas a los caminos de Dios. Meditar simplemente significa pensar una y otra vez en tu mente, musitar en voz suave o hablar en voz alta. Todos sabemos cómo meditar, pero con frecuencia aplicamos el principio en áreas dañinas. Yo puedo fácilmente meditar todo el día en mis problemas o en algo que alguien hizo y que me hirió. En realidad puedo hacerlo hasta sin intentarlo, pero también puedo escoger meditar en otra cosa que me beneficie y que sea agradable a Dios.

La meditación es realmente muy poderosa. Me gusta ver la meditación en la Palabra de Dios como masticar mi comida. Si me trago la comida sin masticar, entonces no obtengo la nutrición que hay en ella y prácticamente no me hace bien, con la excepción de que podría tener dolor de estómago. Si echo una ojeada a la Palabra de Dios o sólo oigo un sermón semanal en la iglesia, es como tragármela sin masticar, pero sin nunca sacar las cosas buenas de ella que Dios quiere que yo tenga. La Palabra de Dios realmente tiene poder inherente en ella, y yo creo que ese poder es mejor liberado cuando pienso en ella una y otra vez.

Un amigo mío al que llamaré Pedro compartió una experiencia de su propia vida que creo que establece muy bien este punto. Él compartió que había tenido un problema toda la vida con sentir lujuria por otras mujeres en sus pensamientos. Eso era especialmente doloroso para él porque es un ministro y sabía que los principios que él enseñaba y creía deberían estar funcionando en su propia vida. Compartió esto con su esposa para rendir cuentas, y aunque oraron al respecto diligentemente, él no encontró ayuda. Eso, desde luego, entristeció a Pedro porque no quería pensar esos pensamientos, pero a pesar de lo mucho que lo intentase, parecía que no podía parar. Si veía a una mujer hermosa, su mente se imaginaba todo tipo de cosas que eran impuras e inapropiadas. Después de muchos años de absoluta agonía por este problema, su salud comenzó a fallar, y en las difíciles circunstancias en las que se encontró buscó a Dios de manera más profunda que nunca antes en su vida. Dios le mostró varias cosas que eran útiles, pero la que fue más importante concernía a formar el hábito de meditar en la Palabra de Dios. Mi amigo no tenía idea de que eso resolvería el problema de toda su vida con los pensamientos lujuriosos, pero en obediencia a Dios comenzó con un pasaje sobre amar a los demás. Somos llamados a libertad, pero nuestra libertad no debería ser una excusa para el egoísmo; sino deberíamos servirnos unos a otros por amor (ver Gálatas 5:13).

Él meditó en esta parte de la Escritura diligentemente, pensando en ella con frecuencia a lo largo del día. Esto continuó por varios días, y entonces él tuvo la ocasión de estar en la piscina en el hotel donde estaba. Quería ir a la piscina con su familia, pero realmente lo aborrecía porque sabía que era probable que viese a mujeres en trajes de baño y temía que su mente con mucha probabilidad se llenaría de los mismos pensamientos lujuriosos contra los que había batallado por años. Ciertamente vio a una mujer muy hermosa, y ella llevaba un bikini muy pequeño y muy revelador, pero Pedro, de modo sorprendente, descubrió que sus primeros pensamientos fueron: "Me pregunto si esa mujer va vestida así porque nunca ha tenido a nadie que la ame genuinamente, y me pregunto si ella ha conocido alguna vez el amor incondicional de Dios". Comenzó a orar por ella, para su propia sorpresa, y se alegró mucho al darse cuenta de que ni siquiera era tentado a pensar pensamientos lujuriosos. Yo podría añadir que esta increíble victoria ha continuado desde ese momento hasta el presente. Pedro ha seguido su viaje de meditar diariamente en partes de la Escritura y ha descubierto que ha sido totalmente transformador para él. Aunque él es un ministro y estaba educado en la Palabra de Dios, no estaba sacando el poder de ella que tenía a su disposición porque no había desarrollado el hábito de meditar en ella.

Oro para que la historia de Pedro sea combustible para el viaje que tú tienes por delante.

En la siguiente parte de este libro ofreceré y explicaré doce pensamientos de poder específicos: munición para que la utilices como tu guerra contra el enemigo en el campo de batalla de tu mente. Como dije anteriormente, este libro no es sólo para ser leído, sino para ser estudiado, y hay que meditar en los doce pensamientos de poder hasta que se conviertan en hábitos. Estos sencillos y a la vez poderosos pensamientos son claves para la victoria en la batalla mental que libramos en la vida, y te aportarán una increíble dimensión de poder. Ellos han transformado por completo mi vida, y creo que harán lo mismo para ti. Pero recuerda: tienes que meditar en ellos, ¡lo cual significa pensarlos con propósito!

PARTE II

Pensamientos de poder

Vigila tus pensamientos, porque
se convierten en palabras.
Vigila tus palabras, porque
se convierten en actos.
Vigila tus actos, porque
se convierten en hábitos.
Vigila tus hábitos, porque
se convierten en carácter.
Vigila tu carácter, porque
se convierte en tu destino.
—*Anónimo*

El programa Pensamientos de Poder

Los doce pensamientos de poder que estás a punto de estudiar pueden transformar por completo tu vida. Cada uno está sólidamente basado en la Palabra de Dios, y aunque yo he experimentado personalmente el poder de estos pensamientos, no son meramente mis propias ideas u opiniones, ni tampoco son algún tipo de "ciencia mental humanista". Todos tienen base bíblica, y su propósito es alentarte a llevar tus pensamientos en armonía con Dios a fin de que puedas disfrutar de Él y de su buen plan para ti.

A medida que leas en los pensamientos de poder, verás que con frecuencia sugiero que medites en ellos o en un pasaje de la Escritura que los afirme. La Dra. Caroline Leaf enseña que lo más importante que podemos hacer es meditar porque la meditación, a la que ella también denomina ser "interactivo con información", es un proceso que hace que el cerebro funcione tal como está diseñado, utilizando tanto el hemisferio izquierdo como el derecho de las maneras adecuadas. En palabras sencillas, ¡la meditación es buena para tu mente! Además de traer esos pensamientos de poder una y otra vez a tu mente, también me gustaría sugerir que los repitas en voz alta y verbalices los pasajes relacionados con ellos. Yo encuentro que escribir cosas y decirlas en voz alta es parte de mi proceso de meditación que realmente me ayuda a formar nuevas formas de pensar.

Aunque la meditación es una excelente manera de utilizar nuestro cerebro, creo que algunas personas en la actualidad se sienten incómodas o temerosas de la palabra *meditación* porque frecuentemente se utiliza en prácticas de religiones orientales que son falsas y en prácticas de la Nueva Era, que dejan a Dios fuera de todo o lo presentan del modo en que la persona quiera que Él sea. En realidad, la meditación era un principio bíblico antes de que nadie decidiese utilizarlo con otros propósitos. Quienes la adoptaron para un uso impío simplemente encontraron un principio ordenado por Dios que funcionaba y comenzaron a usarlo de manera humanista. No tengas temor a la meditación y al principio del pensamiento y la confesión positivos; sólo asegúrate de que aquello que dices y en lo que meditas está de acuerdo con la Palabra de Dios.

El plan de doce semanas

1. En primer lugar, lee el resto del libro para que tengas una idea de lo que son los doce pensamientos de poder. Probablemente sentirás enseguida que algunos de ellos son lo que necesitas en este momento más que otros, pero todos ellos son importantes y necesarios para mantener la buena vida que Dios desea para nosotros.

2. Después de leer el libro, regresa al primer pensamiento de poder y medita en él durante una semana. Haz de ese pensamiento parte de tu vida cotidiana. Dilo en voz alta varias veces por día. ¡Más es mejor que menos!

3. Escribe el pensamiento de poder que estés estudiando en letras grandes y ponlo en varios lugares donde lo verás cada día; ¡cuántos más lugares, mejor!

4. En un diario, escribe tus pensamientos acerca del pensamiento de poder de la semana. Utiliza este tiempo para llegar a conocer tu "yo" de manera más profunda y más sincera. Hablar con un amigo o familiar sobre lo que estás aprendiendo es otra buena manera de que se arraigue en tu corazón. Solamente asegúrate de escoger a alguien que te dará aliento.

   A medida que pasen los días, descubrirás que el pensamiento de poder de la semana se va convirtiendo en una parte de ti que afecta a todos tus actos. Cuando pases al siguiente pensamiento de poder, el anterior seguirá siendo parte de tu meditación, pero no tendrás que trabajar tanto en él. Descubrirás que cada uno de ellos se convierte en parte de lo que tú eres.

5. Repite los pasos 2, 3 y 4 para cada uno de los doce pensamientos de poder.

   Al final de tus doce semanas de concentrarte en cada uno de los doce pensamientos de poder, te recomiendo que comiences de nuevo y repitas el proceso, especialmente con aquellos que sientas que más necesitas. Creo que repetir este proceso durante todo un año sería el plan más beneficioso, y que al final del programa te sorprenderás de los resultados que estás disfrutando.

Norman Vincent Peale, un pastor que escribió el libro de éxito de ventas, *El Poder del Pensamiento Positivo*, dijo: "Cambia tus pensamientos y cambias tu mundo". Yo ciertamente he experimentado la verdad de esas palabras a lo largo de toda mi vida, y quiero que tú las experimentes también.

¿Estás preparado para comenzar el proceso de cambiar tu vida y cambiar tu mundo? El resto de este libro está dedicado a ayudarte a lograr ese propósito, así que comencemos.

PENSAMIENTO DE PODER

1

Puedo hacer todo lo que necesite hacer en la vida por medio de Cristo.

"Todo lo puedo en Cristo que me fortalece".
Filipenses 4:13

El primer pensamiento en que quiero enfocarme que tiene el poder de transformar tu vida es sencillo: *Puedo hacer todo lo que necesite hacer en la vida por medio de Cristo*. En otras palabras, puedo manejar cualquier cosa que la vida me entregue. Me pregunto: ¿crees que puedes hacer todo lo que necesitas hacer en la vida? ¿O hay ciertas cosas que desencadenan terror, temor, o que te hacen decir: "¡Yo nunca podría hacer *eso*!" cuando piensas en ellas? Ya sea perder de repente a un ser querido, afrontar una grave enfermedad inesperada, que tu hijo adulto se traslade junto con dos niños pequeños a tu casa meticulosamente limpia y tranquila después de tener un "nido vacío" por años, hacer una dieta estricta porque tu vida depende de ello, ajustarte a un presupuesto para evitar la apertura de un juicio hipotecario de tu casa, o de repente tener que cuidar a un padre anciano incapacitado; la mayoría de personas tienen cierto tipo de circunstancia que verdaderamente les parece imposible, algo que están seguros de no poder manejar.

El hecho es que mientras que algunas situaciones puede que sean intensamente indeseables o difíciles para ti, *puedes* hacer todo lo que necesites hacer en la vida. Lo sé porque Dios nos dice en su Palabra que tenemos la fortaleza para hacer todas las cosas porque Cristo nos capacita para hacerlo (ver Filipenses 4:13). Él no dice que todo será fácil para nosotros; Él no promete que disfrutaremos de cada cosa que hacemos, pero podemos disfrutar de la vida mientras las hacemos. Él nos garantiza la fortaleza para todo lo que necesitamos hacer porque Él mismo nos capacita y somos suficientes (lo cual es otro modo de decir que tenemos todo lo que necesitamos) en la suficiencia de Él.

Piensa en ello

¿Qué hay en tu vida que necesitas comenzar a creer que puedes hacerlo?

_____

_____

No estás solo

Debemos entender que Filipenses 4:13 no dice que podemos hacer todo lo que queramos porque somos lo bastante fuertes, lo bastante inteligentes, o lo bastante trabajadores. No; de hecho, no deja lugar en absoluto para el esfuerzo humano de ningún tipo. El secreto de ser capaz de hacer lo que necesitamos hacer está en que entendamos que no podemos hacerlo solos; solamente podemos hacerlo en Cristo. Por alguna razón, con frecuencia no utilizamos nuestra fe para creer y actuar según esa verdad. En cambio, pensamos que *nosotros* tenemos que hacerlo todo y, olvidando que el poder de Cristo obra por medio de nosotros, somos derrotados antes ni siquiera de comenzar. Como he mencionado anteriormente, somos colaboradores de Dios. No podemos hacer la parte de Él, y Él no hará nuestra parte. Él quiere que creamos y emprendamos la acción según su dirección y guía, pero insiste en que confiemos (nos apoyemos) en Él en cada paso del camino.

Oigo a muchas personas hacer comentarios como: "Esto es demasiado difícil. Sencillamente no puedo hacer esto. Esto es demasiado para mí". Pero tengo que decirte que, como creyente en Jesucristo, estás lleno del Espíritu de Dios, y nada es demasiado difícil para ti si Dios te está guiando a hacerlo. Dios no te llamará a hacer nada para lo cual Él no te capacite. Él no permitirá que pases por nada que sea imposible para ti. Nuestra actitud hacia las cosas desagradables es una parte vital para atravesarlas con éxito. Aunque Dios nunca es autor de cosas malas, sí las usa para nuestro crecimiento espiritual. Por ejemplo, puede que Él use a una persona gruñona para ayudarnos a ser más pacientes. Dios no hizo que la persona fuese gruñona, pero tampoco la quitó de nuestra vida cuando le pedimos que lo hiciera. En cambio, ¡Él la usa para cambiarnos a nosotros!

La mayoría de nuestras pruebas en la vida son el resultado del fracaso de alguna otra persona, o de su falta de cuidado, ignorancia o pecado, y es comprensible que oremos para que Dios las cambie. He descubierto que sólo porque yo esté pidiendo a Dios que cambie a alguien, eso no significa que esa persona quiera que Dios la cambie, y aunque mis oraciones abren una puerta para que Dios obre, Él no iré en contra del libre albedrío de la persona para responder mi oración. Aunque Dios continúe obrando en su vida, puede que esa persona sea la herramienta que Él use para transformarnos en el vaso que Él quiere que seamos. Puedo orar para que esa persona sea agradable, pero debo aceptar cada día tal como viene, confiando en Dios totalmente para que me capacite para hacer cualquier cosa que necesite hacer ese día.

Dios te ha dado los dones, talentos, capacidades y gracia que necesitas para hacer su voluntad en la vida. La gracia de Dios es realmente su poder, y Él no sólo te dará gracia, sino que promete gracia sobre gracia (ver Santiago 4:6). Él nunca se queda sin poder; ¡y su poder está a tu disposición! Ahora bien, si no mantienes la mentalidad correcta, el enemigo puede derrotarte con pensamientos de ineptitud, pero si fijas tu mente en que puedes hacer todo lo que necesites hacer, te encontrarás capaz de hacerlo; no en tu propia fuerza sino en la fuerza que Dios te da.

No hables por tus emociones, porque el modo en que nos sentimos no siempre está de acuerdo con la Palabra de Dios. Por eso es importante entender que aunque te sientas abrumado, deberías decir: "Puedo hacer todo lo que necesite hacer en la vida, por medio de Cristo".

¿Te consideras una persona que tiene fe en Dios? Si es así, ¿ha llegado tu fe a tus pensamientos y tus palabras? Podemos fácilmente engañarnos a nosotros mismos pensando que tenemos una gran fe, pero si somos fácilmente derrotados por los desafíos, entonces quizá nuestra fe no sea tan grande como pensábamos que era.

La Biblia dice que lo que hay en el corazón habla la boca. Podemos aprender mucho sobre nosotros mismos escuchando lo que decimos. ¿Reflejan tus pensamientos y tus palabras tu completa dependencia de Dios, entendiendo que sus capacidades (no las tuyas propias) te permiten hacer cualquier cosa que necesites hacer en la vida? Yo tuve que examinar mis propios pensamientos y palabras, y preguntarme a mí misma si representaba a una persona que tenía una gran fe en Dios, y te aliento a que hagas lo mismo. No me gustaron todas mis respuestas, pero el ejercicio del autoexamen sí abrió mis ojos a entender que tenía que hacer algunos cambios. Comprender que estamos equivocados en un área no es nunca un problema; el problema llega cuando nos negamos a afrontar la verdad y seguimos poniendo excusas.

Está dispuesto a afrontar cualquier cosa que Dios quiera mostrarte, y pídele que te cambie. Si estás confiando en tu propia fuerza, comienza a confiar en Dios en cambio. Si estás tratando de hacer cosas por tus propias capacidades humanas y te frustras, dile a Dios que quieres que Él obre por medio de ti, y permite que la suficiencia de Él sea tu suficiencia.

Cuando surjan desafíos, te aliento a que desarrolles el hábito de decir inmediatamente: "Puedo hacer todo lo que necesite hacer por medio de Cristo que me fortalece". Recuerda que las palabras son recipientes de poder, y cuando dices lo correcto, eso te ayudará a hacer lo correcto. No llenes tus recipientes (palabras) de cosas que te inutilicen, porque verdaderamente puedes hacer todas las cosas por medio de Cristo.

A medida que medites una y otra vez en el pensamiento de poder: "Puedo hacer todo lo que necesite hacer en la vida por medio de Cristo", descubrirás que no eres abrumado tan fácilmente por las situaciones que surjan. Cada vez que pongas en tu mente este pensamiento de poder o que lo digas, estás desarrollando una mentalidad sana que te capacita para ser victorioso.

Piensa en ello

¿Cuán a menudo dices: "Esto es demasiado difícil para mí" o "sencillamente no puedo hacer esto"?

Frecuentemente _____

Ocasionalmente _____

Casi nunca _____

¿Qué comenzarás a decir ahora para reflejar tu confianza en la capacidad de Dios para ayudarte a hacer cualquier cosa que necesites hacer?

_____

_____

Los milagros vienen en poderes

Quizá hayas oído las palabras "no puedes" repetidamente a lo largo de tu vida. Muchas personas son buenas para decirles a otros lo que no pueden hacer. Aun personas a las que tú no necesariamente considerarías que están "contra" ti han intentado desalentarte de hacer algo que querías hacer diciéndote que no podías hacerlo. Padres, maestros, entrenadores, amigos, familiares, y líderes de grupos de iglesias o de actividades sociales con frecuencia no comprenden el poder que sus palabras tienen sobre vidas jóvenes. Muchos niños y adolescentes crecen pensando que no pueden, ¡cuando eso no es verdad en absoluto! Sin importar cuántas veces hayas oído a alguien decirte: "No puedes", quiero decirte: "¡Claro que puedes!". Yo creo que los milagros vienen en poderes: nuestra creencia en que podemos hacer cualquier cosa que necesitemos hacer por medio de Cristo que nos fortalece.

Yo creo en ti; Dios cree en ti; y ya es hora de que tú creas en ti mismo. ¡Hoy es un nuevo día! Pon atrás el pasado y todos sus comentarios negativos y desalentadores. Las palabras negativas y las palabras que hablan de fracaso vienen del enemigo, no de Dios, así que decide en este momento no permitir que el poder del "no puedes" te influencie más. Como contraste, el Espíritu de Dios te alienta y hará todo lo posible por instarte a ir hacia delante, hacia el éxito, en cada área de la vida. Dios te dice que seas valiente, así que recuerda si te sientes "desalentado", que eso viene del enemigo, y que si te sientes "alentado", eso viene de Dios. Escoge estar de acuerdo con Dios y dite a ti mismo: "¡Sí puedo!". Y deja que el poder de tus pensamientos y palabras positivos sobrepase el poder de las palabras negativas que cualquier otra persona te haya dicho alguna vez.

Piensa en ello

Completa esta frase: Sí, puedo

_____

_____

Balancea tu caja

Hace mucho tiempo, antes de que algunos de los avances médicos estuvieran a nuestra disposición, un niño estaba paralítico, y los doctores dijeron que no había nada que pudieran hacer para ayudarle. Por tanto, la mamá del muchacho agarró un cajón de embalaje de naranjas e hizo una caja para él. Le metió en la caja, ató una cuerda a ella, ató la cuerda alrededor de su cintura, y la arrastraba donde ella iba para poder ver de cerca al niño. Dondequiera que iba, la arrastraba tras de ella.

Después de un tiempo, el muchacho desarrolló un hábito que a la madre no le gustó. Él comenzó a balancear su caja. Eso hacía más difícil llevarlo a los sitios porque ella no sólo tenía que arrastrarlo, sino que él iba balanceando su caja. Ella le rogó que dejase de hacerlo, pero él la seguía balanceando. A veces, él balanceaba su caja hasta el punto de que se salía de ella y se caía. Sin importar cuántas veces ella lo volviera a poner en la caja, él seguía balanceándola. Finalmente, él balanceó su caja hasta que finalmente era capaz de salirse de ella. Entonces, para sorpresa de todos, aprendió a caminar y terminó teniendo una vida estupenda.

Ese muchachito hizo algo que los doctores, y ni siquiera su madre, creían que podía suceder. Él se negó a conformarse con una vida dentro de una caja en la que alguien le había metido. ¿Te ha puesto alguien o algo en una caja de la que quieres salir? Si es así, sigue balanceando tu caja hasta que seas libre. El mundo y las personas que hay en él son expertos en decirnos lo que podemos y no podemos hacer; ellos no siempre celebran algo "fuera de la caja", que es algo fuera de lo ordinario. Vez tras vez he visto a personas normales y corrientes hacer cosas extraordinarias cuando creyeron que podían hacerlo y se negaron a darse por vencidas.

Todo el mundo se enfrenta a desafíos en la vida. Algunas personas se ven totalmente abrumadas por sus desafíos, mientras que otras, como el muchachito en la caja, se niegan a darse por vencidas. Mi pregunta para ti es: "¿Quieres ser capaz de afrontar todos los desafíos de frente y vencerlos?". Entonces, prepárate mentalmente para cualquier cosa que llegue. Recuerda: según Colosenses 3:2, la forma de estar preparado es "fijar tu mente y mantenerla fija". Que no te agarren fuera de guardia y sin estar preparado. Pensar y decir repetidamente: "Puedo hacer todo lo que necesite hacer en la vida por medio de Cristo" te ayudará a fijar tu mente y mantenerla fija en esa dirección, y te preparará para ganar en la vida. Recuerda: ¡donde va la mente, el hombre le sigue!

No te permitas a ti mismo pensar pensamientos como: *¡Sencillamente no puedo aguantar más problemas!* O: *Si sucede una cosa más, ¡me voy a desbordar!* O: *Si las cosas no cambian pronto, ¡tiro la toalla!* Hay muchas variedades de este tipo de pensamientos, y puede que tengas un pensamiento o dicho favorito de este tipo que utilizas cuando te sientes abrumado. ¿Pero entiendes que esos patrones de pensamiento realmente te preparan para ser derrotado antes de que llegues a encontrarte con un problema? No hay nada de fuerte, poderoso, capacitador o victorioso en pensar que "te desbordarás" o en decidir abandonar. Esas son actitudes perdedoras, no actitudes ganadoras. No digas cosas como: "Siento que me estoy volviendo loco", o "esto me va a matar". En cambio, puedes decir: "Tengo la mente de Cristo" y "esta prueba va a obrar para mi bien".

Sé una persona que esté mentalmente preparada para cualquier desafío que se cruce en tu camino, y no te permitas a ti mismo ser fácilmente desalentado y derrotado. Recuerda siempre que, apartado de Jesús, no puedes hacer nada (Juan 15:5), pero en Él puedes hacer cualquier cosa que necesites hacer en la vida (Filipenses 4:13). Decide balancear tu caja hasta que se rompa.

Piensa en ello

¿Qué caja necesitas balancear?

_____

_____

Cambia cosas que no estén funcionando

Estoy segura de que alguna vez has entrado en una tienda con algo para cambiarlo. Quizá fuese un artículo de ropa que decidiste que no te gustaba, un par de zapatos que eran incómodos, o un pequeño electrodoméstico que no hacía lo que tú habías esperado. Entraste en la tienda con algo que no funcionaba para ti, lo cambiaste, y te fuiste con algo que sí funcionaba para ti, algo que se veía mejor, quedaba mejor, o era más funcional. Tuviste que cambiar lo que no era eficaz por algo que sí lo era.

El mismo principio se aplica a tus pensamientos. Si cambias tus pensamientos de "no puedo" por pensamientos de "sí puedo" y comienzas a decir: "Puedo hacer todo lo que necesite hacer en la vida porque Dios me fortalece. Soy fuerte en el Señor y en el poder de su fuerza, y puedo hacer cualquier cosa que Él me pida hacer", verás que comienzan a producirse cambios notables. Si edificas en tu carácter el pensamiento de que, con la ayuda de Dios, eres capaz de hacer cualquier cosa que necesites hacer en la vida, tendrás más celo y entusiasmo para enfrentarte a cada día. Yo he descubierto que hasta tengo más energía física cuando pienso pensamientos de "yo puedo". Me ayuda a no temer ninguna cosa que sea un agotador de energía.

Nunca es demasiado tarde para comenzar a decir "yo puedo". No pienses o digas cosas como: "Mi matrimonio tiene demasiados problemas. Nunca funcionará"; "No hay caso en intentar limpiar esta casa. Está en tan mal estado que sencillamente me abruma cuando entro y la miro"; "No puedo salir de la deuda porque estoy demasiado metido"; "Nunca tendré una casa o un auto nuevo"; "No puedo disfrutar de mi vida porque tengo demasiados problemas personales". Algunos de los desafíos que afrontas puede que sean muy difíciles; sin embargo, Dios nunca permite que nos llegue más de lo que podamos soportar, ¡sino que con cada tentación Él proporciona una salida! (ver 1 Corintios 10:13). Ese pasaje no sólo dice que Él proporciona una salida, sino también que Él nos da fortaleza para soportar nuestro desafío pacientemente. ¡Eso significa que podemos atravesarlo con una buena actitud!

Tu actitud es realmente más importante que tus desafíos en la vida. Si cambias tu actitud a una más positiva y llena de fe, descubrirás que tus pruebas no son tan malas como pensabas que eran. Te desafío y te aliento en este momento a que creas regularmente que puedes hacer cualquier cosa que venga a tu camino, con la ayuda de Dios. También debes creer que Él quiere ayudarte y que te ayudará si le pides que lo haga. El diablo puede proporcionar uno de esos "pensamientos fugaces" que mencioné y que dicen: "Tú no mereces la ayuda de Dios, así que no te molestes en pedirla". Puedes recordarle que Dios no te ayuda porque lo merezcas, sino porque Él es bueno, y mientras estás en ello, ¡por qué no recordarle al diablo que sabes que él es un mentiroso!

Piensa en ello

¿Qué creencia de "no puedo" en tu vida necesitas cambiar por un "yo puedo"?

_____

_____

Vencedores por todas partes

El 2 de julio de 1932, en Atlantic City, New Jersey, nació un niño. Seis semanas después, una pareja adoptó al bebé, pero cuando tenía cinco años de edad, su madre murió. Su padre se trasladaba de estado a estado, buscando trabajo y llevando a su pequeño hijo con él. A la edad de doce años, el muchacho tuvo su primer trabajo en una caja en un restaurante; y le encantaba. Cuando tenía quince años, su padre quiso mudarse de nuevo, pero para entonces el joven trabajaba en el restaurante Hobby House en Fort Wayne, Indiana, y no quería dejar su trabajo. Así que abandonó la escuela, se trasladó a la YMCA local, y se puso a trabajar a jornada completa.

Varios años después, su jefe en el Hobby House le ofreció una oportunidad. El hombre era dueño de cuatro sucursales del restaurante Kentucky Fried Chicken (KFC) que iban mal. En cuatro años, con duro trabajo y determinación, el hombre joven cambió por completo la situación financiera de los restaurantes, los volvió a vender a KFC, y recibió una parte de los beneficios de la venta; él fue una vez alguien que abandonó la escuela, pero ahora era millonario a la edad de treinta y cinco años.

¿Quién era ese hombre? Dave Thomas, quien comenzó la cadena de hamburgueserías Wendy's y se convirtió en un líder innovador y respetado en el negocio de la comida rápida. Y, a propósito, quien también obtuvo su diploma académico cuarenta y cinco años después de haber abandonado la escuela.

El mundo está lleno de personas como Dave Thomas, personas que han vencido desafíos aparentemente insuperables. Han afrontado tragedias, enfermedades y males, accidentes, pobreza, y privación en todas las áreas y aún así han proseguido y han llegado a ser los individuos más respetados y admirados del mundo. Puedo asegurarte que no lo hicieron pensando: *Yo no puedo.* Tuvieron que tomar una decisión sobre lo que querían de la vida y pensar en consecuencia. Entonces, tuvieron que trabajar duro para alcanzar sus metas. No creo que ninguno de ellos pudiera haber empleado el esfuerzo que necesitaba o haber hecho los sacrificios necesarios si no hubiera creído con todo su corazón que podía hacer lo que quería hacer.

Muchas personas comienzan en la dirección correcta, con un gran "quiero", pero sin capacidad de seguir adelante cuando surgen desafíos. Oímos y leemos sobre quienes empiezan y continúan para lograr resultados increíbles, especialmente al enfrentarse a tremendas desventajas. Pero incluso en los aspectos cotidianos y ordinarios de la vida, todos tenemos obstáculos que vencer. Es fácil ver lo mucho que el ejercicio en el gimnasio ha mejorado la energía de tu amigo y su figura corporal y después decidir: "Yo voy a hacer eso". Pero cuando llega el momento de hacerlo, ¿lo harás? Cuando tienes tanto dolor muscular que tienes que dejarte caer en una silla para sentarte y orar para poder levantarte, ¿seguirás adelante? Cuando surja algo que suena más divertido, ¿seguirás adelante? Habrá muchas oportunidades de pensar: *Sencillamente no puedo hacer esto. Es demasiado duro.* Pero si el pensamiento: *Puedo hacer todo lo que necesite hacer en la vida* está arraigado en ti, entonces te da la determinación para proseguir a pesar de las dificultades.

Dios no quiere que tengamos temor o seamos desalentados ante las dificultades. En 2 Timoteo 1:7, Pablo escribió a su joven asociado Timoteo que Dios no nos ha dado espíritu de temor, sino que Él nos ha dado poder, amor, y dominio propio. Timoteo afrontaba muchos desafíos en las inmensas tareas que tenía delante de él y, sin duda alguna, tenía días como tú y yo, días en que estaba abrumado, días en que pensaba que ya no podía soportar más presión. Él tenía pensamientos de temor, se preocupaba y, según mi opinión, su problema de estómago que Pablo mencionó pudo haber sido una úlcera a causa del estrés. ¡El joven estaba abrumado! En medio de tal presión, Pablo le alienta, escribiéndole para mantener su mente llena de paz, equilibrio, disciplina y dominio propio (ver 2 Timoteo 1:7). Pablo sabía que Timoteo necesitaba pensar adecuadamente si había de lograr la voluntad de Dios.

Es imposible pensar pensamientos "agotadores de poder" y entonces ser poderoso cuando surgen situaciones que demandan una fortaleza extra. Quiero alentarte a pensar y decir al comienzo de cada día: "Puedo hacer todo lo que necesite hacer en la vida por medio de Cristo". No temas al día, sino afróntalo con pasión, celo y entusiasmo.

Piensa en ello

¿Cómo puedes proseguir y vencer un obstáculo en particular en tu vida?

_____

_____

Tira tu bolsa de excusas

Una de las razones por las que muchas personas no disfrutan de la vida, se pierden algunas de las bendiciones que Dios quiere darles, o se sienten mal consigo mismas es que no terminan lo que comienzan. Nunca llegan a experimentar el gozo de una meta lograda o de un deseo cumplido porque no prosiguen a pesar de los desafíos que surgen. La mayoría de nosotros no querríamos decir: "Abandono", así que ponemos excusas o culpamos del fracaso a alguien o algo.

Cada uno de nosotros tiene una "bolsa de excusas". Es un pequeño accesorio invisible que llevamos con nosotros todo el tiempo. Entonces, cuando surge algo que parece difícil, que nos desafía o que nos da más de lo que queremos afrontar, sacamos una excusa, como:

- "Eso es demasiado duro".
- "No tengo suficiente tiempo".
- "No había planeado eso hoy".
- "No puedo ver cómo eso funcionará".
- "No tengo ganas de hacerlo".
- "Tengo demasiados problemas personales y están pasando demasiadas cosas en mi vida en este momento".
- "No sé cómo hacer eso".
- "Nunca he hecho eso. Ni siquiera conozco a nadie que haya hecho eso alguna vez".
- "No tengo a nadie que me ayude".
- "Tengo miedo".

¡Te insto hoy a que tires tu bolsa de excusas! Ve y consigue una "bolsa de puedo hacerlo" y llénala de razones bíblicas y llenas de fe por las que *puedes* hacer lo que necesitas hacer. Deja de poner excusas y comienza a hacer lo que Dios te esté diciendo que hagas. Deja de mirar todas tus debilidades porque la fortaleza de Él se perfecciona en nuestra debilidad. Mediante nuestra debilidad e incapacidad es como Dios muestra su fortaleza. Dios realmente escoge personas a propósito que absolutamente no pueden hacer lo que Él les está pidiendo a menos que permitan que Él lo haga por medio de ellas. Tú no necesitas capacidad, necesitas disponibilidad y una actitud de "puedo hacerlo".

Piensa en ello

¿Qué excusa utilizas más? ¿Decidirás hoy que dejarás de poner excusas y comenzarás a creer que Dios te da la fuerza para hacer lo que necesitas hacer?

_____

_____

¡Lo logré!

Hasta que cumplí los sesenta y cuatro años nunca había hecho ejercicio de manera seria. Había caminado y había hecho algunas cosas para mantenerme en forma, pero no me dedicaba al ejercicio. Había metido la mano en mi bolsa de excusas muchas veces a lo largo de los años, y había sacado todo tipo de "razones" por las que no podía hacer ejercicio. Pero el Señor me habló y me alentó a comenzar un serio programa de entrenamiento para poder estar fuerte para el último tercio de mi viaje en la vida. Yo ya tenía buenos hábitos alimenticios, pero cuando se trataba de ir al gimnasio varias veces por semana, utilizaba la excusa de que simplemente no podía hacer eso debido a mis obligaciones de viajes. Verdaderamente no podía imaginar cómo podía arreglármelas para introducir tiempo para entrenar en mi horario tan apretado. Finalmente decidí hacer lo que podía hacer en lugar de enfocarme en lo que no podía hacer.

La idea de comenzar con una seria rutina de entrenamiento era abrumadora para mi mente, así que tuve que poner en funcionamiento Filipenses 4:13 de manera muy práctica y disciplinarme para decir: "Puedo hacer esto. Puedo hacer todo lo que necesite hacer en la vida, y Dios dice que necesito hacer un serio programa de ejercicios". Tuve que tomar el desafío día a día, porque si miraba mi calendario para el año, parecía como si estuviera intentando algo que era verdaderamente imposible. Te insto firmemente a que afrontes tus desafíos día a día. Mirar demasiado delante en el camino solamente tiende a abrumarnos en nuestros pensamientos. Confiar en Dios requiere que creamos que Él nos da nuestro "pan de cada día". En otras palabras, recibimos lo que necesitamos a medida que lo necesitamos, y normalmente no antes.

Cuando comencé a ver los beneficios de hacer ejercicio regularmente, sentí que era lo bastante importante para mí como para tener que eliminar algunas otras cosas que estaba haciendo y que llenaban mi calendario para hacer sitio para el ejercicio. Enseguida descubrí que si queremos hacer algo con la fuerza suficiente, entonces encontraremos la manera de hacerlo.

Aún sigo teniendo, hasta el día de hoy, momentos desafiantes con el programa de ejercicios. Sigo teniendo dolor muscular y algunos días tengo que ir al gimnasio por pura determinación, pero me niego a tirar la toalla. En un punto, después de haber estado haciendo ejercicio por tres o cuatro meses, mi entrenador me puso en un circuito de entrenamiento. Yo ni siquiera sabía lo que era un circuito de entrenamiento, pero enseguida descubrí que el circuito de entrenamiento es hacer cinco ejercicios seguidos, con tanta rapidez como se pueda. Me tomó treinta y cinco minutos hacer setenta y cinco lanzamientos con cada pierna, cien press de banca, setenta y cinco levantamientos de pesas, setenta y cinco abdominales, y setenta y cinco ejercicios con una polea. Después de eso, estaba tan cansada que pensé que no iba a sobrevivir.

Cuando mi entrenador originalmente me dijo que quería que yo hiciera eso cada semana, yo enseguida dije: "Eso va a ser demasiado para mí". Le recordé mi edad y que hacer ejercicio era algo bastante nuevo para mí. Él dijo: "No dejes que tu mente se interponga en tu camino; puedes hacer cualquier cosa que decidas hacer. Nuestro lema aquí es: 'Ninguna excusa, sólo resultados'". Con ese aliento, pensé: *Muy bien, voy a tener una buena mentalidad en cuanto a esto. Puedo hacerlo.* Tuve que decirme a mí misma una y otra vez: "Puedo hacer esto". Empecé e iba bien, pero al llegar al cuarto conjunto comencé a sentirme mareada. Le dije a mi entrenador: "Me estoy mareando", y él respondió: "Entonces no tienes que hacer los cinco conjuntos. Puedes dejarlo en cuatro". Algo surgió en mi interior cuando él dijo eso, y yo dije: "No voy a abandonar en el cuarto. Voy a hacer hasta el quinto". Y cuando lo hice, ¡estuve muy orgullosa de mí misma!

El mismo principio que se aplicó a mí cuando comencé a hacer ejercicio también se aplica a muchas otras áreas de la vida: salir de deudas, limpiar y organizar tu casa, resolver problemas matrimoniales, disciplinar a tus hijos, llegar puntual al trabajo, o completar un proyecto. Cualquier cosa que necesites hacer en la vida, puedes hacerlo. Recuerda: Filipenses 4:13 dice que estás preparado para todo y todo lo puedes porque Dios te da fortaleza. Nada es demasiado para ti cuando Él está de tu lado.

Piensa en ello

¿Qué has estado queriendo o necesitando hacer que no hayas hecho aún porque hasta pensar en ello te abrumaba?

_____

_____

Tú puedes manejarlo

Como cristianos, a menudo oímos a personas citar Romanos 8:37, que dice: "Sin embargo, en todo esto somos más que vencedores por medio de aquel que nos amó".

Por años, he meditado en lo que significa "más que vencedores". Estoy segura de que otras personas tienen otras perspectivas, pero yo he llegado a la conclusión de que ser más que vencedor significa que tienes tal confianza, que a pesar de lo que surja en tu vida sabes que, por medio de Cristo, puedes manejarlo. Sabes antes siquiera de afrontar un problema que vas a tener victoria sobre él. Crees que puedes hacer todo lo que necesites hacer en la vida. Por tanto, no aborreces cosas, no tienes miedo a lo desconocido, no vives en ansiedad por lo que vaya a suceder en situaciones. Realmente no importa cuáles son los detalles de la situación, sabes que puedes manejarlo por medio de Cristo. Para ti, ¡la derrota no es una opción!

Si comienzas a pensar cada día: *Puedo manejar cualquier cosa que la vida me entregue. Puedo hacer todo lo que necesite hacer en la vida. Soy más que vencedor. Estoy a la altura de todo por medio de Aquel que me infunde fortaleza interior aun antes de levantarme de la cama en la mañana*, y lo dejas que dé vueltas en tu mente, tu confianza se elevará como la espuma y descubrirás que, ciertamente, puedes hacer cualquier cosa que necesites hacer en la vida.

Pensar correctamente es el primer paso hacia una vida mejor. Desear no funcionará. Estar celoso de alguien que tenga lo que tú deseas no es bueno. La lástima de uno mismo es una pérdida de tiempo y de energía. Descubrir la voluntad de Dios mediante un preciso conocimiento de su Palabra y comenzar a pensar como Él piensa es el comienzo de una nueva vida para cualquiera que desee tenerla.

Piensa en ello

¿En qué situación específica necesitas creer que eres más que vencedor?

_____

_____

Haz que funcione para ti

En el Antiguo Testamento, un profeta llamado Habacuc se quejaba a Dios acerca de las condiciones del mundo durante su época. Dios le dijo que escribiera su visión, o lo que él quería, claramente, para que todo el que pasara pudiera leerla con facilidad y rapidez (ver Habacuc 2:1, 2). Habacuc y los israelitas necesitaban tener sus mentes renovadas. Habían mirado las cosas como estaban por demasiado tiempo y necesitaban que les recordaran cómo podrían ser las cosas si confiaban en Dios y le obedecían. Necesitaban tener palabras de visión y esperanza delante de ellos para recordarles no estar demasiado impresionados por sus circunstancias.

Cuando renuevas tu mente y te quedas establecido en el hecho de que puedes hacer todo lo que necesites hacer en la vida, también necesitarás ser deliberado para que esa verdad se quede grabada en tu mente. Te aliento a escribir Filipenses 4:13 o uno de los pasajes del "Paquete de poder" al final de este capítulo en una tarjeta o una hoja de papel que sea lo bastante grande para verla aunque sólo pases por delante de ella. Cada vez que lo hagas, di: "Yo puedo". También, te aliento a que digas varias veces al día: "Puedo hacer todo lo que necesite hacer en la vida por medio de Cristo que me fortalece". Creo que algunos que se sienten físicamente cansados la mayor parte del tiempo descubrirán que este enfoque más positivo de la vida realmente les vigoriza. Recuerda: el ánimo y las funciones corporales físicas están relacionados al menos en parte con nuestros pensamientos y palabras.

Si pensamos en circunstancias negativas por demasiado tiempo, pueden fácilmente abrumarnos. No es sorprendente que la Biblia diga que deberíamos quitar la vista de las cosas que nos distraen y ponerla en Jesús, el Iniciador y Perfeccionador de nuestra fe (ver Hebreos 12:2). Jesús dijo: "Vengan a mí todos ustedes que están cansados y agobiados, y yo les daré descanso" (Mateo 11:28). Debemos recordar que Él es Aquel que nos capacita para hacer todas las cosas, y mirarlo a Él regularmente a lo largo de cada día. Con la ayuda de Él, ¡no hay nada que no puedas hacer!

Paquete de Poder

"Todo lo puedo en Cristo que me fortalece".
Filipenses 4:13

"Sin embargo, en todo esto somos más que vencedores por medio de aquel que nos amó".
Romanos 8:37

"Fijemos la mirada en Jesús, el iniciador y perfeccionador de nuestra fe, quien por el gozo que le esperaba, soportó la cruz, menospreciando la vergüenza que ella significaba, y ahora está sentado a la derecha del trono de Dios".
Hebreos 12:2

¡Dios me ama incondicionalmente!

"Dios nos escogió en él antes de la creación
del mundo, para que seamos santos y sin
mancha delante de él. En amor".

Efesios 1:4

"¿Qué hay de malo en mí?". Si eres como la mayoría de personas, te has hecho a ti mismo esa pregunta muchas veces a lo largo de tu vida. Sé que yo me pregunté eso a mí misma por muchos años, y es una pregunta común que el enemigo planta en las mentes de las personas. Está pensada para hacerte sentir que no eres lo que necesitas ser y evitar que disfrutes de ti mismo. Fomenta inseguridad y todo tipo de temores. Frecuentemente nos comparamos con otras personas, y si no somos lo que ellas son entonces suponemos que algo anda mal en nosotros. Sin embargo, existe un antídoto para este tipo de pensamiento que envenena nuestra vida. Es pensar frecuentemente: *¡Dios me ama incondicionalmente!* Dios no sólo nos ama, sino que también escoge vernos estando en una buena relación con Él, aceptados y sin tacha. Todo esto llega por la fe en Jesucristo como nuestro Salvador y Señor.

Por tanto, podemos decir con exactitud: "Soy la justicia de Dios en Cristo. Soy escogido en Cristo, y en Él soy intachable delante de Dios". Esa es nuestra posición con Dios heredada por medio de nuestra fe en Jesús, y no está basada en nuestras propias obras de bien o mal, sino enteramente en la fe. Dios quiere que aprendamos una conducta adecuada, pero Él nos acepta y nos ama primero, y una vez que estamos arraigados y cimentados en el conocimiento de su amor incondicional, entonces Él puede comenzar la obra de transformar nuestro carácter a la semejanza de su Hijo. La verdad es que si quieres que tu conducta mejore, entonces tu conocimiento del amor incondicional de Dios debe ser el fundamento para el "nuevo yo". Cuanto más experimentamos el amor de Dios, más deseamos hacer lo que a Él le agrada.

Saber que Dios nos ama incondicionalmente es una absoluta necesidad a fin de hacer progreso en nuestro caminar con Él. Jesús no murió para que pudiéramos ser religiosos; Jesús murió para que pudiéramos tener una relación profunda e íntima con Dios por medio de Él. La religión nos ofrece reglas y regulaciones a seguir a fin de estar cerca de Dios; pero la relación nos hace saber que podemos estar cerca de Él porque Él nos ha escogido. No nos acercaremos a Dios si tenemos temor a que Él se desagrade de nosotros. Es vital que aprendas cómo separar lo importante que "tú" eres para Dios de lo que haces bien o mal. ¿Cómo podemos esperar tener una relación íntima con Dios, su Hijo Jesús, y el Espíritu Santo si no tenemos confianza en que somos amados incondicionalmente?

Las buenas relaciones deben estar basadas en el amor y la aceptación, no en el temor. Con demasiada frecuencia somos engañados para pensar que nuestra aceptación está basada en lo que hacemos, y eso no está en absoluto en la Escritura. Somos amados y aceptados por Dios, y hechos justos delante de Él porque ponemos nuestra fe en Jesucristo y en la obra que Él realizó por nosotros en la cruz. Él pagó por nuestros pecados y malas obras; Él nos absolvió de la culpabilidad y nos reconcilió con Dios. Ahora, cuando estamos delante de Dios, tenemos "corrección", no "incorrección". Y la tenemos porque Él nos la dio como un regalo, no porque nosotros nos lo hayamos ganado. Bendito el hombre que sabe que es recto delante de Dios aparte de las obras que hace.

Piensa en ello

En tus propias palabras, ¿cómo crees que Dios se siente en cuanto a ti?

_____

_____

Ahora di: "¡Dios me ama incondicionalmente!".

El mundo está equivocado

Algo en la cultura en la cual vivimos con frecuencia nos hace sentir que nosotros somos siempre quienes están "equivocados". Las sociedades modernas están llenas de mensajes que nos dicen: "Algo anda mal en ti porque no eres como yo. Algo anda mal en ti porque te gusta eso y a mí no. Algo anda mal en ti porque no puedes hacer esto tan bien como yo". Por tanto, repetidamente oímos el mensaje: "¿Qué anda mal en mí?"; "¿Qué anda mal en mí?"; "¿Qué anda mal en mí?". Después de oírlo el tiempo suficiente, nos convencemos de que algo está desesperadamente mal en nosotros y nos volvemos emocionalmente discapacitados. Este modo de pensar erróneo afecta negativamente todas las relaciones y todo lo que intentamos hacer.

Las personas pueden encontrar todo tipo de razones para

decir: "Algo anda mal en ti". El mundo nos dice cómo tenemos que vernos, cómo tenemos que comportarnos, y lo que debería resultarnos entretenido. Las personas parecen tener una opinión sobre todo lo que pensamos, decimos y hacemos. Cuando no estamos de acuerdo con el mundo ni aceptamos sus estándares y valores, comenzamos a preguntarnos qué anda mal en nosotros, y comienzan a correr preguntas por nuestra mente acerca de nuestras capacidades. Esos pensamientos nos persiguen y nos inquietan, y aunque puede que no los verbalicemos, con frecuencia los oímos como discos rayados en nuestra mente. La misma canción, diferentes estrofas:

- *Mi cónyuge ya apenas me habla. ¿Qué anda mal en mí?*
- *No me gustan las mismas cosas que les gustan a mis amigos. ¿Qué anda mal en mí?*
- *Mis padres no me querían. ¿Qué anda mal en mí?*
- *Mis padres abusaron de mí. ¿Qué anda mal en mí?*
- *No gusto a la gente de mi clase. ¿Qué anda mal en mí?*
- *No me escogieron para servir en el comité. ¿Qué anda mal en mí?*
- *No he tenido una cita amorosa en cinco años. ¿Qué anda mal en mí?*
- *Mis hijos adolescentes me tratan terriblemente. ¿Qué anda mal en mí?*
- *Nunca he recibido un ascenso en el trabajo. ¿Qué anda mal en mí?*
- *Mi negocio se hundió. ¿Qué anda mal en mí?*
- *Mis calificaciones en la escuela no son tan buenas como las de mi hermano. ¿Qué anda mal en mí?*

El enemigo quiere que nos enfoquemos en nosotros mismos haciéndonos tratar de imaginar qué anda mal en nosotros mismos. Cuando nos hacemos preguntas como esas, estamos siguiendo su juego. Dios, por otro lado, no quiere que seamos atormentados por preguntas como esas y los sentimientos que las acompañan. Él quiere que sepamos lo mucho que Él nos ama y que entendamos en lo profundo de nuestro corazón que tenemos una relación correcta con Él por medio de la fe en Jesucristo. Cuando realmente creamos que somos rectos delante de Dios y aceptados por Él, el enemigo ya no tendrá éxito en sus intentos de hacernos sentir mal con nosotros mismos.

Piensa en ello

Enumera cinco cosas que sean correctas o buenas en cuanto a ti. Puede que esto te resulte difícil si nunca lo has hecho, pero sé valiente.

_____

_____

¡Tú eres caro!

Obviamente, Satanás trabaja duro para darnos lo que llamo "incorrección". Quiere que continuamente sintamos y creamos que sencillamente no estamos a la altura de lo que deberíamos ser y que hay algo inherentemente mal en nosotros. Dios nos da "corrección" por medio de Jesucristo, o como dice la Biblia: "hemos sido justificados por su sangre" (Romanos 5:9).

El hecho de que Dios enviase a su único Hijo amado para morir una muerte terrible en nuestro lugar nos asigna valor, y nos hace saber que Dios nos ama inmensamente. La Biblia dice que somos comprados por precio, un precio que es precioso: la sangre de Jesús (ver 1 Pedro 1:19). Él pagó por nuestras malas obras, aseguró nuestra justificación, saldó nuestra cuenta con Dios y nos absolvió de toda culpa (ver Romanos 4:25). Jesús es nuestro sustituto. Él se puso en nuestro lugar tomando lo que nosotros merecíamos (castigo como pecadores), y dándonos gratuitamente lo que Él merece (todo tipo de bendición).

¡Eso es inmenso! Inmediatamente somos transferidos de un estado de estar incorrectamente a un estado de ser considerados correctos por Dios por medio de la fe en Jesús y en la obra que Él hizo en la cruz. Somos transferidos del reino de las tinieblas al reino de la luz (ver 1 Pedro 2:9 y Colosenses 1:1). También podríamos decir que pasamos de muerte a vida en lo que respecta a nuestra *calidad* de vida. La gracia de Dios compró nuestra libertad, y la fe es la mano que se estira y la recibe.

Aunque nada hecho jamás en la tierra podría compararse, o ni siquiera acercarse, al increíble regalo que Jesús nos dio en la cruz, una vez oí una historia que proporciona una buena ilustración para ayudarnos a comenzar a entender lo que Él hizo por nosotros.

Una noche de invierno en 1935, se dice, Fiorello LaGuardia, el irreprensible alcalde de la ciudad de Nueva York, apareció en un juicio nocturno en la parte más pobre de la ciudad. Él despidió al juez por esa noche y ocupó el tribunal. Aquella noche, una anciana harapienta, acusada de robar una barra de pan, fue llevada delante de él. Ella se defendió diciendo: "El esposo de mi hija la ha abandonado. Ella está enferma, y sus hijos se mueren de hambre".

El tendero se negó a retirar los cargos, diciendo: "Es una mala vecina, su señorío, y tiene que ser castigada para enseñar a otras personas una lección".

LaGuardia suspiró. Se dirigió a la anciana y le dijo: "Tengo que castigarla; la ley no hace excepciones. Diez dólares o diez días en la cárcel". Sin embargo, mientras pronunciaba la sentencia, LaGuardia metió la mano en su bolsillo, sacó un billete de diez dólares y lo puso en su sombrero con estas famosas palabras: "Aquí está la multa de diez dólares, la cual ahora remito, y además, voy a penalizar a todos los que están en este tribunal con cincuenta céntimos por vivir en una ciudad donde una persona tiene que robar pan para que sus nietos puedan comer. Mr. Bailiff, recoja las multas y entréguelas a la acusada".

Al día siguiente, un periódico de Nueva York informaba: "Cuarenta y siete dólares y cincuenta centavos fueron entregados a una asombrada anciana que había robado una barra de pan para alimentar a sus nietos hambrientos. Realizando donaciones obligadas estuvieron un ruborizado tendero, setenta delincuentes menores, y algunos policías de Nueva York".[1]

El alcalde LaGuardia estableció un importante punto cuando dijo que ella debía ser castigada y después pagó su multa. Su ejemplo nos recuerda que la justicia de Dios requería que se pagase por nuestros pecados, y Jesús pagó por ellos.

Cuando el alcalde recogió dinero de todos los que estaban en el tribunal para ayudar a la anciana a comprar comida, su punto fue: ¡algo está mal en un mundo en el que una abuela tiene que robar! Algo anda mal en un lugar donde los niños no tienen nada que comer. Él se negó a permitir que la "incorrección" del mundo afectase a la abuela. Yo creo que su mensaje fue que todos necesitamos ayudar a quienes son menos afortunados que nosotros. Él intervino y arregló la situación para ella; no preguntó si ella lo merecía, sino sencillamente la ayudó.

Piensa en ello

¿Recibes regularmente la gracia de Dios y la das libremente a otros?

_____

_____

Representación cancelada

Debemos llegar a estar cómodos con el pensamiento de que somos amados incondicionalmente y que tenemos una relación correcta con Dios, no por lo que nosotros hayamos hecho o no, sino por lo que Jesús hizo por nosotros. Nuestras experiencias en el mundo y con las personas nos han dicho que no podemos ser aceptados aparte de "representar" bien en la vida, y que nuestras representaciones determinan cuánta aceptación recibimos. Hemos sido engañados para creer que lo que _hacemos_ es más importante que _quiénes_ somos. Esto nos deja constantemente trabajando para demostrarnos a nosotros mismos y a los demás que tenemos valor por lo que hacemos.

Mientras pensemos que el amor de Dios es condicional, seguiremos tratando de ganarlo intentando demostrar que somos dignos de ser amados. Cuando cometemos errores, entonces sentimos que ya no somos valiosos y, por tanto, no merecemos amor. Sufrimos la culpabilidad, vergüenza y condenación de creer que no somos dignos de amor y que deberíamos ser rechazados. Seguimos intentándolo cada vez con más fuerza hasta que a veces nos agotamos mentalmente, emocionalmente, espiritualmente, y hasta físicamente. Intentamos mantener una buena fachada, pero por dentro estamos agotados y con frecuencia muy temerosos.

Cuando creemos que el amor de Dios está basado en

quién es Él y lo que Jesús ha hecho, y no en lo que nosotros hacemos, la batalla termina. Ahora podemos cancelar nuestra "representación" y servir a Dios porque sabemos que Él sí nos ama y que no necesitamos "conseguir" que Él nos ame. Ya sabemos que tenemos su amor y que bajo ninguna condición Él dejará nunca de amarnos. Ya no tenemos que vivir con temor a ser rechazados por Él debido a nuestros errores. Cuando hacemos algo mal, lo único que tenemos que hacer es arrepentirnos y recibir el perdón de Dios y rechazar la culpabilidad que viene con el pecado pero que ya no es aplicable cuando el pecado es perdonado y quitado.

Yo solía pensar casi constantemente: *¿Qué anda mal en mí?* Ahora ya no pienso de ese modo. Sigo haciendo cosas que están mal, pero he aprendido la diferencia entre mi "quién" y mi "hacer". Te insto hoy a que entiendas que tú no eres lo que haces; tu "quién" y tu "hacer" están separados. ¡Dios te ama debido a tu "quién"! Él te ama porque eres su hijo.

¿Se desagrada Dios alguna vez de nosotros? Sí, Él se desagrada cuando pecamos (esto es nuestro "hacer", no nuestro "quién"), y Él nos ama lo bastante como para corregirnos y seguir trabajando con nosotros para llevarnos a una conducta mejor y más piadosa (ver Hebreos 12:10). Somos destinados por Dios a ser moldeados a la imagen de Jesucristo (ver Romanos 8:29), y estoy agradecida de que Él haya enviado su Espíritu Santo para convencernos de pecado y para obrar la santidad de Dios en nosotros y por medio de nosotros. Esta es una obra de la gracia de Dios, y tiene lugar poco a poco a medida que estudiamos la Palabra de Dios (ver 2 Corintios 3:18).

Hay ciertas ocasiones en que Dios se desagrada de nuestra conducta, pero Él siempre nos ama. No permitas que nada te separe del amor de Dios, porque el conocimiento de que Él te ama te capacita para ser más que vencedor en la vida.

Un versículo importante de entender a medida que aprendemos a creer que somos amados y tenemos una correcta relación con Dios es 2 Corintios 5:21: "Al que no cometió pecado alguno, por nosotros Dios lo trató como pecador, para que en él recibiéramos la justicia de Dios".

¡Saber que somos amados y aceptados aun en nuestra imperfección es un alivio! Servir a Dios por deseo en lugar de hacerlo por obligación es increíblemente liberador y proporciona una gran paz y gozo a nuestras vidas. La Biblia dice que le amamos a Él porque Él nos amó primero (ver 1 Juan 4:19). Estar seguros del amor incondicional de Dios nos da confianza y valentía.

Nuestra confianza no debería estar en nada ni nadie, sino en Jesús; no en la educación, un privilegio externo, puestos que tengamos, personas que conozcamos, cómo nos vemos, o en nuestros dones y talentos. Todo en este mundo es inestable, en el mejor de los casos, y no deberíamos poner nuestra confianza en ello. Él es el mismo ayer, hoy, y por siempre (ver Hebreos 13:8). Podemos contar con que Él siempre será fiel y hará lo que Él dice que hará; y Él dice que *siempre* nos ama. Él dice que somos justos ante sus ojos, y tenemos que tomar la decisión de sencillamente creerlo.

Nos convertimos en lo que creemos que somos; por tanto, cuando nos convenzamos de que somos rectos ante Dios, nuestra conducta mejorará. Haremos más cosas correctas y con menor esfuerzo. A medida que nos enfocamos en nuestra relación con Dios en lugar de en lo que hacemos, nos relajamos y lo que Dios ha hecho en nuestro espíritu cuando nacimos de nuevo obra gradualmente en nuestra alma y finalmente se ve en nuestra vida diaria.

A pesar de lo que otras personas te puedan haber dicho que no eres, Dios se deleita en decirte en su Palabra quién eres en Él: amado, valioso, precioso, talentoso, dotado, capaz, poderoso, sabio, y redimido. Te aliento a que tomes un momento y repitas en voz alta esas nueve cosas. Di: "Soy amado, valioso, precioso, talentoso, dotado, capaz, poderoso, sabio y redimido". ¡Él tiene un buen plan para ti! Emociónate por tu vida. ¡Has sido creado a imagen de Dios y eres increíble! Puede que aún sigas trabajando en tu "hacer" (eso es parte del ser humano), ¡pero tu "quién" es increíble!

Piensa en ello

¿Crees que Dios te ama incondicionalmente?

_____

_____

Toma un pedazo de papel y traza una línea en el centro. A un lado de la línea, escribe "Quién" y al otro lado escribe "Hacer". Comienza a enumerar diferentes aspectos de quién eres según la Palabra de Dios en la parte "Quién", y en "Hacer" puedes enumerar cosas que haces bien y cosas que haces mal. Esto te ayudará a separar tu "quién" de tu "hacer". Ahora tacha la sección "hacer" porque de todos modos no tiene nada que ver con el amor de Dios por ti. Sin importar cuántas cosas correctas hayas enumerado, nunca puedes hacer suficientes para merecer el amor de Dios, y sin importar cuántas cosas erróneas hayas enumerado en tu hoja de papel, no pueden evitar que Dios te ame para siempre.

Dios no está enojado contigo

Puede que no sientas que eres increíble o maravilloso, pero Dios dice que lo eres. El Salmo 139 dice que has sido creado de modo maravilloso. El estudio del funcionamiento del cuerpo revela que realmente somos una creación increíble. Cuando recibes a Jesucristo como tu Señor y Salvador, algo sucede en tu interior. Pablo escribe de ello de este modo: "Por lo tanto, si alguno está en Cristo, es una nueva creación. ¡Lo viejo ha pasado, ha llegado ya lo nuevo!" (2 Corintios 5:17). Puede que no notes ninguna diferencia cuando te miras en el espejo; tu conducta puede que no cambie de la noche a la mañana; y tus luchas puede que no desaparezcan de repente, pero cuando estás "en Cristo" está en proceso una obra gradual y paciente de transformación en tu vida. Dios ve el fin de las cosas desde el principio, y Él te ve completo en Él. Él te ve, por medio de Jesucristo, como nuevo y totalmente justo.

También, cuando recibes a Jesucristo como tu Señor y Salvador, te conviertes en parte de la familia de Dios. Eres un hijo de Dios.

Vuelvo a pensar en mis hijos. Ellos siempre tienen una posición correcta delante de mí, aunque no siempre lo hagan todo bien. Sigo pasando por momentos en que no me agrada la conducta de ellos en varias áreas, al igual que me desagrado con mi propia conducta. Pero mis hijos siempre están en la familia; nunca dejan de ser mis hijos. No me gustan todas sus elecciones; no me gusta todo lo que ellos hacen, pero los amo y no les retiraré mi amor debido a que cometen errores. Sigo ayudándoles si necesitan ayuda.

Dios nos ama aun más de lo que nosotros amamos a nuestros hijos. Él no nos rechaza cuando cometemos errores. Él conoce nuestros corazones. Él sabe que estamos en un viaje y que necesitamos tiempo para renovar nuestra mente. Tenemos un Sumo Sacerdote (Jesús) que entiende nuestras debilidades y enfermedades porque Él fue tentado como nosotros y, aún así, nunca pecó (ver Hebreos 4:15). ¡Me encanta el hecho de que Jesús me entiende! Él también te entiende a ti, así que, ¿por qué no relajarte y ser tú mismo, saber que eres amado incondicionalmente, y hacer todo tu esfuerzo cada día? Sentirte culpable por cada error que cometes y compararte con otras personas solamente dificulta tu progreso; no lo ayuda. Admite tus faltas, errores y pecados; pide a Dios que te perdone y te ayude a cambiar. No te compares con ninguna otra persona. Dios te ha creado único, y quiere que seas todo lo que puedes ser. Dios nunca te ayudará a que seas otra persona, ¡así que date un gran abrazo a ti mismo ahora y regocíjate en quién eres!

Piensa en ello

¿Tienes una buena relación con tu yo?

_____

_____

Haz una pausa ahora y medita en el Pensamiento de Poder 2: "¡Dios me ama incondicionalmente!". Pásalo por tu mente una y otra vez y pronúncialo enfatizando la palabra *incondicionalmente*.

Tu cuenta está cuadrada

El pasaje de 2 Corintios 5:18 nos da una importante perspectiva del modo en que Dios nos ve: "Todo esto proviene de Dios, quien *por medio de Cristo nos reconcilió consigo mismo* y nos dio el ministerio de la reconciliación" (énfasis de la autora). ¿Qué significa ser reconciliado con Dios? Significa "tu cuenta está cuadrada". ¡No debes nada! En una ocasión vi una pegatina de auto que decía: "Yo debo, tú debes, así que a trabajar voy". Inmediatamente entendí que esa era la mentalidad en que yo viví por años. Sentía que le debía algo a Dios por todo el mal que yo había hecho, y trataba cada día de hacer buenas obras para compensar mis errores. Quería que Él me bendijera, pero sentía que necesitaba ganarme sus bendiciones. Finalmente aprendí que no podemos pagar sus regalos, pues no serían regalos en absoluto. Dios nos ha recibido en su favor, lo cual significa que Él hace cosas buenas por nosotros aunque nosotros no las merezcamos. Él es misericordioso y bondadoso con justos e injustos. Él nos ama, y nos mira con favor, y quiere bendecirnos. Él no está enojado y frustrado con nosotros, ni busca castigarnos por cada error que cometemos.

Dios ve el corazón del hombre, y sus tratos con nosotros están basados en el tipo de corazón que tenemos. Yo no tengo que hacerlo todo bien, pero sí amo mucho a Dios. Lamento mucho mis pecados y me duele cuando sé que le he decepcionado a Él. Quiero que su voluntad se haga en mi vida. Estoy segura de que si estás leyendo este libro, la actitud de tu corazón es la misma que la del mío. Quizá, como yo, hayas sido atormentado por años por sentimientos de culpabilidad y temor, pero saber que Dios te ama incondicionalmente te libera de esas emociones negativas y te permite disfrutar mientras estás cambiando. En 2 Corintios 5:20 Pablo vuelve a hacer hincapié en la reconciliación y el favor que Dios nos muestra, y nos alienta a creer estas cosas: "Así que somos embajadores de Cristo, como si Dios los exhortara a ustedes por medio de nosotros: «En nombre de Cristo les rogamos que se reconcilien con Dios»". Pablo en realidad está suplicando a los creyentes de su época que se aferren a lo que Dios les ofrece, y yo también te insto a que hagas lo mismo. No esperes ni un momento más para creer que Dios te acepta, te ve en una posición correcta delante de Él, y te ama incondicionalmente.

Piensa en ello

¿Crees realmente que eres reconciliado con Dios, que Él no está enojado contigo, y que Él está totalmente satisfecho y agradado con quién eres tú?

_____

_____

Tómalo de modo personal

La verdad de que Dios nos ama incondicionalmente y tenemos una posición correcta delante de Él es tan increíble que me resulta difícil encontrar las palabras adecuadas para expresar la profundidad de la belleza de estar en paz con Dios. Para liberar el poder de esta verdad en tu vida, comienza a meditar (pensar) en esta verdad y a decirla en voz alta. Di: "Yo soy la justicia de Dios en Cristo. Soy una nueva criatura en Cristo, las cosas viejas pasaron y todas las cosas son hechas nuevas. Soy precioso ante los ojos de Dios y tengo valor. Soy hijo de Dios, la niña de sus ojos, y Él me cuida constantemente". Di: "Dios me ama incondicionalmente" muchas veces cada día. Esto ayudará a renovar tu mente a la verdad de la Palabra de Dios.

Vete a la cama en la noche y quédate tumbado pensando una y otra vez: _Dios me ama incondicionalmente y tengo paz con Él mediante la fe en Jesús._ Cuando te despiertes en la mañana, quédate tumbado en la cama unos minutos y da gracias a Dios porque Él te ama y estará contigo todo el día, en todo lo que hagas.

Meditar en la Palabra de Dios y confesarla es un tema central en la economía de Dios (su modo de hacer cosas). Añade poder a tu vida creyendo lo que la Biblia dice sobre ti. Tienes paz con Dios; eres precioso, valioso, y amado incondicionalmente.

Piensa en ello

¿Cómo te sientes cuando piensas en el hecho de que eres especial y precioso para Dios?

_____

_____

Paquete de Poder

"Al que no cometió pecado alguno, por nosotros
Dios lo trató como pecador, para que en él
recibiéramos la justicia de Dios".
2 Corintios 5:21

"Por lo tanto, si alguno está en Cristo, es una
nueva creación. ¡Lo viejo ha pasado,
ha llegado ya lo nuevo!"
2 Corintios 5:17

"A cambio de ti entregaré hombres; ¡a
cambio de tu vida entregaré pueblos!
Porque te amo y eres ante mis ojos
precioso y digno de honra".
Isaías 43:4

"Dios nos escogió en él antes de la creación
del mundo, para que seamos santos y
sin mancha delante de él. En amor".
Efesios 1:4

PENSAMIENTO DE PODER
3

No viviré en temor.

"Pues Dios no nos ha dado un espíritu de timidez,
sino de poder, de amor y de dominio propio".
2 Timoteo 1:7

La conocida columnista de consejos Ann Landers se dice
que recibía unas diez mil cartas por mes. Cuando le pidie-
ron que dijese cuál era el problema más extendido en las
vidas de su audiencia, ella respondió: "El problema sobre
todos los demás parece ser el temor. La gente tiene miedo a
perder su salud, su riqueza, y a sus seres queridos. La gente
tiene miedo de la vida misma".[1]

La evaluación de Landers no es difícil de creer. Yo veo a
muchas personas que son dominadas por el temor, el cual
puede, sin duda alguna, tomar el mando de la vida de una
persona; por eso creo que este pensamiento de poder —"No
viviré en temor"— es tan importante. Hasta que el poder
del temor sea roto en nuestras vidas, seremos cautivos de
él, lo cual significa que no somos libres para seguir nuestro corazón o para seguir a Dios. Para llevar a cabo el buen
plan que Él tiene para nuestra vida y disfrutar de todas las

bendiciones que Él quiere darnos, sencillamente debemos negarnos a vivir en temor.

Si el temor gobierna en nuestras vidas, no podemos disfrutar de nada de lo que hacemos. Digamos que Sara es invitada a una fiesta. Ella está emocionada porque la han invitado, pero cuando llega, tiene temor a no verse correctamente. Se siente incómoda y comienza a compararse con otros invitados. Comienza a observar quién está hablando con quién. Entonces, analiza en exceso quién está hablando con ella y lo amigable que esas personas parecen ser. Ella tiene tanto temor a ser rechazada que no puede relajarse y simplemente disfrutar de la fiesta.

Sara está tan enfocada en ella misma que realmente no puede relacionarse con nadie, y eso la hace parecer distante y poco amigable. Como podrías esperar, no es invitada a la siguiente fiesta. El resultado de todo esto es que, en la mente de ella, todos sus temores de que no la quieren ni la aceptan quedan confirmados. Lo triste es que el escenario completo fue creado por el temor de ella. La guerra en el campo de batalla de la mente de Sara se libraba tan ferozmente durante la fiesta, que ella se sintió confundida y no pudo disfrutar de nadie ni de nada. Estaba demasiado ocupada intentando resolver sus emociones negativas y batallando con el enemigo del temor. El temor trae tormento, y debemos negarnos a entretenerlo o nuestras vidas serán desgraciadas.

Piensa en ello

Toma un momento para pensar en cómo sería tu vida si fueses libre de todo temor. ¿Cómo diferiría una vida libre de temor de la vida que tienes en la actualidad?

_____

_____

Cómo opera el temor

Hay más tipos de temores de los que podríamos nombrar o enumerar, pero todos ellos tienen la misma fuente y el mismo propósito. Todos provienen del enemigo y tienen la intención de robar la vida que Jesús murió para darnos. Con frecuencia pensamos que el temor es simplemente una emoción o un sentimiento, pero también nos afecta físicamente. En el libro *Who Switched Off My Brain?*, la Dra. Caroline Leaf observa que el temor "desencadena más de 1.400 respuestas físicas y químicas conocidas, y activa más de 30 diferentes hormonas y neurotransmisores" y que el temor está en la raíz de todo estrés.[2] Cuando el temor causa una reacción de estrés por nuestro cuerpo, realmente "marina" el cuerpo en productos químicos tóxicos. Esto, desde luego, es terriblemente malsano y amenazador para nuestro bienestar físico.

Hay muchas maneras en que Satanás usa el temor para robarnos. Por ejemplo, el temor de que no seremos aceptados tal como somos nos hace desarrollar personalidades fingidas que ahogan nuestro verdadero yo y obstaculizan la persona que Dios nos hizo ser. El temor al fracaso evita que intentemos cosas nuevas o que nos estiremos para hacer más de aquello en que nos sentimos cómodos. El temor al futuro puede hacer que no disfrutemos del presente. Hasta algo como el temor a volar puede prohibir que podamos descubrir y disfrutar la belleza y la emoción de lugares que nos gustaría visitar. Puede paralizarnos totalmente, y en sus etapas más avanzadas puede impulsarnos a hacer cosas que son completamente irracionales. Hasta puede causar problemas mentales y emocionales.

En un ejemplar de agosto de 1989, la revista *Time* publicó una historia que muestra lo profundamente destructivo y controlador que puede ser el temor. El breve artículo informaba que Charles Bodeck, un jubilado que había recibido varias mordeduras de garrapata durante expediciones de caza, comenzó a temer haber contraído la enfermedad de Lyme cuando la enfermedad obtuvo una considerable atención en los medios a finales de los años ochenta. Bodeck no sólo tenía temor a tener la enfermedad, sino que también estaba preocupado por si se la había transmitido a su esposa. A pesar de muchas pruebas médicas y repetidas veces en que los doctores le aseguraron que él no estaba infectado y que haber transmitido la enfermedad a su esposa era imposible (porque él no la tenía), Bodeck siguió estando aterrado. Su temor totalmente infundado le controló tan completamente que finalmente mató a su esposa y después se suicidó con una escopeta. Cuando la policía revisó su buzón de correo después del incidente, lo encontraron lleno de información sobre la enfermedad de Lyme, y una nota confirmando otra cita médica para realizar una prueba de la enfermedad de Lyme.[3] La historia de Bodeck y otras incontables situaciones menos dramáticas demuestran que el temor puede ser poderoso en nuestras vidas. Yo creo plenamente que es la herramienta del diablo para mantenernos desgraciados y fuera de la voluntad de Dios. Agota nuestra valentía, presenta todo desde un punto de vista negativo, y evita que hagamos progreso. Destinos son destrozados debido al temor: temor al dolor, temor a la incomodidad, temor a la carencia, temor al sacrificio, temor a que la vida vaya a ser demasiado difícil, temor a perder amigos, temor a estar solo, temor a perder tu reputación, temor a que nadie te entienda, temor a no seguir a Dios, y otros muchos. El temor es el dominio de la fe del enemigo. Él dice: "Cree lo que yo te digo. Esto no va a funcionar. Tus oraciones no sirven de nada. No tienes una posición correcta delante de Dios. Eres un fracasado".

El temor siempre te dice lo que no eres, lo que no tienes, lo que no puedes hacer, y lo que nunca serás. Pero Romanos

8:15 dice: "Y ustedes no recibieron un espíritu que de nuevo los esclavice al miedo, sino el Espíritu que los adopta como hijos y les permite clamar: «¡Abba! ¡Padre!»". No tienes por qué vivir atado al temor ni permitir que el temor controle tu vida. Puedes ser valiente y aventurero.

La palabra "Abba" era un término utilizado por los niños pequeños para dirigirse a su padre. Sería parecido a la palabra "papá". Este término es menos formal que "Padre" y denota una cómoda cercanía entre un niño y su padre. Jesús dijo que podíamos llamar a Dios "Abba" porque Él nos había liberado de todo temor. Él siempre se ocupará de sus hijos amados, y podemos acercarnos a Él sin temor al rechazo. Cuando acudimos a Él con cualquier problema o dolor, Él está esperando con brazos abiertos para consolarnos y alentarnos.

Aburrimiento

Dios te creó para la aventura, para la alegría de una vida que requiere que des valientes pasos de fe y le veas a Él intervenir por ti. Hay muchas personas que no están satisfechas con sus vidas simplemente porque no se lanzan a las cosas nuevas que desean hacer. Quieren quedarse en "la zona de seguridad", que puede que se sienta segura, pero no siempre es donde el gozo y la aventura de la vida pueden encontrarse. No dejes que el temor te aleje de la vibrante vida que Dios tiene para ti o que destruya tu destino. Aun cuando *te sientas* temeroso, ¡no dejes que eso te detenga! Como me gusta decir: "¡Siente el temor y hazlo de todos modos!". El aburrimiento es con frecuencia el resultado de la monotonía. Te aliento a que incluyas más variedad en tu vida. Prueba cosas nuevas; cuando comiences a sentir que la vida se está estancando y es insípida, añade unas cuantas especias haciendo algo diferente. Comienza pensando y diciendo: "No viviré en temor".

Piensa en ello

¿Está el temor haciendo que vivas una vida segura pero aburrida?

_____

_____

Agárralo pronto

En los Estados Unidos hay un medicamento que se compra sin receta anunciado como la medicina que hay que tomar ante la primera indicación de un resfriado, para evitar que empeore y avance. Yo tomo mucha vitamina C si me duele un poco la garganta o comienzo a moquear, porque con frecuencia eso evita que empeore. Agarrar algo antes de que vaya demasiado lejos es sabiduría. La Biblia dice que debemos resistir al diablo al comienzo (ver 1 Pedro 5:8, 9). Por años yo he utilizado este principio contra el temor, y te garantizo que marca una diferencia.

Te recomiendo que cada vez que comiences siquiera a sentirte temeroso por alguna cosa, inmediatamente comiences a orar y confesar: "No viviré en temor". Verás resultados increíbles. Cuando oramos, Dios oye y responde. Cuando confesamos su Palabra, renovamos nuestra mente y nos ponemos de acuerdo con los planes de Él para nosotros. Sin importar lo que Dios quiera hacer por nosotros, debemos estar de acuerdo con Él a fin de recibirlo y disfrutarlo (ver Amós 3:3). Él tiene buenos planes para nosotros, pero para que se conviertan en realidad en nuestras vidas debemos tener nuestras mentes completamente renovadas (ver Romanos 12:2). Dicho con sencillez, debemos aprender a pensar como Dios piensa y a hablar como Él habla; y ninguno de sus pensamientos o palabras son de temor.

Este pensamiento de poder —"No viviré en temor"— te ayudará a ser valiente en lugar de temeroso. Tráelo a tu mente en el instante en que comiences a sentir temor y medita en él aun durante los momentos en que no tengas miedo. Al hacerlo, estarás aun más preparado para estar firme cuando el temor llegue. Recuerda que serán necesarios tiempo y compromiso a estar firme hasta que veas un cambio. Yo sigo diciendo: "No viviré en temor". Esta mañana me desperté y dije: "Este es el día que hizo el Señor, disfrutaré de este día y no viviré en temor". Dios me enseñó a utilizar lo que yo llamo "los gemelos de poder" para ayudarme a derrotar el espíritu de temor. Esos gemelos son "yo oro" y "yo digo". Cuando siento temor, comienzo a orar y pedir a Dios ayuda, y dijo: "¡No viviré en temor!". Utiliza estos gemelos de poder en cuanto te sientas temeroso por cualquier cosa, y podrás evitar que el temor te controle. Puede que sigas sintiendo temor, pero puedes avanzar y dejarlo a un lado entendiendo que es meramente el intento del diablo por evitar que disfrutes de la vida o hagas cualquier tipo de progreso. Haz lo que creas que debes hacer aun si tienes que "hacerlo con miedo".

Piensa en ello

¿Qué puedes hacer para no dejar que el temor te controle?

_____

_____

No se irá

La razón por la que debemos aprender cómo tratar el temor antes de que vaya demasiado lejos es que nunca se irá por completo. Sentir temor es parte de estar vivo. Puede que nos sintamos temerosos cuando estamos haciendo algo que nunca antes hemos hecho, o cuando los obstáculos parecen insuperables, o cuando no tenemos la ayuda natural que sentimos que necesitamos. Nada de eso significa que seamos cobardes; significa que somos humanos. Solamente podemos ser cobardes cuando permitimos que nuestros temores dicten nuestros actos o decisiones, en lugar de seguir a nuestro corazón y hacer lo que sabemos que es correcto para nosotros. Sentir temor es simplemente la tentación de huir de lo que deberíamos afrontar y confrontar; sentir temor no es igual a tener miedo, porque tener miedo significa dejar que sentimientos de temor se lleven lo mejor de nosotros. Yo podría sentirme enojada, pero aún así puedo escoger no actuar de acuerdo a mi enojo sino responder con perdón y amor. Del mismo modo, podemos sentir temor pero no permitir que él tome nuestras decisiones.

Debemos aceptar el hecho de que el temor nunca se irá por completo, pero saber también que podemos vivir con valentía y coraje porque Dios nos ha dicho que Él está siempre con nosotros y, debido a eso, podemos escoger ignorar el temor que sentimos. Está bien sentir temor; no está bien actuar según esos sentimientos. La palabra *temor* significa "emprender vuelo" o "huir de", y hace que queramos huir de lo que Dios quiere que confrontemos. No significa temblar, o estremecernos, o tener la boca seca o debilidad en las rodillas. El temor no es un sentimiento; el temor es un espíritu malo que produce un sentimiento. Por tanto, cuando decimos: "No me inclinaré ante el temor", lo que queremos decir es: "No me estremeceré de temor". El temor hace que nos acobardemos, nos estremezcamos y nos retiremos. En lugar de tener una gran fe, hace que tengamos poca fe, y si lo entretenemos bastante tiempo, terminaremos sin tener fe alguna.

La única actitud aceptable para un cristiano ante el temor es: "No temeré". No te retraigas de nada por temor. Puede que estés avanzando con algo que sientas que Dios te ha dicho que hagas; entonces, algo sucede para que parezca que no está funcionando o que las personas no están a favor de ello. Tú entiendes que si haces lo que Dios quiere que hagas, puedes arriesgarte a perder algunos amigos, algunos recursos, o tu reputación. Cuando sientes ese temor, el primer impulso es comenzar a retraerte, ¿no es cierto? Dios sabe eso, y por ese motivo dice: "No temas". Cuando Él nos dice que no temamos, lo que quiere decir es que, sin importar cómo te sientas, sigas poniendo un pie delante del otro y haciendo lo que crees que Él te ha dicho que hagas, porque esa es la única manera de derrotar el temor y hacer progresos.

Yo he decidido que *estoy* confiada, ya sea que me sienta confiada o no. A veces me siento más confiada que en otras ocasiones, pero emprendo cada día confiada en que Dios está conmigo y debido a eso puedo hacer cualquier cosa que necesite hacer y disfrutar del proceso. Escojo estar confiada en lugar de temerosa, aun cuando surjan situaciones potencialmente temerosas. La confianza es la manera de presentarme a mí misma, no meramente un sentimiento que tengo. El diablo aborrece cuando estamos confiados en que Dios está con nosotros y nos está capacitando para hacer cualquier cosa que necesitemos hacer en la vida.

Te insto a que medites en este pensamiento de poder: "No viviré en temor". Pásalo por tu mente una y otra vez, porque concentrar tu mente de antemano en que no te inclinarás ante el temor te ayudará a no hacerlo cuando surjan temores. Ya habrás tomado la decisión de no tener temor. Renovar tu mente con estos pensamientos de poder te prepara para afrontar con confianza cualquier cosa que llegue en la vida.

Piensa en ello

¿Cuál es la única actitud aceptable para un cristiano ante el temor?

_____

_____

Hazlo con temor

Cuando la Biblia dice: "Dios no nos ha dado espíritu de temor", no significa que nunca sentiremos temor. De hecho, cuando Dios dijo a tantas personas en la Biblia "no temas", básicamente les estaba diciendo: "El temor vendrá tras de ti. Vas a tener que manejarlo". Cuando Dios le dio a Josué la tarea de llevar a los israelitas a la Tierra Prometida, dijo: "¡Sé fuerte y valiente! ¡No tengas miedo ni te desanimes!" (Josué 1:9). Estaba diciendo fundamentalmente: "Serás atacado por muchos temores y serás tentado a volver atrás, pero tienes que seguir adelante". Sin importar lo que sientas, sigue adelante y llegarás a tu destino. No estoy sugiriendo que hagamos cosas necias y nos neguemos a aceptar consejos de nadie, pero si estamos totalmente seguros de que tenemos dirección de Dios, entonces debemos proseguir sin importar lo que sintamos o lo que la gente diga. Yo digo con frecuencia: "Valentía no es la ausencia de temor, es progreso en su presencia".

Supongamos que un hombre quiere desesperadamente hacer un cambio de carrera porque aborrece su trabajo y se siente totalmente insatisfecho y desgraciado en él. Digamos que está en el departamento de contabilidad en una gran empresa constructora, pero el deseo de su corazón siempre ha sido trabajar en ventas. Él cree que tiene dotes para poder vender cosas en las que él realmente crea; por tanto,

¿por qué no cambia de trabajo? Comienza a hacerlo, entonces se detiene y piensa en el hecho de que en el departamento de contabilidad, él siempre obtiene su paga cada dos semanas y es siempre por la misma cantidad. Puede depender de ello y hacer planes en consecuencia. En el área de ventas, él trabajaría a comisión y sus ingresos dependerían de lo mucho que vendiese. Podrían fluctuar, lo cual necesitaría una mejor planificación económica o un presupuesto más estricto.

Entonces, le llegan más pensamientos: *Tendría que edificarse una reputación en ventas y desarrollar una base de clientes, y eso tomaría tiempo. Los ingresos puede que fuesen más bajos que en el presente durante cierto periodo. Tendría que pasarse sin algunas cosas. La familia tendría que sacrificarse durante una temporada. ¿Y si tomase más tiempo del esperado?*

De repente, el hombre tiene temor de realizar el cambio que tan desesperadamente quiere hacer, y continúa día tras día yendo a un trabajo que aborrece, sintiéndose insatisfecho y desgraciado. Solamente el hombre puede cambiar su situación; debe dar un paso de fe, dejar a un lado el temor, y no estar dispuesto a estar atrapado en un trabajo que desprecia.

Dios está a su lado para ayudarle, pero eso sólo puede suceder si el hombre pone su fe en Dios. Dios no puede darnos nada por lo que no estemos dispuestos a dar un paso de fe y tomarlo. La Biblia dice repetidamente que no hemos de "temer", porque Dios está con nosotros. Tenemos dos opciones: creer esta verdad y tomar decisiones basadas en ella, o vivir vidas estrechas y desgraciadas porque tenemos temor a cambiar, a arriesgar, o a nuevas situaciones.

Aunque a los demás yo no parecía ser una persona temerosa, en realidad pasé muchos años inclinándome ante sentimientos interiores de temor. Entonces, finalmente aprendí a "hacerlo con temor". Lo que quiero decir con eso es que aprendí a seguir a mi corazón mientras estuviera de acuerdo con la Palabra de Dios y progresar aun cuando el temor me estuviera haciendo temblar y me estuviera diciendo que iba a fracasar. Ya que el diablo es un mentiroso, podemos estar bastante seguros de que cuando él nos dice que algo no va a funcionar, sí funcionará. Cuando Dios está tratando de mostrarnos que nos apartemos de algo, lo hace retirando nuestra paz, no intentando asustarnos. Yo con frecuencia me aparto de algo porque pierdo mi paz. Hemos de seguir la paz y dejar que gobierne en nuestra vida, pero no debemos seguir el temor.

Yo comencé a vencer el temor orando, y pensando, y diciendo: "No viviré en temor". Hasta aprendí a decir: "El temor siempre se presentará ante mí, pero lo ignoraré y seguiré adelante". Recuerda: *temer* significa "emprender vuelo o huir de algo". Yo aprendí que tenía que dejar de salir corriendo y quedarme el tiempo suficiente para ver lo que Dios haría por mí si yo permitía que mi fe en Él fuese mayor que mis temores. Finalmente entendí que cada vez que Dios me guiaba a una nueva área que finalmente sería mejor para mí, el diablo lanzaba un ataque de temor contra mí. El temor es el arma favorita del diablo, y la utiliza de manera maestra contra las personas hasta que ellas se dan cuenta de que, por medio de Dios, tienen el poder de dejar atrás el temor y seguir haciendo progreso.

Piensa en ello

¿Estás huyendo de algo en tu vida? Si es así, ¿seguirás avanzando, para ver lo que Dios hará por ti?

_____

_____

Sé lleno de fe

Temor es el opuesto a la fe. Recibimos del enemigo mediante el temor, y recibimos de Dios mediante la fe. El temor es la marca de fe del enemigo, su falsificación de ella. En otras palabras, podemos conocer y hacer la voluntad de Dios poniendo nuestra fe en Él, pero podemos cooperar con el plan del diablo mediante el temor. Cuando tenemos temor, puede que no hagamos lo que Dios quiere que hagamos y, por el contrario, terminemos haciendo lo que el diablo quiere que hagamos. En el Antiguo Testamento, Job dijo que lo que temía vino sobre él (ver Job 3:25), lo cual es exactamente lo que el enemigo quería para él y lo que quiere para nosotros. El enemigo es el autor del temor, no Dios. De hecho, 2 Timoteo 1:7 dice que Dios no nos ha dado espíritu de temor, sino de poder, y necesitamos aplicar esta verdad a nuestras vidas y negarnos a vivir de ninguna otra manera que no sea poderosamente.

Quiero compartir algo que he estado practicando agresivamente últimamente. Me ha resultado muy útil, y creo que para ti también lo será. Cuando el temor llama a la puerta de nuestra vida, si nos encuentra llenos de fe, no puede entrar. Te insto encarecidamente a meditar y confesar que estás lleno de fe. Yo lo digo así: "Soy una mujer de fe. Pienso fe, hablo fe, y camino en fe". También escojo partes de la Escritura sobre la fe y medito en ellas. Hebreos 11:6 es un buen ejemplo: "En realidad, sin fe es imposible agradar a Dios, ya que cualquiera que se acerca a Dios tiene que creer que él existe y que recompensa a quienes lo buscan". Cuanto más medito en la fe y creo que soy una mujer llena de ella, más fuerte y enérgica me siento. El temor nos debilita en todos los aspectos, pero la fe añade valentía, confianza y energía verdadera a nuestra vida.

En 1 Timoteo 6:12, Pablo alentó a Timoteo a "pelear la buena batalla de la fe". Todos necesitamos pelear esta buena batalla, y creo que meditar en la Palabra de Dios y confesarla es el modo de hacerlo. Recuerda: estamos en una guerra, y el campo de batalla es la mente.

Si estás acostumbrado a permitir que tu mente divague por donde quiera, meditar en la Palabra de Dios requerirá formar un nuevo hábito. No te desanimes si ves que tienes buenas intenciones pero fracasas muchas veces. Puedo asegurarte que todos tienen la misma experiencia al comienzo de este viaje. Ora para que la gracia de Dios te capacite, y no "trates" meramente de hacerlo. Con bastante frecuencia, lo intentamos mucho sin pedir ayuda a Dios, pero Él siempre quiere ayudarnos a obedecerle, así que lo único que tienes que hacer es pedir. Pídele que te ayude a desarrollar la capacidad de concentrarte y enfocarte en pensamientos de poder que te capacitarán, en lugar de entretener "huéspedes no invitados" (pensamientos) que te incapacitarán.

Cuando Satanás llegue a atacarte con temor, asegúrate de estar lleno de fe para que no haya lugar de entrada para él. El temor y la fe no pueden coexistir; donde tengas uno, no tendrás el otro. La Palabra de Dios edifica fe en tu corazón, así que úsala; así mantendrás el temor fuera de tu vida.

Piensa en ello

¿Cómo puedes demostrar fe en lugar de temor?

_____

_____

Libertad de un temor mayor

Yo realmente creo que es posible tener tanto temor a que las personas no nos aprueben —lo que decimos, lo que hacemos, lo que pensamos, cómo nos vemos, lo que valoramos, o las elecciones que hacemos— que nos volvemos adictos a la aprobación. La "adicción a la aprobación" sucede cuando las personas necesitan tanto la aprobación de otros que son desgraciados cada vez que no sienten que la tienen. Hasta toman ciertas decisiones para obtener aprobación en lugar de seguir a su corazón u obedecer lo que creen que es la voluntad de Dios para su vida. Estoy manteniendo breve esta sección, aunque ya que es un inmenso problema, tengo un libro entero sobre el tema titulado *Adicción a la Aprobación*. Te lo recomiendo encarecidamente si sientes que necesitas ayuda en esta área.

Yo desarrollé una desequilibrada necesidad de aprobación porque no tuve una sana relación con mi padre. Yo no era adicta a la aprobación de todas las personas que me rodeaban, y en algunos casos no me importaba en absoluto lo que la gente pensara. Pero cuando se trataba de figuras de autoridad en mi vida, especialmente figuras de autoridad masculinas, yo anhelaba desesperadamente aprobación. Ahora sé que estaba intentando obtener de hombres en posiciones de autoridad lo que debería haber tenido de mi padre pero que nunca recibí.

¿Tienes temor de alguien en particular? ¿Tienes temor de ciertos tipos de personalidad? Localizar un problema es el primer paso para derrotarlo, así que te insto encarecidamente a que aísles temores repetitivos y tomes la decisión de vencerlos. Muchas personas confiesan que tienen temor a las figuras de autoridad en sus vidas, y eso es lamentable porque todos tenemos que tratar con otros que tienen autoridad sobre nosotros.

Una vez, yo tuve una empleada que estaba terriblemente asustada de mí debido a algunos problemas sin resolver de su niñez. Su temor no sólo le hacía sentir desgraciada, sino que también me hacía sentir a mí muy incómoda. Ella tenía tanto temor a no agradarme, que con frecuencia cometía errores que no habría cometido si hubiera tenido más confianza. No podía relajarse, y yo sentía que tenía que ser muy cuidadosa en cuanto a todo lo que decía y hacía para que ella pudiera seguir teniendo confianza, pero parecía que nada funcionaba durante mucho tiempo. Era difícil decírselo cuando hacía algo incorrectamente y yo necesitaba corregirla. Era difícil ser clara y directa en la comunicación, y me encontré intentando con tanta fuerza mantener su confianza que se convirtió en una carga insoportable para mí. Su temor realmente estaba robando mi capacidad para ser yo misma, y finalmente nuestra relación laboral no funcionó y ella tuvo que irse y hacer otra cosa.

Lo triste es que ella era un individuo hermoso, amable y agradable que quería hacer lo mejor que pudiese y anhelaba aceptación, pero sus temores seguían robando precisamente lo que ella deseaba.

Me entristece cuando las personas tienen temor a quienes están en autoridad sobre ellas, pero desgraciadamente ese es el caso con mucha frecuencia. Muchas personas han sido maltratadas por una figura de autoridad cuando crecían, y tienden a transferir sus temores a otras personas que no tienen nada que ver en absoluto con su problema inicial. Siempre puedo discernir cuando alguien está cómodo conmigo o incómodo y nervioso. Me inclino hacia quienes son confiados porque sé que no sólo serán capaces de hacer el trabajo, sino que también yo podré disfrutar de mi relación con ellos.

Es importante entender que nuestros temores no sólo nos afectan a nosotros, sino que también afectan a las personas que nos rodean. Nada es más incómodo para mí que tener que ir de puntillas con una persona porque tiene temores que la hacen ser sensible, temerosa y rígida. Lo lamento por ellas y oro por ellas, pero en última instancia el temor no puede ser conquistado a menos que lo reconozcamos y lo confrontemos no permitiendo que nos controle.

Puede que tú seas como yo era: con temor a que otras personas no te aprueben o temeroso de una figura de autoridad en tu vida. Ya sea que batalles con este temor o con otros temores, el camino hacia la libertad es el mismo: estudia la Palabra de Dios y aplícala a tu vida; ora; y renueva tu mente.

Piensa en ello

¿Tienes una necesidad desequilibrada de aprobación? ¿Hay alguien a quien estés permitiendo que te controle debido al temor?

_____

_____

Dios está contigo

La verdad que debemos creer para vencer el temor es que Dios está con nosotros. Esto marca la diferencia en la vida, y es la clave para poder obedecer lo que Dios nos dice que hagamos muchas veces a lo largo de la Biblia, que es: "No temas". Si no tenemos confianza en que Él está con nosotros, tendremos temor. David solamente pudo enfrentarse a Goliat porque sabía que Dios estaba con él. No se confió en su propia capacidad, sino que confió en Dios. Puede que no siempre sepamos exactamente lo que Dios va a hacer, pero podemos relajarnos sabiendo que Él hará lo que haya que hacer en el momento correcto. Podemos fácilmente sentir miedo si pensamos sobre el futuro y todas las cosas que nos son desconocidas. Podemos mirarlo de dos maneras. Podemos ser negativos y temerosos, o podemos estar emocionados por ser parte del misterio de Dios, sabiendo que Él sabe exactamente lo que va a suceder y está con nosotros, ayudándonos y dirigiéndonos.

Puede que no sepamos qué hacer en una situación tensa, pero Dios sí lo sabe. Él nunca se sorprende por nada. Él lo sabe todo antes de que suceda, y ya ha planeado nuestra liberación, así que lo único que tenemos que hacer es seguir adelante. Sencillamente necesitamos dar un paso cada vez y no preocuparnos por el siguiente, porque Dios estará ahí para guiarnos en el siguiente paso cuando llegue el momento.

Dios ha dicho que Él está con nosotros en todo momento. Esta es una poderosa verdad que puede demoler totalmente el temor en nuestras vidas. No tenemos que verlo o sentirlo a Él para creer eso. La fe es una cuestión del corazón, no de los sentidos naturales. ¡Dios está contigo! Créelo y comienza a vivir con valentía. Renueva tu mente a la verdad de que Dios está siempre contigo pensándola y confesándola. Cuanto más consciente seas de su presencia, más confiado estarás.

Di: "No temeré, no tendré temor a los hombres porque Dios está conmigo". A medida que encares la próxima semana y medites en este pensamiento de poder, creo que comenzarás a sentirte más confiado que nunca. Solamente tienes una vida que vivir, ¡así que vívela con valentía y nunca permitas que el temor te robe lo mejor de Dios para ti!

Paquete de Poder

"Y ustedes no recibieron un espíritu
que de nuevo los esclavice al miedo, sino
el Espíritu que los adopta como hijos y les permite
clamar: «¡Abba! ¡Padre!»".
Romanos 8:15

"¿Qué diremos frente a esto? Si Dios está
de nuestra parte, ¿quién puede estar
en contra nuestra?"
Romanos 8:31

"El Señor está conmigo, y no tengo miedo;
¿qué me puede hacer un simple mortal?"
Salmo 118:6

"Pues Dios no nos ha dado un espíritu de timidez,
sino de poder, de amor y de dominio propio".
2 Timoteo 1:7

PENSAMIENTO DE PODER
4

Soy difícil de ofender.

"Los que aman tu ley disfrutan de gran
bienestar, y nada los hace tropezar".
Salmo 119:165

Las personas que quieren vivir vidas poderosas deben convertirse en expertas en perdonar a quienes les ofenden y les hacen daño. Cuando alguien hiere mis sentimientos o es grosero e insensible conmigo, me resulta útil decir enseguida: "No me ofenderé". Tengo que decir esas palabras calladamente en mi corazón si la persona sigue estando en mi presencia, pero después, cuando el recuerdo de lo que él o ella hizo regresa para acosarme, las repito en voz alta. Cuando digo: "No me ofenderé", siempre oro para que Dios me ayude, entendiendo que nada puedo hacer sin Él. Por tanto, una vez más, "¡oro y digo!".

Mi esposo Dave siempre ha sido difícil de ofender. Cuando está cerca de personas que podrían hacerle daño o en situaciones en las que podría ser ofendido, dice: "No voy a dejar que esas personas negativas controlen mi humor. Ellas tienen problemas y no van a pasarme sus problemas a mí".

Por otro lado, yo pasé muchos años con mis sentimientos heridos regularmente y viviendo en la agonía de la ofensa, pero no estoy dispuesta a vivir así nunca más. Estoy ocupada obteniendo una nueva mentalidad. ¿Estás dispuesto a unirte a mí para llegar a ser una persona a quien es difícil ofender? Si es así, abrirás la puerta a más paz y gozo de lo que nunca antes hayas conocido.

Desarrollar la mentalidad de que eres una persona difícil de ofender hará tu vida mucho más agradable. Hay gente en todas partes, y nunca sabes lo que podrían decir o hace. ¿Por qué dar el control de tu día a otras personas? Resultar herido y ofendido no cambia a las personas, sólo nos cambia a nosotros. Nos hace desgraciados y nos roba la paz y el gozo; por tanto, ¿por qué no prepararnos mentalmente para no caer en la trampa de Satanás?

¿Morderás el cebo?

No hay duda al respecto. Mientras estemos en el mundo y alrededor de personas, tendremos oportunidades de resultar ofendidos. La tentación de llegar a estar herido, enojado u ofendido llega con tanta seguridad como llega cualquier otra tentación (ver Mateo 26:41). Orar que la tentación no se presente no hace ningún bien, pero podemos escoger tomarla o dejarla. Lo mismo es cierto de la ofensa. El escritor y conferencista John Bevere llama a la ofensa "la trampa de Satanás", y yo no podría estar más de acuerdo. En su introducción al libro con este título, él escribe:

Una de las carnadas [de Satanás] más engañosas e insidiosas es algo que todo cristiano ha encontrado en su camino: las ofensas. En realidad, las ofensas en sí mismas no son mortales. . . Pero si las aceptamos y las consumimos y las hacemos entrar en nuestro corazón, entonces nos ofendemos. Y las personas ofendidas producen mucho fruto: dolor, enojo, ira, celos, resentimiento, contienda, amargura, odio y envidia. Algunas de las consecuencias de caer en esta trampa son: insultos, ataques, heridas, divisiones, separaciones, relaciones rotas, traiciones y personas que se apartan del Señor. [1]

Como puedes ver, permitirnos a nosotros mismos estar ofendidos es muy serio y tiene consecuencias devastadoras. Satanás no dejará de tentarnos a ser ofendidos, pero nosotros somos quienes escogemos si mordemos o no el cebo.

Una de las señales de los últimos tiempos antes del regreso de Jesús es que la ofensa aumentará.

> En aquel tiempo muchos se apartarán de la fe;
> unos a otros se traicionarán y se odiarán.
> (*Mateo 24:10*)

Rudeza, arrebatos y guardar rencor parecen ser cosas muy comunes en la actualidad. Las personas no entienden que están jugando justamente en manos del diablo cuando permiten que esas emociones negativas y venenosas los gobiernen. Pensemos en Becca, una joven cristiana que está haciendo progresos en su crecimiento en Cristo cuando de repente sucede algo en su iglesia que le ofende. Becca tenía esperanzas de que la escogieran para cantar en el coro pero, por alguna razón, no lo hicieron. Satanás se aprovecha de la situación y llena su mente de todo tipo de pensamientos que ni siquiera son verdad. Becca comienza a enfocarse en lo que ella imagina que es un ataque de rechazo, y lo recibe como un ataque personal en lugar de simplemente confiar en Dios. La ofensa se convierte en una piedra de tropiezo para ella y, como dice el pasaje anterior, ella comienza a apartarse de lo que debería ser importante para ella, que es crecer en su relación con Dios. Tristemente, este escenario se repite una y otra vez en el mundo en la actualidad. A veces creo que tenemos más personas en el mundo que están enojadas y ofendidas que quienes no lo están.

Satanás está pescando todo el tiempo, esperando agarrar a alguien en su trampa; ¡no muerdas su cebo! Comienza a meditar y a decir: "Soy difícil de ofender".

Piensa en ello

¿Por qué es "la trampa de Satanás" un buen término para la ofensa? ¿Qué tipos de "cebos" le gusta usar a Satanás contigo?

_____

_____

Permite que Dios lo haga

Una de las razones por las que nos resulta difícil perdonar a otros cuando estamos ofendidos es que nos hemos dicho a nosotros mismos probablemente miles de veces que perdonar es difícil. Nos hemos convencido a nosotros mismos y hemos fijado nuestra mente en fallar en uno de los mandamientos de Dios más importantes, que es perdonar y orar por nuestros enemigos y por quienes nos hieren y abusan de nosotros (ver Lucas 6:35, 36). Meditamos demasiado en lo que la persona ofensiva nos ha hecho, y no entendemos lo que nos estamos haciendo a nosotros mismos mordiendo el cebo de Satanás. ¡Sigue recordando que estar ofendido no cambiará a las personas, sino que te cambia a ti! Te hace ser amargado, retraído, y con frecuencia vengativo; mantiene tus pensamientos en algo que no da buen fruto en tu vida.

Aunque orar por nuestros enemigos y bendecir a quienes

nos maldicen puede parecer muy difícil o casi imposible, podemos hacerlo si fijamos nuestra mente en ello. Tener la mentalidad adecuada es vital si queremos obedecer a Dios. Él nunca nos dice que hagamos algo que no sea bueno para nosotros, y nunca nada que no podamos hacer. Él está siempre dispuesto a darnos la fortaleza que necesitamos para hacerlo (ver Filipenses 4:13). Ni siquiera necesitamos pensar en lo difícil que es, ¡sencillamente necesitamos hacerlo!

¡Dios es justo! La justicia es una de las características más admirables de su carácter. Él produce justicia mientras esperamos en Él y confiamos en que Él será quien nos reivindique cuando hayamos sido heridos u ofendidos. Él sencillamente nos pide que oremos y perdonemos, y Él hace el resto. Él hace que hasta nuestro dolor obre para bien (ver Romanos 8:28). Él nos justifica, nos reivindica y nos recompensa. Él nos recompensa por nuestro dolor si seguimos sus mandamientos de perdonar a nuestros enemigos y hasta dice que recibiremos "el doble por nuestros problemas" (ver Isaías 61:7).

A medida que renovamos nuestra mente, con pensamientos como: *Soy difícil de ofender*, o *Perdono libremente y rápidamente*, descubriremos que perdonar y soltar ofensas es más fácil de hacer que nunca. La razón de que esto sea cierto es que "donde va la mente, el hombre le sigue". Cuando mentalmente y verbalmente estamos de acuerdo con Dios al obedecer su Palabra, nos convertimos en un equipo que es invencible.

La Biblia nos enseña sobre el poder del acuerdo. Deuteronomio 32:30 habla del hecho de que una persona puede hacer huir a mil, y dos a cien mil. En Mateo 18:19, Jesús dice: "Además les digo que si dos de ustedes en la tierra se ponen de acuerdo sobre cualquier cosa que pidan, les será concedida por mi Padre que está en el cielo". Si las personas en la tierra pueden obtener este tipo de poderosos resultados simplemente estando en acuerdo, sólo imagina lo que sucederá cuando estemos en acuerdo con Dios.

Yo realmente creo que perdonar a quienes nos hieren y nos ofenden es una de las cosas más poderosas que podemos hacer. La Biblia dice que vencemos el mal con el bien (Romanos 12:21). La mejor manera de derrotar al diablo es hacer lo que es correcto. No puedo imaginar cómo le frustra cuando oramos por quienes nos hieren en lugar de odiarles. Me hace querer reírme en voz alta cuando pienso en ello.

Piensa en ello

¿En qué áreas frecuentemente muerdes el cebo de Satanás y caes en su trampa de ser ofendido? ¿Cuál es tu nuevo pensamiento de poder que te preparará de antemano para la victoria?

Cree lo mejor

Creer lo mejor de las personas es muy útil en el proceso de perdonar a personas que nos hieren o nos ofenden. Como seres humanos, tendemos a ser suspicaces de otros y con frecuencia somos heridos debido a nuestra propia imaginación. Es posible creer que alguien te hirió a propósito cuando lo cierto es que esa persona ni siquiera es consciente de que hiciera nada en absoluto, y se sentiría triste de saber que te hirió. Dios nos llama a amar a otros, y el amor siempre cree lo mejor. El pasaje en 1 Corintios 13:7 lo deja claro: "Todo lo disculpa, *todo lo cree*, todo lo espera, todo lo soporta" (énfasis de la autora).

De muchas maneras, Dave y yo somos muy diferentes y, sin embargo, rara vez discutimos o nos enojamos el uno con el otro. Ese no fue el caso por muchos años, pero hemos aprendido a estar en desacuerdo amigablemente. Respetamos el derecho del otro a tener una opinión, aunque la nuestra sea diferente.

Puedo recordar, durante los primeros años de nuestro matrimonio, centrarme en todo lo que yo consideraba negativo sobre Dave y pasar por alto sus características positivas. Mis pensamientos eran algo parecido a esto: *Simplemente no estamos de acuerdo en nada. Dave es muy testarudo, y tiene que tener la razón todo el tiempo. Es insensible, y no le importa cómo me siento yo. Él nunca piensa en nadie más que en sí mismo.* En realidad, ¡ninguno de esos pensamientos era cierto! Solamente existían en mi propia mente; y mi modo de pensar erróneo causaba muchas ofensas y desacuerdos que podrían haberse evitado fácilmente si mi mentalidad hubiera sido más positiva. Mi "pensamiento" me llevaba a ofenderme creyendo mentiras; exactamente lo que el enemigo quería que yo hiciera.

Con el tiempo, a medida que crecí en mi relación con Dios, aprendí el poder de creer lo mejor de las personas y de meditar en las cosas que eran buenas. Cuando eso sucedió, mi mentalidad sonaba parecido a esto: *Normalmente es muy fácil llevarse bien con Dave; él tiene sus áreas de terquedad, pero yo también. Dave me ama y nunca heriría mis sentimientos a propósito. Dave me protege mucho y siempre se asegura de que yo esté atendida.* Al principio, tenía que pensar esas cosas a propósito porque tenía el hábito de escoger siempre lo negativo, pero ahora realmente me siento incómoda cuando pienso pensamientos negativos, y los pensamientos positivos llegan con más naturalidad porque me he disciplinado a mí misma para pensarlos.

Sigue habiendo momentos en que personas hieren mis sentimientos, pero entonces recuerdo que puedo escoger si me siento herida o si "lo supero". Puedo creer lo mejor o puedo creer lo peor, así que ¿por qué no creer lo mejor y disfrutar de mi día? Me crié en un hogar que estaba lleno de problemas y de enojo, y me niego a vivir de ese modo ahora. Ayudo a crear una buena atmósfera a mi alrededor pensando buenos pensamientos sobre otros y escogiendo no ser fácilmente ofendida o enojada.

Te aliento a que creas lo mejor sobre otros. Resiste la tentación de cuestionar sus motivos o pensar que te hirieron intencionadamente. Creer lo mejor sobre otros mantendrá la ofensa y la amargura fuera de tu vida y te ayudará a permanecer en paz y gozo. Por tanto, siempre haz todo lo posible por creer lo mejor.

Piensa en ello

¿Acerca de quién necesitas comenzar a creer lo mejor?

_____

_____

Cansado y susceptible

A veces somos más propensos a resultar heridos u ofendidos que otras veces. Años de experiencia me han enseñado que cuando yo estoy excesivamente cansada, soy más susceptible y apta para que mis sentimientos resulten heridos que cuando estoy descansada. He aprendido a evitar conversaciones que podrían ser tensas cuando sé que estoy cansada. También he aprendido a esperar a sacar temas que podrían ser tensos para Dave cuando él está cansado. Los momentos en que estamos cansados son los peores momentos para confrontar algo que yo creo que él está haciendo erróneamente o para mencionar algo que me gustaría que cambiase. Sé que terminaré herida o enojada si él no responde del modo en que yo quiero que lo haga, así que no me sitúo a mí misma en esa posición.

Aliento a los esposos y esposas a que aprendan a relacionarse el uno con el otro de maneras que minimicen el potencial para la ofensa, al igual que Dave y yo hemos aprendido a hacer. Una mujer no debería saludar a su esposo cuando llega del trabajo con todas las malas noticias que se le ocurran, como: "Los niños se portaron terriblemente durante todo el día, y tienes que corregirlos"; "las facturas del utilitario son más elevadas de lo que nunca he visto"; "tienes que dejar esa liga de golf en la que estás porque estoy harta de verte disfrutar mientras yo hago todo el trabajo".

De modo similar, cuando uno de los niños mantuvo a la madre despierta toda la noche porque estaba enfermo, los otros se han portado mal todo el día, la casa parece como si hubiera pasado un ciclón, y la cena se ha quemado y no se reconoce, ese no es el momento para que el esposo anuncie: "Este fin de semana me voy de pesca con los muchachos". Bajo las circunstancias que he mencionado, lo único que querría su esposa es aliento, algo de ayuda en la casa, y alguien que ayude con los niños, y no la noticia de que ella tiene que ocuparse de todo sola durante todo el fin de semana. Quizá esta pareja necesite hablar sobre los hijos, las facturas del utilitario, la liga de golf, y la excursión de pesca, pero necesitan hacerlo en un buen momento, y no cuando están frustrados, agotados o exhaustos.

También he descubierto que puedo ser ofendida más fácilmente de lo normal cuando he estado trabajando demasiado tiempo sin tomar ningún descanso. Podría no estar cansada físicamente, pero sí mentalmente fatigada, y necesito algo de creatividad o diversidad. Aprender a entender esas cosas sobre mí misma me ha ayudado a evitar la ofensa. Puedo decirme a mí misma: "Estoy cansada y, por tanto, soy susceptible, así que necesito pasar por alto esto y no molestarme por algo que normalmente no me molestaría".

¡Hablar con nosotros mismos es bueno! Cuando yo

comienzo a tener una mala actitud, con frecuencia digo que necesito tener una reunión conmigo misma. Especialmente cuando somos tentados a pecar (y ser ofendidos es pecado), puede que necesitemos hacernos recordatorios verbales o instrucciones a nosotros mismos, como: "Sé que estoy cansado y frustrado, pero no voy a pecar. No voy a abrir una puerta al enemigo en mi vida siendo ofendido. Voy a obedecer a Dios y a perdonar a esa persona, y no albergar herida y ofensa en mi corazón".

Ten tantas reuniones contigo mismo como necesites a fin de descubrir cuándo tienes más probabilidad de ser fácilmente ofendido. Como he mencionado, yo soy más sensible a la ofensa cuando estoy cansada o bajo estrés, y creo que la mayoría de nosotros somos de esa manera. Llega a conocerte a ti mismo de este modo. Sé consciente cuando surjan circunstancias que te hagan susceptible, y sé diligente para negarte a ser ofendido.

Ese periodo del mes

Muchas discusiones en el hogar se producen durante el ciclo mensual de la mujer. Los hombres dicen con frecuencia: "Es otra vez ese periodo del mes", y lo dicen con pavor en su tono de voz. Yo tengo dos hijas, y las dos han aprendido que son más sensibles de lo normal en ese periodo del mes, y tratan de tener eso en mente cuando situaciones comienzan a frustrarlas, situaciones que normalmente no les molestarían en absoluto. Ellas entienden que son más propensas a tener pensamientos negativos, y tienen una mayor tendencia a sentirse abrumadas. Recordarse a sí mismas ese hecho les ayuda a no dejar que sus emociones tengan el control.

La mayoría de las mujeres tienen días melancólicos antes de comenzar realmente con su ciclo, y por esa razón con frecuencia no conectan los puntos. Piensan: "Mi vida me está volviendo loca", y no entienden que la vida es como siempre, que son ellas quienes son diferentes. Insto a las mujeres que aún no han pasado por el cambio de vida a que marquen esos días en sus calendarios cada mes y oren con antelación para que no sean fácilmente ofendidas debido a los cambios hormonales en su cuerpo. Insto a los hombres a que también lo marquen en sus calendarios y utilicen sabiduría. Este es un periodo estupendo en el mes para mandar flores a su esposa o darle aliento extra, y no es un buen momento para corregirla o estar él mismo melancólico.

Las mujeres deberían descansar más en ese periodo del mes si es posible, y evitar por completo tratar de resolver una crisis. El mundo ha puesto un nombre a este evento mensual. Se llama SPM, que significa síndrome pre-menstrual. Sea como sea que queramos llamarlo, lo cierto es que es un periodo del mes en que algunas mujeres necesitan ser cautas para no resultar ofendidas, pero sencillamente entender que son tiernas emocionalmente y necesitan tener cuidado en cuanto al modo en que se comportan.

Las mujeres pueden experimentar diversos grados de lo mismo durante el periodo de la menopausia, y por eso es también un periodo en el que ser cautas y sabias. Intenta ser paciente, porque al final esa época de la vida pasará y las cosas volverán a la normalidad.

Piensa en ello

¿Qué aumenta tu tendencia a ser ofendido? ¿Es estar cansado, estar estresado en el trabajo, la presión económica, relaciones difíciles, o alguna otra cosa?

_____

_____

La vida es preciosa;
¡no desperdicies tu tiempo!

He aprendido que cualquier día que pase enojada y ofendida es un día desperdiciado. La vida es demasiado corta y demasiado preciosa como para desperdiciar ninguna parte de ella. Cuanto más mayor es una persona, normalmente más entiende eso, pero me entristece decir que algunas personas nunca lo aprenden. La sociedad en la que vivimos en la actualidad está llena de personas enojadas, fácilmente ofendidas, que están estresadas y cansadas la mayor parte del tiempo. Jesús nos dice que no somos "de" este mundo (ver Juan 8:23); sí vivimos en el mundo, pero no hemos de ser *del* mundo en términos de comportarnos del modo en que lo hace la sociedad y reaccionar a las situaciones tal como el mundo lo hace. Jesús nos enseña un modo mejor de vivir. Siempre me gusta decir que el cristianismo comienza con aceptar a Jesús como nuestro Salvador, y después se continúa en un estilo de vida basado en sus enseñanzas. Jesús les dijo a los discípulos que aunque la ley decía "ojo por ojo", lo cual significaba que cualquier cosa que alguien te hiciera se lo hicieras tú a él, ahora Él estaba diciendo que perdonásemos a nuestros enemigos, que amásemos y orásemos por quienes nos utilizan y abusan de nosotros. Las personas que le oyeron quedaron sorprendidas, pues nunca habían oído tal cosa.

Él les enseñó muchas otras cosas que serían un modo de vivir totalmente nuevo, pero uno que produciría una calidad de vida que ellos anteriormente no habían conocido.

Podemos escoger vivir según la Palabra de Dios en lugar de vivir a la manera del mundo o ceder a pensamientos o emociones carnales. La Biblia nos dice que andemos en el Espíritu (ver Gálatas 5:25), y para hacer eso debemos manejar nuestras emociones en lugar de permitirles que nos controlen. Debemos asumir responsabilidad de nuestras respuestas a los acontecimientos cotidianos, especialmente las pequeñas ofensas que nos tientan a estar enojados.

Tomar la decisión de no ser ofendido no siempre cambia el modo en que nos sentimos en cuanto a la forma en que nos tratan. Uno de nuestros mayores problemas es que normalmente permitimos que nuestros sentimientos dirijan nuestras elecciones, y así, nunca llegamos a tomar las decisiones que necesitamos tomar. Debemos entender que nuestros sentimientos finalmente se pondrán a la altura de nuestras decisiones, así que necesitamos ser responsables de tomar las decisiones correctas y dejar que los sentimientos sigan. Llegar a estar establecido en el pensamiento: *Soy difícil de ofender* puede prepararte de antemano para cualquier ofensa que puedas afrontar. Te preparará para perdonar y liberar al ofensor, lo cual te mantendrá fuera de la trampa de la falta de perdón.

¡Una persona sabia se niega a vivir con sentimientos heridos o con ofensa en su corazón! La vida es demasiado corta para desperdiciar un solo día estando enojado, amargado y resentido. La buena noticia del evangelio de Jesucristo es que nuestros pecados son perdonados, y yo creo que se nos ha dado la capacidad de perdonar a quienes pecan contra nosotros. Cualquier cosa que Dios nos ha dado, como perdón y misericordia, Él espera que la demos a otros. Si viene *a* nosotros, debería fluir *por medio de* nosotros; y esa debería ser nuestra meta. Cuando seamos ofendidos, necesitamos rápidamente recordar el hecho de que Dios nos ha perdonado gratuitamente, así que nosotros deberíamos perdonar a otros gratuitamente.

Piensa en ello

¿Hay alguna ofensa a la que te has estado aferrando? Si es así, escríbela en una hoja de papel. Después rómpela en pequeños pedazos y tírala.

_____

_____

No te bebas el veneno

Muchas personas arruinan su salud y su vida respondiendo a las ofensas bebiéndose el veneno de la amargura, el resentimiento, y la falta de perdón. En Mateo 18:23-35, Jesús relata una historia sobre un hombre que se negó a perdonar a otro. Al final, Él establece el punto claro y fuerte de que quienes no perdonan a otros son "entregados a los torturadores" (ver Mateo 18:34). Si tienes, o has tenido, un problema para perdonar a otros, estoy segura de que puedes atestiguar de esta verdad. Albergar odiosos pensamientos y amargura hacia otra persona en tu mente es ciertamente torturador.

Puede que hayas oído el dicho: "Negarse a perdonar es como beber veneno y esperar que mate a la otra persona". No estamos haciendo daño a quien nos ha herido al estar enojado con él o ella. Lo cierto es que, la mayoría de las veces, las personas que nos ofenden ni siquiera saben cómo nos sentimos. Ellos siguen adelante con sus vidas mientras nosotros nos bebemos el veneno de la amargura. Cuando perdonas a quienes te han ofendido, en realidad te estás ayudando a ti mismo más de lo que les ayudas a ellos, así que digo: "¡Hazte un favor a ti mismo y perdona!".

Pensamos: *Pero es muy injusto para mí que yo los perdone y*

que después ellos no reciban ningún castigo por lo que hicieron.
Pensamos: *¿Por qué debería yo tener el dolor mientras ellos tienen la libertad?*

La verdad es que, al perdonar, estamos liberándolos para que Dios pueda hacer lo que sólo Él puede hacer. Si yo me interpongo en el camino —tratando de obtener venganza o de ocuparme yo mismo de la situación en lugar de confiar y obedecer a Dios—, puede que Él se quede sentado y me permita manejar las cosas en mis propias fuerzas. Pero si le permito que Él trate con quienes me han ofendido perdonándolos, Él puede obrar para bien para ambas partes implicadas. El libro de Hebreos nos dice que Dios zanja los casos de su pueblo. Cuando perdonamos, ponemos a Dios en el caso (ver Hebreos 10:30).

Piensa en ello

¿Cómo te ayuda el perdón?

_____

_____

Perdona. . . ¡por causa de TI!

Marcos 11:22-26 nos enseña claramente que la falta de perdón obstaculiza tu fe para que funcione, así que podemos concluir, como contraste, que el perdón capacita a la fe para obrar a nuestro favor. El Padre no puede perdonar *nuestros* pecados si nosotros no perdonamos a otras personas (ver Mateo 6:14, 15). Esta es una ilustración de la ley bíblica que afirma que cosechamos lo que sembramos (ver Gálatas 6:7). Siembra misericordia, y cosecha misericordia; siembra juicio, y cosecha juicio. Siembra perdón hacia otros, y cosecha perdón de Dios.

Hay aún más beneficios del perdón. Por una parte, yo soy más feliz y me siento mejor físicamente cuando no estoy llena del veneno de la falta de perdón. Graves enfermedades pueden desarrollarse como resultado del estrés y la presión que resultan de la amargura, el resentimiento y la falta de perdón. Nuestra comunión con Dios fluye libremente cuando estamos dispuestos a perdonar, pero la falta de perdón sirve como un importante obstáculo para la comunión con Dios. También creo que es difícil amar a las personas a la vez que aborrecemos a otros o albergamos enojo hacia ellos. Cuando tenemos amargura en nuestro corazón, se muestra en nuestras actitudes y relaciones. Es bueno recordar que hasta las personas a las que queremos amar pueden sufrir cuando albergamos amargura, resentimiento y falta de perdón. Por ejemplo, yo estaba muy amargada y enojada contra mi padre por haber abusado de mí, y terminé tratando mal a mi esposo, que no tenía nada que ver con el dolor que yo había sufrido. Sentía que alguien tenía que restituirme por la injusticia en mi vida, pero intentaba obtenerlo de alguien que no podía pagar y no tenía responsabilidad alguna de hacerlo. Dios promete recompensarnos por nuestros anteriores problemas si le entregamos la situación a Él, y si no permitimos que Satanás perpetúe nuestro dolor y lo lleve de relación a relación. Perdonar a nuestros enemigos nos libera para seguir adelante con nuestra vida. Finalmente, el perdón evita que Satanás obtenga ventaja sobre nosotros (ver 2 Corintios 2:10, 11). Efesios 4:26, 27 nos dice que no dejemos que se ponga el sol sobre nuestro enojo ni demos lugar u oportunidad al diablo. Recuerda que el diablo debe tener un *lugar* antes de poder tener una *fortaleza*. No ayudes a Satanás a torturarte. Sé rápido para perdonar cuando seas ofendido.

Piensa en ello

Enumera tres beneficios que recibirás al perdonar.

_____

_____

Un asunto clave para momentos desesperados

Algunas personas dicen una y otra vez: "Simplemente soy susceptible y mis sentimientos resultan heridos con mucha facilidad. Así es como soy, y no puedo evitarlo". Eso es lo que creen sobre sí mismos, y esa creencia controla sus palabras y sus actos, lo cual es muy lamentable, ¡porque es muy impío! También es una excusa para continuar la conducta errónea.

No puedo subrayar lo suficiente lo importante que es llegar a ser una persona que sea difícil de ofender. Satanás intenta desesperadamente evitar que hagamos progreso espiritual. Si puede mantenernos enfocados en con quién estamos enojados y lo que esa persona hizo para ofendernos, entonces no podemos enfocarnos en la Palabra de Dios y su plan para nosotros, y no creceremos espiritualmente. Una vez más, deja que te recuerde que Satanás está pescando, esperando agarrar a alguien en su trampa; ¡no muerdas su cebo!

La mayoría de nosotros sentimos que vivimos en tiempos desesperados entre personas desesperadas, y deberíamos ser más cuidosos que nunca para no permitir que nuestras emociones tomen el papel de líderes en nuestra vida. En lugar de enseguida enojarnos o ser fácilmente ofendidos, debemos aceptar el consejo de la Biblia y ser tan astutos como serpientes y tan dóciles como palomas (ver Mateo

10:16). En otras palabras, deberíamos ser espiritualmente maduros, pacientes, amables y bondadosos con otros, y lo bastante sabios para no permitirles que nos ofendan. No podemos controlar lo que la gente nos hace, pero por medio de Dios podemos controlar el modo en que respondemos a ellos. El mundo parece estar cada vez más oscuro; dondequiera que miramos, oímos y leemos de personas cuya ira les conduce a hacer cosas drásticas, hasta trágicas. Queremos representar a Dios y expresar su amor en estos tiempos difíciles, y para hacerlo tendremos que guardar nuestro corazón con diligencia contra la ofensa y la ira. Construir una nueva mentalidad de que no serás fácil de ofender será muy útil para ti y para aquellos a quienes amas.

Es también muy importante que enseñemos este principio a nuestros hijos. Una de las razones por la que fue tan difícil para mí perdonar fue porque yo nunca lo tuve como ejemplo delante de mí. Todas las personas con quienes me crié estaban enojadas la mayor parte del tiempo, y si alguien hacía algo para herirles o decepcionarles, su respuesta natural era enojadamente sacar a esa persona de sus vidas para siempre. Lo que hacemos delante de nuestros hijos los afecta aun más que lo que decimos, así que recuerda establecer un buen ejemplo para ellos. Aprovecha cada oportunidad para enseñarles la importancia del perdón rápido y completo. Si los enseñas pronto a no ser fácilmente ofendidos, puedes ahorrarles años de dolor y frustración.

Piensa en ello

En tus propias palabras, ¿por qué es importante llegar a ser una persona que es difícil de ofender?

_____

_____

Paquete de Poder

"Los que aman tu ley disfrutan de gran
bienestar, y nada los hace tropezar".
Salmo 119:165

"Porque si perdonan a otros sus ofensas, también
los perdonará a ustedes su Padre celestial. Pero
si no perdonan a otros sus ofensas, tampoco
su Padre les perdonará a ustedes las suyas".
Mateo 6:14, 15

"Todo lo disculpa, todo lo cree, todo
lo espera, todo lo soporta".
1 Corintios 13:7

PENSAMIENTO DE PODER
5

Amo a la gente y me encanta ayudarla.

"Este mandamiento nuevo les doy:
que se amen los unos a los otros.
Así como yo los he amado, también ustedes
deben amarse los unos a los otros".
Juan 13:34

El filósofo romano Séneca hizo una afirmación que todos necesitamos recordar: "Dondequiera que haya un ser humano, hay una oportunidad para la bondad". Yo añadiría a eso: "Dondequiera que haya un ser humano, hay una oportunidad para expresar amor". Todo el mundo en la tierra necesita amor y bondad. Aun cuando no tengamos nada que ofrecer en términos de dinero o posesiones, podemos dar amor y mostrar bondad.

Si yo pudiera predicar un solo mensaje, probablemente sería este: aparta tu mente de ti mismo y emplea tu vida intentando ver lo mucho que puedes hacer por los demás. De principio a fin, en todo tipo de maneras, la Palabra de

Dios nos alienta y nos desafía a amar a otras personas. Amar a otros es el "mandamiento nuevo" que Jesús nos dio en Juan 13:34, y es el ejemplo que Él estableció para nosotros en toda su vida y ministerio en la tierra. Si queremos ser semejantes a Jesús, necesitamos amar a otros con el mismo tipo de amor misericordioso, perdonador, generoso e incondicional que Él nos muestra a nosotros.

Nada ha cambiado mi vida de forma más dramática que aprender a amar a las personas y tratarlas bien. Si solamente incorporas un pensamiento de poder de este libro en tu vida, te insto a que sea este: "Amo a la gente y me encanta ayudarla".

Piensa en ello

¿Qué estás haciendo para mostrar amor a otros?

_____

_____

Más que un sentimiento

Algunas personas piensan en el amor como en un sentimiento maravilloso, una sensación de emoción o de efusivos sentimientos que nos hacen sentir ternura y cariño. Aunque el amor, sin duda, tiene sus maravillosos sentimientos y potentes emociones, es mucho más que eso. El verdadero amor tiene poco que ver con emociones empalagosas y cabellos erizados; y tiene todo que ver con las elecciones que hacemos en cuanto al modo en que tratamos a las personas. El verdadero amor no es teoría o conversación; es acción. Es una decisión con respecto a la manera en que nos comportamos en nuestras relaciones con otras personas. El verdadero amor satisface necesidades aun cuando se requiere sacrificio para hacerlo. La Biblia establece este punto en 1 Juan 3:18: "Queridos hijos, no amemos de palabra ni de labios para afuera, sino con hechos y de verdad". Claramente, el amor nos mueve a la acción, no sólo a teorizar o hablar.

Me sorprende cuando pienso en cuán frecuentemente sabemos qué es correcto hacer, pero nunca llegamos a hacerlo. El apóstol Santiago dijo que si oímos la Palabra de Dios y no la hacemos, nos engañamos a nosotros mismos razonando que no está de acuerdo con la verdad (ver Santiago 1:21, 22). En otras palabras, sabemos lo que es correcto pero ponemos una excusa para nosotros mismos. Encontramos razón para eximirnos a nosotros mismos de hacer lo que les diríamos a otros que debieran hacer. Si realmente queremos andar en amor, *haremos* lo que es correcto.

Por bastante tiempo, yo he estado desafiando a personas en todo el mundo con el reto que quiero presentarte hoy: ¿Harías un compromiso delante de Dios y con sinceridad en tu corazón de hacer al menos una cosa por otra persona cada día? Puede que suene simple, pero para hacerlo, tendrás que pensar en ello y escoger hacerlo a propósito. Puede que hasta tengas que salir del grupo normal de personas en tu vida y hacer cosas por personas a las que normalmente no te acercarías, o incluso extrañas. Eso está bien, sin embargo, porque hay muchas personas en el mundo que nunca, nunca han tenido a nadie que haga algo agradable por ellas, y están desesperadas por algunas palabras o actos de amor.

Deja que el amor sea el tema principal de tu vida, y tendrás una vida que vale la pena vivir. La Biblia dice que sabemos que hemos pasado de muerte a vida si nos amamos unos a otros (ver 1 Juan 3:14). Recuerda: donde va la mente, el hombre le sigue. Si verdaderamente deseas sobresalir en el caminar de amor, primero debes proponerte llenar tu mente de pensamientos amables, amorosos, desinteresados y generosos. Esta es una oportunidad de practicar el principio de pensar "con propósito" del que hablamos en la primera parte del libro. Es imposible cambiar tu conducta a menos que cambies tu mente. Comienza a pensar pensamientos amorosos y generosos hoy, y pronto tendrás una vida llena de amor y felicidad. Toma unos minutos cada mañana y pídele a Dios que te muestre qué puedes hacer por otra persona ese día. Hasta puedes escoger una persona concreta y pedirle a Él que te muestre qué puedes hacer por ella. Eso apartará tu mente de ti mismo y liberará nuevos niveles de gozo en tu vida, y también será un gran ánimo para las personas a quienes te acerques.

Piensa en ello

¿Qué harás para poner el amor en acción hoy?

_____

_____

¿Y qué de mí?

Interesarnos por otras personas es lo mejor que podemos hacer porque, como seres humanos, somos innatamente egoístas. El egoísmo y el egocentrismo son innatos en nosotros. El enfoque de nuestros pensamientos tiende a estar en nosotros mismos, y ya sea que pronunciemos con nuestra boca las palabras o no, constantemente preguntamos: "¿Y qué de mí? ¿Y qué de mí? ¿Y qué de mí?". Ese no es el modo en que Dios quiere que vivamos.

Yo pasé muchos años de mi vida siendo una persona infeliz e insatisfecha, y desperdicié mucho tiempo pensando que mi infelicidad era culpa de otras personas. Pensamientos como: *Si tuviera más dinero, sería feliz*, o: *Si las personas hicieran más cosas por mí, yo sería feliz*, o: *Si no tuviera que trabajar tanto, sería feliz,* o: *Si me sintiera mejor físicamente, sería feliz* llenaban mi mente. La lista de razones que yo pensaba que causaban mi infelicidad parecía interminable, y a pesar de lo que yo hiciera para divertirme, nada funcionaba por mucho tiempo. Yo era cristiana; tenía un ministerio creciente y una familia maravillosa, pero mi nivel de gozo estaba definitivamente afectado por mis circunstancias. Conseguir lo que yo quería me hacía feliz por un tiempo, pero mi felicidad se evaporaba con rapidez y pronto necesitaba otro "modo" de salirme con la mía o de conseguir lo que quería.

A medida que fui creciendo en mi relación personal con Dios, literalmente me volví desesperada por tener paz, estabilidad, verdadera felicidad y gozo. Ese tipo de hambre de cambio normalmente requiere afrontar alguna verdad —quizá alguna verdad o cosas desagradables que no nos gusta admitir— sobre nosotros mismos, y yo he aprendido que si realmente queremos verdad, Dios nos la dará. A medida que comencé a buscar a Dios para llegar a la raíz de mi infelicidad, Él me mostró que yo era muy egoísta y centrada en mí misma. Mi enfoque estaba en lo que otros podían y debían hacer por mí, en lugar de estar en lo que yo podía hacer por ellos. Eso no me resultó fácil de aceptar, pero hacerlo fue el comienzo de un viaje transformador con Dios.

Según Dios me guió, recordé que yo me había criado en un hogar que no era amoroso y bondadoso. Las personas con quienes yo vivía estaban centradas en sí mismas y realmente no les importaba quién resultara herido mientras ellas consiguieran lo que querían. Mis ejemplos a seguir eran personas egoístas e insensibles. Ya que esos fueron los rasgos de carácter que yo observé, eran los que desarrollé. Nadie me enseñó jamás sobre amor, bondad o dar hasta que entré en una relación con Dios por medio de Jesucristo.

Dios me ayudó a comenzar a verme a mí misma como

una persona que podía dar y ayudar. Tuve que cambiar mi modo de pensar, de: "¿Y qué de mí?" a "¿Qué puedo hacer por ti?". Me gustaría decir que fue un cambio fácil de hacer, pero lo cierto es que fue muy difícil y tomó más tiempo del que me gusta admitir.

Con el tiempo, llegué a entender que Dios es amor y su naturaleza es la de un dador (ver 1 Juan 4:8). Él da, Él ayuda, Él se interesa, y Él se sacrifica. Él no se limita a hacer esas cosas ocasionalmente, sino que representan su actitud constante hacia nosotros. El amor no es algo que Dios hace, es quien Dios es. Él siempre nos ofrece amor, generosidad, gracia y ayuda. Es verdad que Dios es justo, y hay veces en que Él castiga el pecado, pero hasta eso Él lo hace por amor, por nuestro propio bien, para enseñarnos la manera correcta de vivir. Todo lo que Dios hace es por nuestro bien; todos sus mandamientos tienen intención de ayudarnos a tener las mejores vidas que podamos tener. Él nos manda que amemos y seamos bondadosos con otros, lo cual significa quitar el enfoque de nosotros mismos, silenciando la voz que pregunta: "¿Y qué de mí?", y aprender a seguir el ejemplo de Jesús de ser amables, generosos, y amorosos con otros.

Piensa en ello

Pide a Dios que te muestre la raíz o raíces de cualquier infelicidad que haya en tu vida. Está dispuesto a afrontar la verdad sobre ti mismo aunque no te guste. ¡Este es el primer paso hacia una vida mejor!

Hazlo deliberadamente

Jesús nos dijo claramente lo que tenemos que hacer si queremos seguirlo a Él. "Si alguien quiere ser mi discípulo —les dijo—, que se niegue a sí mismo, lleve su cruz y me siga" (Marcos 8:34). La "cruz" que se nos pide llevar en esta vida es simplemente una de no egoísmo.

La mayoría de nosotros nos concentramos en lo que podemos *obtener* en la vida, pero necesitamos concentrarnos en lo que podemos *dar*. Pensamos en lo que otras personas deberían hacer por nosotros y con frecuencia nos enojamos porque ellos no nos dan lo que queremos. En cambio, deberíamos pensar agresivamente en lo que podemos hacer por otros y entonces confiar en que Dios suplirá nuestras necesidades y cumplirá nuestros deseos.

Por favor, observa que dije que necesitamos pensar *agresivamente* en lo que podemos hacer por otros. Gálatas 6:10 comunica el mismo significado, alentándonos a hacer bien a todos. Debemos ser intencionales y deliberados. Dios quiere que pensemos a propósito y que decidamos ser una bendición para otros.

Yo hago todo lo posible por ser agresiva en mi modo de pensar acerca de a quién puedo bendecir, y entender que debo dar y ayudar a propósito ha sido muy beneficioso para mí. No llegó de modo natural. Tuve que aprender a hacerlo, pero ha sido una de las lecciones mayores y más gratificantes de mi vida. Hay ciertamente momentos en que "tengo ganas" de ser una bendición, pero hay otros momentos en que no. A veces puede que también sienta que personas deberían hacer más por mí, y en realidad quizá deberían hacerlo, pero eso no debería preocuparme. He aprendido a confiar en Dios para obtener lo que Él quiera que yo tenga y a continuar personalmente acercándome a otros. No podemos vivir por lo que sentimos y tener alguna vez coherencia y estabilidad. Nuestra capacidad de escoger es mayor que cómo nos sentimos, y es una capacidad que debemos activar. ¡Sé deliberado en cuanto al amor!

Recuerdo una mañana concreta en que me senté y pensé: "Muy bien, Dios, quiero bendecir a alguien hoy". No estaba hablando de bendecir por predicar o enseñar, sino en mi vida personal, en mi pequeño rincón del mundo. Siempre quiero asegurarme de estar viviendo del mismo modo en que aliento a otras personas a vivir, así que pensé en las diversas personas con quienes me relacionaría ese día.

Unos treinta segundos después, Dios me mostró algo que yo podía hacer por una persona en particular. Él me hizo pensar en el hecho de que ser una bendición para esa persona simplemente diciéndole lo mucho que la apreciaba, realmente significaría mucho para ella y le daría combustible para el día. Lo único que yo necesitaba decir era: "Sólo quiero que sepas que realmente te aprecio". No tomó mucho tiempo, y no requirió mucho esfuerzo, pero tuve que pensarlo. Tuve que escoger hacerlo a propósito; tuve que ser intencional en cuanto a querer bendecir a alguien.

Te aliento a que comiences a pensar a propósito en cuanto a cómo puedes ser una bendición para las personas que te rodean. Recuerda que no tiene por qué costar dinero aunque a veces puede que sí; no siempre tiene que tomar mucho tiempo; y no tiene que tomar una cantidad enorme de energía. Bendecir a las personas puede ser rápido y fácil, pero no sucederá por sí solo. Tienes que hacerlo deliberadamente. A veces, lo que Dios nos pide que hagamos puede que sea más costoso para nosotros en tiempo, esfuerzo o finanzas que otras veces, pero en ambos casos necesitamos estar preparados para ser embajadores de Dios en la tierra. Usa lo que tengas en el servicio a Dios y al hombre, y tus necesidades siempre serán suplidas.

Piensa en ello

¿Cómo serás deliberadamente una bendición para alguien esta semana?

_____

_____

Sé un distribuidor de bendición

El amor de Dios está en nosotros porque Dios puso su amor en nuestro corazón cuando aceptamos a Jesús como nuestro Salvador, pero necesita pasar *por medio de* nosotros para que ayude a otra persona. En Génesis 12:2, Dios le dijo a Abraham que Él le bendeciría y que haría de él una persona que distribuiría bendiciones dondequiera que fuese. Cuando leo esa historia, me recuerda un bote de crema de manos que yo tengo, que tiene un dosificador. Cuando yo presiono el dosificador, sale crema de manos. De ese modo quiero ser yo con la bendición. Cuando las personas se acerquen a mí, quiero distribuir algo bueno, algo que las beneficie.

Quiero alentarte a que uses lo que tienes para satisfacer necesidades de otras personas, y tener lo que yo llamo "prosperidad con propósito". No ores para ser próspero a fin de poder tener cada vez más para ti mismo, sino asegúrate de utilizar una buena parte de lo que tienes para bendecir a otros. No estoy hablando sólo de poner dinero en la ofrenda en la iglesia los domingos. Estoy hablando de hacer cosas por personas en tu vida cotidiana; personas con las que trabajas, personas en tu familia, personas que te caen bien y personas que puede que no te gusten particularmente, personas que conozcas y personas que no conozcas, y quienes creas que lo merecen al igual que quienes creas que no lo merecen. Esa es una manera emocionante de vivir, como he aprendido por experiencia personal.

Un día estaba yo de compras y sentí que Dios quería que pagase los pendientes de otra cliente. Yo no sabía quién era la señora; nunca antes la había visto; y pensé que ella podría pensar que yo era un poco extraña porque quería pagarle los pendientes. Pero el sentimiento de que yo tenía que pagar sus pendientes no se iba. Así que finalmente me acerqué a ella con el dinero suficiente en mi mano para cubrir el costo de los pendientes y dije: "Escuche, soy cristiana y sencillamente siento que Dios quiere que usted sea bendecida hoy. Él quiere que usted sepa que Él la ama, así que aquí está el dinero para pagar sus pendientes".

Me fui todo lo rápidamente que pude porque, si ella pensaba que yo estaba loca, ¡yo no quería saberlo! Meses y meses después, oí que la señora realmente estaba de compras aquel día con alguien que me reconoció y que me veía por televisión. Esa persona tenía un vecino, un hombre, que tendía a burlarse de mí y no hablaba bien de mí. La mujer de la tienda le dijo al hombre lo que había sucedido, y eso cambió la actitud de él. Ese hombre que antes se burlaba de mí, ¡terminó viendo nuestro programa de televisión regularmente y recibió la salvación!

Uno nunca sabe lo que Dios tiene preparado cuando Él pone algo en tu corazón para que lo hagas, aun cuando pueda no tener sentido para ti o cuando parezca algo simple o vergonzoso. Si Él te pide que hagas algo, hazlo. Te aseguro que Él siempre sabe lo que hace, así que aunque tú no lo entiendas, sigue adelante y obedece.

Cuando yo pagué los pendientes de la mujer durante mi excursión de compras, yo fui bendecida, la señora que obtuvo los pendientes fue bendecida, la mujer que fue testigo de ello fue bendecida, Dios fue honrado, y el hombre que se convirtió en creyente fue bendecido. Estoy agradecida de que fui obediente en esa situación. En muchos pasajes de la Escritura, la Biblia enseña que cuando obedecemos a Dios, somos bendecidos, y cuando no lo hacemos, no lo somos. Es así de sencillo. Yo hago todo lo posible por obedecer a Dios cuando siento que Él quiere que haga algo para bendecir a otra persona, pero ciertamente "lo he pasado por alto" a veces y me he apartado a mí misma de poder recibir una bendición. Permíteme explicarlo.

Una vez estaba yo en una zapatería grande que tenía rebajas, y la cliente que estaba delante de mí en la fila tenía varios pares de zapatos que iba a comprar. Yo comencé a sentir que Dios quería que pagase sus zapatos, pero pensé que ella creería que yo estaba loca, así que estuve perdiendo el tiempo suficiente para no hacerlo, y no le dije nada a ella. Cuando la cajera le dijo la cantidad total de su compra, ella no tenía dinero suficiente para pagar los zapatos. ¡Yo me sentí muy mal! Yo no sólo no estuve dispuesta a sentirme avergonzada delante de ella, sino que también estaba avergonzada delante de Dios porque le desobedecí. Créeme: la obediencia es mejor que la desobediencia. Yo no siempre lo hago bien, y probablemente tú tampoco, pero sigo hacia delante, y tú también puedes hacerlo. Eso es lo que Dios quiere de nosotros.

Te aliento a que desarrolles una nueva mentalidad, una que diga: "Amo a la gente; me encanta ayudarla y ser generoso". Entonces, a propósito emplea algún tiempo cada mañana pensando en lo que puedes hacer por alguien ese día. Quédate tumbado en tu cama antes de levantarte por las mañanas y ora: "Dios, ¿a quién puedo bendecir hoy?". No preguntes: "¿Cómo puedo ser bendecido hoy?", sino: "¿A quién puedo bendecir hoy?". En la noche, haz un "inventario de bendiciones" preguntando: "¿Qué hice hoy para mejorar la vida de alguna otra persona?". Cuando yo comencé a aprender a bendecir a otros, descubrí que con frecuencia hacía planes en la mañana para bendecir a personas más adelante en el día, pero entonces me ocupaba y no lo cumplía. Hacer el inventario en la noche realmente me ayudó, porque yo no quería tener la respuesta: "Nada, no hice nada para mejorar la vida de alguien hoy".

Decide utilizar las bendiciones en tu vida para ser una bendición para otros dondequiera que vayas. Puedes hacerlo de maneras grandes o de maneras pequeñas, pero hazlo. Te sorprenderán los resultados.

Otra manera en que puedes ser una bendición es sencillamente siendo amigable. Haz un verdadero esfuerzo por ser amigable con personas dondequiera que vayas y mostrar un interés genuino en ellas. Intenta hacer que personas tímidas se sientan cómodas y confiadas. Intenta hacer que alguien que esté discapacitado de alguna manera se sienta tan "normal" como todos los demás. Hay incontables maneras en que podemos ser una bendición si pensamos en ello creativamente.

Piensa en ello

¿A quién tienes intención de bendecir esta semana y cómo lo harás?

_____

_____

Una gran vida feliz

Ya que ser buena con la gente ha sido una de mis metas personales, mi "tanque de gozo" nunca se queda seco por mucho tiempo. Hasta he descubierto que cuando sí me pongo triste o me desaliento, puedo comenzar a pensar a propósito sobre lo que puedo hacer por otra persona y, poco después, vuelvo a tener gozo.

Todos experimentamos momentos en nuestras vidas en que las cosas no van muy bien para nosotros. Puede que hasta estemos en medio de una pérdida o dolor personal, pero no podemos ser buenos con la gente sólo cuando las cosas vayan bien para nosotros; también necesitamos bendecir a otros —y especialmente— cuando los momentos sean difíciles para nosotros. La razón por la que creo que necesitamos ser especialmente diligentes en cuanto a bendecir a otros cuando estamos batallando es que cuando nos concentramos en dar, ser amables, expresar amor, y bendecir a otras personas, eso aparta nuestra mente de nuestros problemas y experimentamos gozo en medio de nuestros problemas. ¿Por qué? ¡Porque los dadores son personas felices!

Puede que hayas oído muchas veces que la Biblia dice: "Hay más dicha en dar que en recibir" (Hechos 20:35). Puede que conozcas ese versículo, ¿pero realmente lo crees? Si es así, entonces probablemente estés haciendo todo lo posible por ser una bendición dondequiera que vas. Yo debo admitir que, por muchos años, podía citar ese versículo, pero obviamente no lo creía en realidad porque pasaba mi tiempo intentando ser bendecida en lugar de ser una bendición.

Ahora he aprendido que ni siquiera sabemos lo que es ser "feliz" hasta que nos olvidemos de nosotros mismos, comencemos a enfocarnos en otros, y seamos dadores generosos. Para ser generosos, tenemos que hacer algo más que simplemente echar unas monedas en una ofrenda una vez por semana en la iglesia. En realidad, creo que aprender a dar en la iglesia debería simplemente ser una práctica para el modo en que deberíamos vivir nuestra vida cotidiana. Yo no quiero simplemente dar ofrendas; quiero ser una dadora. Quiero ofrecerme a mí misma cada día para ser usada para cualquier cosa que Dios escoja. Para que se produjera este cambio en mi vida, tuve que cambiar mi modo de pensar. Tuve que pensar y decir miles de veces: "Amo a la gente y me encanta ayudarla".

Este pensamiento de poder será transformador para ti si lo pones a trabajar en tu vida.

A medida que te conviertas en un dador generoso, te sorprenderá lo feliz que serás y lo mucho que disfrutarás la vida. Como contraste, las personas tacañas son infelices. Quienes no son generosos viven vidas pequeñitas y patéticas. Simplemente hacen lo que tienen que hacer; miran sólo por ellos mismos; no les gusta compartir; y sólo dan cuando sienten que deben hacerlo; y entonces, con frecuencia lo hacen con renuencia o con queja. Esas actitudes y actos son contrarios al modo en que Dios quiere que vivamos porque no resultan en bendiciones para nadie. De hecho, Proverbios 1:19 dice que ser avaro le consumirá la vida a una persona:

> Así terminan los que van tras ganancias mal habidas;
> por éstas perderán la vida.

Dios es un dador. Pablo escribe: "Al que puede hacer *muchísimo más que todo lo que podamos imaginarnos o pedir,* por el poder que obra eficazmente en nosotros, ¡a él sea la gloria en la iglesia y en Cristo Jesús por todas las generaciones, por los siglos de los siglos!" (Efesios 3:20, 21, énfasis de la autora). Estas palabras describen a Dios, y si queremos ser semejantes a Él, necesitamos recorrer siempre la milla extra, hacer siempre más de lo que tenemos que hacer, dar siempre más de lo suficiente, y siempre ser generosos.

Piensa en ello

¿De qué maneras puedes volverte más generoso?

_____

_____

Si escuchas, sabrás

Debido a que la naturaleza humana es egoísta y centrada en sí misma, dar con generosidad no es algo que nos sale de modo natural. Tenemos que incorporar a nuestros pensamientos la mentalidad de ser generosos. Comienza a pensar y decir: "Soy una persona muy generosa. Busco oportunidades de dar".

He descubierto que por todas partes me rodean oportunidades de dar; y también están a tu alrededor. Descubrir cómo puedes bendecir a otra persona es tan fácil como utilizar tus oídos. Si sencillamente escuchas a las personas, pronto sabrás lo que necesitan o lo que les gustaría.

En la conversación casual, una persona que trabaja para mí en una ocasión mencionó que le gustaban las cosas producidas por cierta empresa. Yo pedí a alguien que le consiguiera un cheque regalo y se lo entregara con una nota diciéndole lo mucho que yo agradecía todo su trabajo. Ella comenzó a llorar y dijo: "No es el cheque regalo lo que significa tanto para mí. Es el hecho de que realmente me oyeras y recordaras lo que dije".

Te aliento a que comiences a escuchar a otros y prestes atención a lo que dicen más que nunca. Las personas quieren saber que se les escucha; se sienten amadas y valoradas cuando les escuchas. Si no sabes qué hacer por alguien, es que no le estás escuchando, porque las personas te dirán lo que quieren, necesitan, y les gusta; y lo sabrás si escuchas. Podrías comenzar una lista de cosas que oyes decir a las personas que quieren o necesitan, y si no puedes proporcionárselo, puedes orar para que Dios te dé la capacidad de hacerlo. Si actúas según lo que oyes y bendices a las personas en consecuencia, verás que bendecir a otros realmente es mejor que recibir nada para ti. Te aseguro que cuanto más des, más feliz serás.

Piensa en ello

¿Qué has oído recientemente que te haga saber lo que alguien necesita o quiere? ¿Qué harás al respecto?

_____

_____

¿Cuán generoso eres?

Quiero concluir este capítulo con varias preguntas para que te las hagas a ti mismo para ayudarte a ver lo generoso que eres, o que quizá no eres.

- ¿Qué propinas dejo? Si yo fuese camarero o camarera, ¿querría servirme a mí mismo, basado en las propinas que dejo?
- ¿Qué tipos de regalos hago? ¿Regalo lo más barato que pueda encontrar? ¿Consigo algo sólo para cumplir con una obligación, o busco sinceramente lo que crea que le gustaría a la persona que recibe el regalo?
- ¿Aliento y elogio con frecuencia a otras personas?
- ¿Estoy dispuesto a compartir lo que tengo?
- ¿Amontono posesiones, o regalo lo que no esté utilizando?
- ¿Cuántas cosas tengo escondidas en cajones en mi casa, cosas que no he usado por años y que guardo sólo porque me gusta tener posesiones?
- Cuando tengo oportunidades de dar a otros menos afortunados que yo, ¿doy con generosidad? ¿Hago todo lo que puedo o lo mínimo que pueda?

- Si estoy con alguien que tiene un resfriado, y yo he estado llevando un paquete de pañuelos por semanas, ¿le doy a esa persona sólo un pañuelo, o le ofrezco todo el paquete para que pueda tener de sobra?
- ¿Doy a otra persona el filete que mejor se ve en la cena, o me quedo ese para mí?

Podríamos hacernos todo tipo de preguntas como esas, que nos ayudarían a localizar nuestro nivel de generosidad. Creo que tú quieres ser tan generoso como puedas, así que meditar en este pensamiento de poder seguramente te ayudará a alcanzar tu meta. Piensa y di: "Amo a la gente y me encanta ayudarla".

Paquete de Poder

"Hagamos bien a todos. . .".
Gálatas 6:10

"Si alguien quiere ser mi discípulo —les dijo—,
que se niegue a sí mismo, lleve su cruz y me siga".
Marcos 8:34

"Queridos hijos, no amemos de palabra ni de labios
para afuera, sino con hechos y de verdad".
1 Juan 3:18

"Nosotros sabemos que hemos pasado de la muerte a
la vida porque amamos a nuestros hermanos.
El que no ama permanece en la muerte".
1 Juan 3:14

Confío en Dios por completo;
¡no hay necesidad de preocuparme!

"Confía en el Señor de todo corazón,
y no en tu propia inteligencia".
Proverbios 3:5

La preocupación no hace ningún bien y puede impactar nuestras vidas de manera negativa. Estoy segura de que habrás observado lo absolutamente impotente que te sientes cuando te preocupas o te sientes ansioso y turbado, porque la preocupación es, sin duda, completamente inútil. Es una pérdida de tiempo y energía porque nunca cambia nuestras circunstancias. La preocupación y la ansiedad, sin embargo, nos cambian a nosotros. Pueden hacernos sentir enfermos y gruñones. Un investigador médico me dijo recientemente que el 87 por ciento de todas las enfermedades están relacionadas con patrones de pensamiento erróneos. La preocupación estaría bajo el encabezado de "pensamiento negativo", y todos los pensamientos negativos realmente liberan productos químicos desde el cerebro que nos afectan de modo perjudicial. En su popular libro, *Who Switched Off My Brain?*, la Dra. Caroline Leaf afirma que pensamos treinta mil pensamientos por día, y mediante una vida pensante descontrolada, creamos condiciones que son favorables para la enfermedad; ¡nosotros mismos nos hacemos enfermar!

A pesar del hecho de que la preocupación no nos hace ningún bien y realmente es perjudicial para nuestra salud y bienestar, parece plagar a multitudes de personas, quizá hasta a ti. Es humano por naturaleza estar preocupados por las malas situaciones que hay en nuestro mundo y en nuestra vida personal, pero si no tenemos cuidado, podemos fácilmente llegar a preocuparnos o sentirnos temerosos, y podemos terminar en pecado porque la preocupación evitará que confiemos en Dios. Peor que eso, al preocuparnos terminamos ayudando al diablo en su meta de atormentarnos. A mí me resulta más fácil evitar preocuparme si sigo recordándome a mí misma que es una total pérdida de tiempo y que no hace ningún bien en absoluto.

Me gusta decir que la preocupación es como sentarse en una mecedora y mecernos hacia delante y hacia atrás; siempre está en movimiento y nos mantiene ocupados, pero nunca nos lleva a ninguna parte. De hecho, si lo hacemos demasiado tiempo, ¡nos agota! La preocupación evita que vivamos en fe y nos roba la paz. Cuando nos preocupamos, en realidad estamos diciendo: "Si lo intento con fuerza, puedo encontrar una solución a mi problema", y eso es lo contrario a confiar en Dios.

La causa de la preocupación es sencilla: es no confiar en que Dios se ocupe de las diversas situaciones que hay en nuestra vida. La mayoría de nosotros hemos empleado nuestra vida intentando ocuparnos de nosotros mismos, y toma tiempo aprender cómo confiar en Dios en cada situación. Aprendemos haciéndolo. Tenemos que dar un paso de fe y, a medida que lo hagamos, experimentaremos la fidelidad de Dios, y eso nos hace más fácil confiar en Él la próxima vez. Con demasiada frecuencia confiamos en nuestras propias capacidades, creyendo que podemos solucionar cómo ocuparnos de nuestros propios problemas. Sin embargo, la mayor parte del tiempo, después de toda nuestra preocupación y esfuerzo por hacerlo solos, no llegamos, somos incapaces de producir soluciones adecuadas. Dios, por otro lado, siempre tiene soluciones para las cosas que nos hacen estar ansiosos y preocupados.

Confiar en Él nos muestra cómo entrar en su reposo, y el reposo es un lugar de paz donde podemos disfrutar de la vida mientras esperamos que Él resuelva nuestros problemas. Él cuida de nosotros; Él resolverá nuestros problemas y satisfará nuestras necesidades, pero tenemos que dejar de pensar y de preocuparnos al respecto. Entiendo que esto es más fácil decirlo que hacerlo, pero no hay otro momento como el presente para comenzar a aprender una nueva manera de vivir. Una manera de vivir sin preocupación, ansiedad ni temor. Este es el momento de comenzar a pensar y decir: "Confío en Dios por completo; ¡no hay necesidad de preocuparme!". Cuanto más pienses en esta verdad, más te encontrarás escogiendo la confianza por encima de la preocupación.

Piensa en ello

¿De qué te preocupas más? _____
¿Cómo puedes liberar tu preocupación a Dios?

_____

_____

Es cuestión de enfoque

Cuando nuestra hija Sandra era adolescente, ocasionalmente le salían granitos en la piel de su cara. Ella los odiaba, y se sentía muy insegura por eso. Se enfocaba tanto en el granito que realmente llamaba la atención a él; hablaba de ello excesivamente y, al hacerlo, atraía la atención a eso y otros comenzaban a notarlo. Lo apretaba tanto y después trataba con tanta fuerza de ocultarlo con maquillaje que realmente lo empeoraba. Ella era una muchacha bonita, tenía un lindo cabello, y era delgada. Era inteligente, atlética, y tenía una estupenda personalidad, pero cada mes durante una semana ella se enfocaba en el par de granos que tenía. Este es un buen ejemplo de cómo agrandamos las cosas sencillamente por enfocarnos en ellas excesivamente.

Tal como era natural para Sandra hacer lo que pudiera para intentar arreglar el problema, para nosotros es natural hacer lo mismo con nuestros problemas. No seríamos responsables si no buscásemos ninguna solución. Considerar nuestra situación y qué hacer al respecto es una cosa, pero enfocarnos en ella es otra. Podemos concentrarnos en nuestros problemas hasta el punto de no observar o considerar con frecuencia otras cosas que deberíamos notar. Por ejemplo, es importante contar nuestras bendiciones en momentos desafiantes porque eso evita que nos desalentemos. Podemos enfocarnos tanto en lo que es necesario hacer que no vemos lo que Dios ha hecho. Si eres tentado a preocuparte por algo en este momento, toma tiempo para escribir todas tus bendiciones en las que puedas pensar, y eso te ayudará a no llegar a abrumarte por el problema.

Cuando tenemos problemas, deberíamos hacer lo que podamos hacer y no preocuparnos por lo que no podemos hacer. Como dice siempre mi esposo: "Haz tu responsabilidad y deja tu ansiedad".

Cualquier cosa en que nos enfoquemos, se hace cada vez más grande en nuestra mente. Es posible que una cosa nos parezca mucho más grande de lo que en realidad es. Cuando nos preocupamos, nos enfocamos en nuestros problemas; continuamente los pasamos una y otra vez por nuestra mente, que es como meditar en ellos. Cuando estamos ansiosos por cosas, también hablamos de ellas incesantemente porque lo que hay en nuestro corazón finalmente sale por nuestra boca (ver Mateo 12:34). Cuanto más pensamos y hablamos de nuestros problemas, más grandes se vuelven. Un asunto relativamente pequeño puede crecer y convertirse en un gran problema meramente porque nos enfocamos demasiado en él. En lugar de meditar en el problema, podemos meditar en la fidelidad de Dios y recordarnos a nosotros mismos que no hay necesidad de preocuparnos.

Podemos emplear todo nuestro tiempo pensando y hablando de lo que está mal en el mundo, o podemos escoger concentrarnos en las cosas buenas. Podemos enfocarnos en lo que anda mal en un familiar, amigo, o compañero de trabajo, o podemos buscar a propósito y destacar lo que anda bien. Si diez cosas son erróneas y sólo vemos dos que sean correctas, podemos hacer que esas dos parezcan más grandes que las otras diez por aquello en lo que escojamos enfocarnos. Este es un buen momento para recordarte a ti mismo que puedes escoger tus propios pensamientos. He oído a muchas personas decir: "Es que no puedo evitarlo, soy una persona que se preocupa". La verdad es que ellos escogieron preocuparse porque no sabían cómo confiar en Dios. Nos hacemos buenos para preocuparnos porque lo practicamos, y también podemos hacernos buenos en confiar en Dios si lo practicamos. Que tu primera respuesta en cualquier situación sea confiar en Dios, no preocuparte. Habla en voz alta y di: "Confío en Dios por completo; ¡no hay necesidad de preocuparme!".

Satanás, el enemigo de nuestras almas, no quiere que crezcamos en fe; quiere que estemos llenos de preocupación, ansiedad y temor; se esfuerza mucho para distraernos de Dios alentando un enfoque excesivo en nuestras circunstancias. Deberíamos desarrollar el hábito de permitir que lo que está en nuestro corazón se vuelva más real para nosotros que lo que vemos, pensamos o sentimos. Mi corazón sabe que puedo confiar en Dios por completo, pero mi cabeza con frecuencia me dice que me preocupe. Si Satanás puede hacernos pensar en lo que está mal o en lo que podría ir mal en una situación, puede evitar que podamos enfocarnos en confiar en Dios. Por eso Hebreos 12:2 nos dice que apartemos la vista de todo lo que nos distrae y la pongamos en Jesús, que es el Autor y Consumador de nuestra fe. Si miramos a Dios, pensamos en Él, y hablamos de su bondad, nos enfocamos en la fe y, a medida que utilizamos nuestra fe, descubrimos que crece. Una pequeña fe puede convertirse en una gran fe por medio del uso. A medida que damos pasos para confiar en Dios, experimentamos su fidelidad y eso, a su vez, nos alienta a tener mayor fe. A medida que nuestra fe se desarrolla y crece, nuestros problemas tienen menos poder sobre nosotros y nos preocupamos menos.

Podemos escoger pensar en lo que Dios puede hacer en lugar de pensar en lo que nosotros no podemos hacer. Si pensamos continuamente en la dificultad de nuestra situación, puede que terminemos desesperados, y eso significa que nos sentiremos incapaces de encontrar una salida. Nos sentimos atrapados, y entonces es fácil tener temor y comenzar a hacer cosas irracionales que sólo empeoran el problema. La Biblia nos dice que Dios siempre proporciona una salida (ver 1 Corintios 10:13). Aunque puede que en este momento no veas la salida, existe una, y Dios te la revelará a medida que confíes en Él.

Piensa en ello

¿Qué situación estás afrontando en este momento en que puedes escoger confiar en Dios en lugar de preocuparte?

_____

_____

Otra forma de preocupación

La mayor parte del tiempo pensamos en la preocupación como otra palabra para "ansiedad", o como una manera de describir un interés excesivo que con frecuencia implica una buena cantidad de emociones. Pero la preocupación en su sentido comúnmente entendido no es la única expresión de ansiedad. Otra forma de preocupación se llama razonamiento, que tiene lugar cuando pensamos en algo una y otra vez, intentando descubrir qué sucedió, tratando de entender lo que la gente estaba pensando, o intentando decidir qué hacer en una situación. El razonamiento causa confusión, y puede hacernos fácilmente vulnerables al engaño. La confianza requiere algunas preguntas sin respuesta, y estar satisfechos con saber que Dios conoce lo que nosotros no conocemos. Nosotros conocemos en parte, pero Dios lo conoce todo. Él nunca se queda sorprendido o sin una solución.

Veo que yo puedo pensar en una situación y a veces encontrar respuestas o llegar a conclusiones al hacerlo. Sin embargo, si pienso en ello por tanto tiempo que comienzo a sentirme frustrada y confusa, sé que he ido demasiado lejos. Es incluso posible por medio del razonamiento idear un plan que uno _piensa_ que es correcto pero, de hecho, nunca funcionará. La Biblia llama a esos planes hechos por el hombre "obras de la carne". Ocupan nuestro tiempo, pero nos mantienen en la esfera del esfuerzo propio y el orgullo.

No producen buen fruto, pero ciertamente nos mantienen ocupados. Podemos literalmente pasar años de nuestra vida con esos planes hechos por el hombre y nunca llegar a entender que sólo Dios puede hacer lo que necesita hacerse. No malgastes tu tiempo, sino úsalo en pensamientos de poder que estén de acuerdo con la Palabra de Dios. Dios no pasará a obrar hasta que nosotros le entreguemos nuestros problemas. Él es un caballero, y no interfiere sin que se le invite. La Biblia se refiere a esto sencillamente diciendo que "no tenemos" porque "no pedimos" (ver Santiago 4:2).

Cuando escribo sobre lo inútil del razonamiento, no estoy sugiriendo que nos volvamos pasivos y nunca intentemos hacer nada para ayudarnos a resolver nuestros problemas. Una mente pasiva es una mente que es territorio abierto para que el diablo lo ocupe. Necesitamos ser activos de la manera correcta. Efesios 6:13 enseña que cuando afrontemos problemas, hemos de hacer todo lo que la crisis demande, y entonces permanecer firmemente en nuestro lugar. Ciertamente necesitamos hacer lo que creamos que es correcto y aquello con lo que sintamos paz, pero no deberíamos frustrarnos intentando hacer lo que no podemos hacer.

Por ejemplo, cuando queremos ver cambios en alguien a quien amamos, la mejor política es orar primero y sólo emprender la acción si Dios nos dirige a hacerlo, y cuando Él nos indique. Podemos causar mucho daño a las relaciones intentado cambiar a las personas. Puede que sintamos que sólo estamos tratando de ayudar, pero si la persona no ve lo que tú ves o si no quiere cambiar, puede sentirse presionada y rechazada. El momento oportuno es muy importante a la hora de hablar de temas potencialmente sensibles, así que si oramos primero y esperamos en Dios, siempre resulta mejor. Yo puedo orar, pero no puedo hacer que un ser humano quiera cambiar. Solamente Dios puede obrar en el interior del corazón de una persona. Si yo sigo intentando hacer lo que sólo Dios puede hacer, me sentiré desgraciado.

Yo era una persona que quería entenderlo todo, porque eso me hacía sentir que yo tenía el control. No era buena en "no saber". Mi mente estaba llena todo el día de pensamientos como: *¿Por qué me comporté así? Me pregunto lo que fulanito estará pensando sobre mi decisión de comprar un auto nuevo. ¿Por qué Dios no ha respondido mi oración aún en cuanto a un ascenso en el trabajo? Me pregunto si estoy haciendo algo mal o si no tengo suficiente fe.* Los porqués en mi mente parecían no cesar nunca, y me hacían desgraciada. Mi mente era un hogar para todo tipo de huéspedes no invitados (pensamientos atormentadores) simplemente porque yo nunca les decía "no".

Me hacía preguntas, razonaba, me preocupaba, me desgastaba, imaginaba, y estaba ansiosa hasta el punto de dejarme completamente agotada al final de la mayoría de los días. Dios en realidad me mostró que yo era adicta al razonamiento, y que tenía que renunciar a ello. No sucedió de la noche a la mañana, pero cada vez que comenzaba mi gimnasia mental, yo decía: "No me preocuparé ni intentaré solucionar esto", y gradualmente pude confiar en Dios en los asuntos de mi vida.

Piensa en ello

¿Eres propenso a razonar? Recuerda que el razonamiento es una forma de preocupación, así que la próxima vez que empieces a razonar, detente y decide confiar en Dios para que Él solucione todo por ti.

Descansa un poco

En Mateo 11:28, Jesús dijo: "Vengan a mí todos ustedes que están cansados y agobiados, y yo les daré descanso". Jesús quiere aligerar nuestras cargas y darnos descanso.

Vivir libremente y ligeramente en los "ritmos no forzados de la gracia" suena bien, ¿verdad? Estoy segura de que habrás tenido suficientes "cosas pesadas" en tu vida. Yo también las tengo, y quiero ser libre. Es hermoso saber que no tenemos por qué preocuparnos por cosas, solucionarlo todo, o llevar las cargas en nuestra vida. ¡En realidad es bastante refrescante entender que no necesito saberlo todo sobre todo! Necesitamos llegar a estar cómodos diciendo: "No sé la respuesta a este dilema, y no voy a preocuparme por nada porque Dios tiene el control, y yo confío en Él. Voy a descansar en Él y vivir libremente y ligeramente". Cuando estamos sobrecargados con los afanes de la vida —luchando, trabajando y preocupándonos—, necesitamos unas vacaciones mentales y emocionales. Nuestra mente necesita descansar de pensar en cómo ocuparse de problemas, y nuestras emociones necesitan descansar de estar molestas. La preocupación no es en absoluto descansada. De hecho, nos roba el descanso y los beneficios del descanso. Por tanto, la próxima vez que sientas que estás cargando una pesada carga en tu mente o te encuentres preocupado y ansioso, recuerda que puedes vivir libremente y ligeramente. Lo único que tienes que hacer es descansar en Dios. Si alguien te preguntase qué vas a hacer en cuanto a tu problema, puedes decirle que estás dejando que tu mente se tome un descanso y que en este momento no estás pensando en ello.

Piensa en ello

¿Necesitas un descanso mental y emocional? ¿Cómo puedes dar descanso a tu mente hoy?

_____

_____

Descarga el peso de la preocupación

Una cosa es saber que no deberíamos preocuparnos, pero otra distinta es dejar de preocuparnos. Una de las cosas que me ayudó a soltar la preocupación fue entender finalmente lo totalmente inútil que era. Deja que te haga algunas preguntas: ¿Cuántos problemas has resuelto al preocuparte? ¿Cuánto tiempo has pasado preocupándote por cosas que nunca llegaron a suceder? ¿Ha mejorado algo como resultado de que te preocupases por ello? ¡Claro que no! La Biblia está llena de consejos sanos y demostrados para tratar la preocupación. Por ejemplo, el apóstol Pablo nos enseña que no estemos ansiosos por nada, sino que en toda circunstancia hagamos conocer nuestras peticiones a Dios con acción de gracias (ver Filipenses 4:6). Entonces nos alienta diciendo que la paz de Dios llenará nuestro corazón y nuestra mente (ver Filipenses 4:7).

En el instante en que comiences a preocuparte o a sentirte ansioso, entrega tu preocupación a Dios en oración. Descarga el peso de ello y confía totalmente en Él para que muestre qué hacer o para que Él mismo se ocupe de ello. La oración es una potente fuerza contra la preocupación. Me acuerdo de un antiguo coro góspel llamado: "¿Por qué preocuparte cuando puedes orar?". Cuando estés bajo presión, siempre es mejor orar al respecto en lugar de preocuparte o hablar de ello.

La oración es la marca para una vida exitosa. Durante su tiempo en la tierra, Jesús oró. Él entregó todo a Dios, aun su reputación y su vida. Nosotros podemos hacer lo mismo. No compliques tu comunicación con Dios. Sólo ten confianza en oración sencilla y sincera.

Piensa en ello

¿Qué necesitas hacer para estar orando en lugar de preocupándote en tu vida en este momento?

_____

_____

Tienes una elección que hacer

La preocupación puede ser fácilmente un mal hábito, un hábito que esté profundamente arraigado y no sea fácil librarse de él. Por esa razón, las personas tienden a pensar: *He intentado no preocuparme, y sencillamente no parece ayudar.* Yo he tenido ese pensamiento antes, y he descubierto que llenar mi mente de buenos pensamientos es más fácil que intentar vaciarla de pensamientos negativos. Si sigues el plan de pensamientos de poder y mantienes tu mente llena de buenos pensamientos, no habrá lugar para los malos. Estoy muy emocionada de que veas lo que sucederá en tu vida a medida que cambies tu modo de pensar. Pablo alentó a los creyentes en Cristo a "andar en el Espíritu" para no satisfacer los deseos de la carne (ver Gálatas 5:16). En términos sencillos, eso significa que si nos mantenemos ocupados haciendo lo correcto, no habrá lugar para hacer lo incorrecto. Como seres humanos, tendemos a luchar con lo negativo en lugar de aceptar lo positivo, pero eso puede cambiarse fácilmente a medida que andamos en el Espíritu. Di ahora mismo: "Confío en Dios por completo; ¡no hay necesidad de preocuparme!".

Otra cosa que es muy útil para mí es emprender la acción rápidamente. En cuanto comienzo a preocuparme por una situación, digo: "No, no voy a preocuparme, porque no hace ningún bien". Recuerda resistir al diablo en un principio. Cuanto más esperes, más difícil puede ser. Cuando un patrón de pensamiento erróneo echa raíz en tu vida, es más difícil cambiarlo, así que "la acción" es el secreto del éxito. Solamente el conocimiento no es bueno; debemos emprender la acción y hacer lo que sabemos hacer.

Puede que te preguntes cómo "andar en el Espíritu" en tu vida práctica y cotidiana. Deja que te ayude proporcionándote cuatro conjuntos de elecciones que puedes hacer. En cada ocasión, la preocupación representa andar en la carne y la otra opción representa andar en el Espíritu. Si quieres andar en el Espíritu, tienes que hacer una elección. ¿Te preocuparás o adorarás? ¿Te preocuparás o pondrás tu fe y tu confianza en Dios? ¿Te preocuparás u obedecerás la Palabra de Dios? ¿Te preocuparás por ti mismo pensando: "Qué va a sucederme", o te depositarás a ti mismo en Dios y a propósito serás una bendición para otra persona?

¿Preocupación o adoración?

La preocupación y la adoración son polos opuestos, y seríamos mucho más felices si aprendiésemos a convertirnos en adoradores en lugar de preocuparnos. La preocupación crea una oportunidad para que el enemigo nos atormente, pero la adoración (reverencia y adoración de Dios) nos conduce a su presencia, donde siempre encontraremos paz, gozo y esperanza. Dios nos creó para adorarle, y no creo que podamos vencer las presiones y las tentaciones en nuestra vida si no nos convertimos en adoradores.

¡Dios es bueno aun cuando nuestras circunstancias no lo sean! Él no siempre nos da los deseos de nuestro corazón inmediatamente después de pedir, sino que sabe cuál es el momento correcto para todo, y podemos confiar en Él. Él quiere que desarrollemos una relación profunda y personal con Él y un amor extravagante por Él; tanto, que nos demos cuenta de que no podemos vivir sin Él. Este tipo de relación y de amor produce la actitud de adoración que Dios quiere que tengamos. Conocer a Dios íntimamente es más importante que obtener lo que queremos inmediatamente.

Por tanto, deja de preocuparte; entrega tus cargas a Dios, y vive en gracia. Gracia no es sólo favor divino; ¡es poder! No desperdicies otro día de tu vida preocupándote. Decide qué es tu responsabilidad y qué no lo es. No intentes ocuparte de la responsabilidad de Dios. Cuando hacemos lo que nosotros podemos hacer, Dios interviene y hace lo que no podemos hacer. Así que entrégate a ti mismo y tus preocupaciones a Dios, adórale; y comienza a disfrutar de la vida abundante que Él tiene para ti. En el momento en que entiendas que te estás preocupando, puedes interrumpir el patrón de pensamiento erróneo diciendo: "No me preocuparé. Te adoro, Señor. Tú eres bueno y confío por completo en ti".

Piensa en ello

¿Eres un adorador o alguien que se preocupa?

_____

_____

¿Preocupación o fe?

En años pasados, los soldados con frecuencia se protegían con escudos, y en Efesios 6:16 la Biblia habla de "el escudo de la fe". Ya que los escudos proporcionan protección, la fe debe ser una manera de protegernos cuando el enemigo ataca. Sin embargo, un escudo sólo es eficaz cuando es levantado; no ayudará a un soldado mientras esté en el suelo o a su lado. Él debe levantarlo y usarlo para cubrirse a sí mismo del ataque. Cuando el diablo nos ataque con circunstancias o pensamientos desagradables que nos hagan preocuparnos y tener temor, deberíamos inmediatamente levantar el escudo de la fe. El modo en que lo hacemos es decidiendo enseguida que confiaremos en Dios en lugar de intentar abrirnos camino hacia la victoria preocupándonos. Es muy útil decir en voz alta: "¡Confío en Dios en esta situación!". Dilo firmemente con convicción. Jesús le respondió a Satanás diciendo: "Escrito está", y citando la Escritura (ver Lucas 4), y nosotros podemos hacer lo mismo. La Palabra de Dios es poderosa, y es efectiva contra todo lo que el enemigo intente hacer en nuestras vidas.

A lo largo de la Biblia vemos maravillosos relatos de hombres y mujeres de fe que confiaron totalmente en Dios en situaciones que parecían imposibles de resolver, y experimentaron el poder liberador de Dios. Cada uno de ellos tuvo que liberar su fe y su confianza en Dios y negarse a preocuparse o a estar ansioso.

Si eres un cristiano que va por ahí cargado o agotado todo el tiempo, algo anda mal. Puede que hayas tenido fe en Cristo para salvación, pero eso no significa que estés viviendo por fe. La carga más difícil que tenemos que llevar en la vida es el yo. Manejar el yo, nuestra vida cotidiana, sentimientos, tentaciones, temperamento, y problemas interiores puede convertirse todo ello en una pesada carga si no nos ponemos completamente en las manos de Dios por fe.

Después, debemos poner a un lado la carga de la salud, la reputación, el trabajo, el hogar, los hijos, y todo lo demás que nos preocupe. La Biblia nos dice que Dios es fiel (ver

1 Tesalonicenses 5:24); esa es una de sus principales características. Podemos contar con que Él acudirá en nuestra ayuda, así que deberíamos confiar en Él totalmente y completamente. Cuando lo hagamos, estaremos preparados para cualquier cosa que aparezca en nuestro camino.

Siempre habrá situaciones que te causen preocupación, pero con la ayuda de Dios, puedes vivir por encima de todas ellas y disfrutar de la vida. Aprende a decir con tu boca y con sinceridad en tu corazón: "Dios, confío en ti por completo; ¡no hay necesidad de preocuparme!".

Una mujer tenía una pesada carga que no le dejaba dormir, le quitó el apetito, y puso en peligro su salud. Un día, encontró un tratado evangelístico que relataba la historia de Ana, una mujer que también tenía pesadas cargas en la vida, pero que finalmente aprendió a entregarlas todas al Señor. Ana dijo que finalmente pudo entender que ella no podía soportar su carga, y que tenía que dejar que Dios la llevara por ella. Compartía que debemos llevar nuestras cargas a Él, dejarlas, irnos, y olvidarlas. Si la preocupación regresa, deberíamos volver a llevarla a Él; y continuar haciendo eso una y otra vez hasta que, al fin, no tengamos preocupaciones y estemos en perfecta paz. La persistencia es la clave para derrotar a Satanás. Debes mostrarle que vas en serio; mantén elevado tu escudo de la fe en todo momento y tendrás la victoria.

Yo tuve que aprender que Dios no obraría mientras yo estuviera preocupada, pero en el momento en que confié en Él, Él puso su plan en acción, y mediante la fe y la paciencia disfruté de la emoción de observar a Dios obrar milagrosamente en mi vida.

Piensa en ello

¿Vas a preocuparte, o a orar y liberar a Dios para que Él obre?

_____

_____

¿Cómo puedes demostrar tu fe en Dios en una situación en la que, de otro modo, podrías preocuparte hoy?

¿Preocupación u obediencia a la Palabra?

Creo firmemente que cuando tenemos problemas, no debemos preocuparnos, sino que también necesitamos seguir haciendo las cosas que sabemos hacer. Por ejemplo, si tienes compromisos, asegúrate de cumplirlos. Con mucha frecuencia, cuando las personas se encuentran con problemas personales, se alejan de la vida normal y pasan todo su tiempo intentando resolver el problema. Hablan sobre sus problemas a cualquiera que les escuche y se preocupan continuamente. Toda esa actividad improductiva evita que hagan lo que deberían estar haciendo, que es "hacer el bien".

El Salmo 37:3 dice que deberíamos confiar en el Señor y _hacer el bien_, y nos alimentaremos de su fidelidad. Yo he descubierto que si continúo mi estudio de la Palabra de Dios, sigo orando, cumplo con mis compromisos, y ayudo a tantas personas como pueda, experimento avance con mucha mayor rapidez. Ayudar a otros mientras estamos sufriendo es realmente algo muy poderoso que podemos hacer. Mantiene tu mente apartada de ti y de tu problema, y estarás sembrando semilla que finalmente producirá una cosecha. Hundirte en la lástima de ti mismo, preocuparte, estar ansioso, y hablar negativamente evitan que Dios nos ayude, pero confiar en Él y seguir haciendo el bien le liberan para que Él obre de manera poderosa.

Puede que sepamos que está mal preocuparnos y, aún así, sigamos preocupándonos. Debemos entender que ninguna de las promesas de Dios funciona para nosotros hasta que realmente obedezcamos su Palabra. Solamente el conocimiento no resolverá tus problemas; debes dar el paso de ser obediente sin importar cómo te sientas. Podrías no tener ganas de cumplir con un compromiso o de hacer algo para ayudar a otra persona, pero hazlo de todos modos.

¿La Palabra de Dios nos enseña que amemos en todo momento?

No debemos usar nuestros problemas personales como excusa para ser gruñones y poco amables con otras personas. Recuerda siempre que vencemos el mal con el bien (ver Romanos 12:21). Por tanto, mi consejo es: ¡confía en Dios y haz el bien, haz el bien, haz el bien!

En la Biblia, Pablo comparte que aunque él estaba sufriendo, estaba persuadido de que Dios se ocuparía de esas cosas que él le había confiado. Pablo entregaba sus problemas a Dios y se negaba a preocuparse. Alentaba a la gente a aferrarse a lo que ellos habían aprendido y guardar y mantener la preciosa verdad que el Espíritu Santo les había confiado (ver 2 Timoteo 1:12-14). En otras palabras, Pablo dijo que deberíamos confiar en Dios y seguir haciendo lo que sabemos hacer durante los momentos difíciles. La persona obediente siempre experimenta victoria al final. Mi sencilla fórmula para la victoria es: confía en Dios, no te preocupes, haz el bien, y sigue meditando y confesando la Palabra de Dios porque es la espada del Espíritu. Con esa espada derrotarás a Satanás.

Hay muchos recursos disponibles para ayudarte a encontrar los pasajes bíblicos en los que necesitas meditar y confesar, incluyendo mi libro *The Secret Power of Speaking God's Word*, y la sección titulada "La Palabra para su vida diaria" en *La Biblia de la Vida Diaria*.

Piensa en ello

¿En qué versículos o pasajes concretos de la Palabra de Dios meditarás para ayudarte a dejar de preocuparte?

_____

_____

¿Qué compromisos cumplirás aunque pudieras no tener ganas de hacerlo?

_____

_____

¿A quién conoces que puedas ayudar para que estés "haciendo el bien" durante tus momentos desafiantes?

_____

_____

Dios es digno de confianza

Al confesar y meditar en este pensamiento de poder, "Confío en Dios por completo; no hay necesidad de preocuparme", finalmente formarás una nueva mentalidad que te capacitará para poner tu confianza en Dios con facilidad. Habitualmente buscarás lo que es bueno y lo agrandarás. La vida es muy agradable cuando aprendemos a orar por todo y a no preocuparnos por nada.

Quiero alentarte a que no te desanimes si formar nuevas mentalidades parece difícil al principio. Puede que tengas que decir que confiarás en Dios y no te preocuparás mil veces antes de comenzar a sentir los efectos de hacerlo. Sólo recuerda que cada vez que pienses y digas lo que está de acuerdo con Dios, estás haciendo progreso. Satanás intentará sin descanso hacer que tires la toalla, pero si tú sigues haciendo sin descanso lo que te estoy sugiriendo en este libro, te garantizo que verás el resultado a su tiempo.

La mayoría de nosotros hemos practicado por años hacer las cosas del modo erróneo, y no debemos esperar que todo cambie en unos cuantos días o semanas. Renovar nuestra mente es como reprogramar una computadora. Dos veces en los últimos diez años hemos tenido que instalar un sistema de computadora totalmente nuevo, y puedo decirte que no fue fácil. Era vitalmente necesario para que hiciéramos progreso como ministerio, pero probablemente fue uno de los momentos más difíciles para nuestros empleados. Ellos tuvieron que aprender maneras totalmente nuevas de procesar información, y no siempre parecía funcionar inmediatamente. Al final, las viejas maneras se fueron y la nueva era cómoda y mucho, mucho mejor, ¡pero todos tuvieron que ser pacientes!

Heredamos las promesas de Dios por la fe y la paciencia (ver Hebreos 10:36). No importa cuánto tiempo te tome renovar tu mente con estos pensamientos de poder; sencillamente continúa. Estás entrenando tu mente para que trabaje para ti en lugar de hacerlo contra ti. No olvides que donde va la mente, el hombre le sigue.

Piensa en ello

¿Qué situación o situaciones concretas necesitas confiarle a Dios hoy?

_____

_____

Paquete de Poder

"Vengan a mí todos ustedes que están cansados
y agobiados, y yo les daré descanso".
Mateo 11:28

"Así que les digo: Vivan por el Espíritu, y no seguirán
los deseos de la naturaleza pecaminosa".
Gálatas 5:16

"Humíllense, pues, bajo la poderosa mano
de Dios, para que él los exalte a su debido tiempo.
Depositen en él toda ansiedad,
porque él cuida de ustedes".
1 Pedro 5:6, 7

"¿Quién de ustedes, por mucho que se preocupe,
puede añadir una sola hora al curso de su vida?".
Mateo 6:27

7

Estoy satisfecho y emocionalmente estable.

"Es cierto que con la verdadera religión se obtienen grandes ganancias, pero sólo si uno está satisfecho con lo que tiene".

1 Timoteo 6:6

Una de las mayores cosas que Dios ha hecho en mi vida es ayudarme a estar emocionalmente estable y coherentemente satisfecha. Fue un largo viaje, y admito que no fue fácil, pero nada es más atormentador que estar controlado emocionalmente por fuerzas externas. Miro atrás y entiendo cuánto tiempo y energía desperdicié a lo largo de los años estando molesta por cosas en las que yo no podía hacer nada al respecto.

Dave y yo pasamos muchos años con finanzas muy limitadas, y cada vez que algo sucedía que era inesperado, como una reparación de algún electrodoméstico, una reparación en el auto, una factura médica, o una factura más elevada de lo esperado, mi primera respuesta era siempre molestarme y comenzar a decir todo tipo de necedades. Decía cosas como: "Nunca tendremos dinero, porque siempre sucede algo que nos lo roba"; o: "Nada funciona nunca para nosotros, así que para qué intentarlo". Dave, que es el Sr. Satisfecho y Estable, intentaba alentarme, pero yo siempre dejaba que mis emociones gobernasen.

Dave decía cosas como: "Gracias a Dios que teníamos el dinero para hacer frente a esta factura inesperada"; o: "Todo saldrá bien porque Dios nos ama y tiene un buen plan para nosotros". En lo profundo de mí, yo sabía que él tenía razón y que mi conducta era infantil, pero yo tenía muy malos hábitos que me gobernaban en esta área.

Me crié en un hogar inestable con personas que siempre permitían que las circunstancias controlasen su humor, pero Dave se crió con una mamá piadosa que permanecía positiva en medio de grandes pruebas. La mamá de Dave me regaló mi primera Biblia, y en la cubierta escribió el Salmo 37:5: "Encomienda al Señor tu camino; confía en él, y él actuará". Ella obviamente conocía el valor de permanecer calmado y dejar a Dios obrar.

Es interesante que las circunstancias naturales de mi familia eran mucho mejores que las de Dave, pero nuestras actitudes eran mucho peores.

Mis padres eran dueños de su casa, los dos tenían empleos, su salud era buena, y ahorraban un poco de dinero. En comparación, la circunstancia de Dave era de mucha necesidad. La mayoría de su ropa se la regalaba a la familia personas para las que la mamá de Dave limpiaba la casa. Su papá murió cuando él tenía dieciséis años, y dejó a su mamá con ocho hijos a los que sostener. Vivían en un apartamento de tres habitaciones que tenía una habitación en el sótano, pero ellos conocían el amor de Dios, y su mamá les dio un gran ejemplo de satisfacción y estabilidad. No tenemos que permitir que nuestras circunstancias controlen nuestro humor a menos que escojamos hacerlo.

En cada aspecto de la vida, Jesús es nuestro ejemplo; y Jesús era emocionalmente estable. La Biblia en realidad se refiere a Él como "la Roca", y podemos depender de que Él es sólido, firme y estable —el mismo— todo el tiempo, siempre fiel, leal, maduro, y que cumple su Palabra. De hecho, Hebreos 13:8 nos dice que Él es el mismo "ayer y hoy y por los siglos". En otras palabras, Él no está de buen humor un día y de mal humor otro día. Podemos contar con que Él es el mismo hoy que ayer, y el mismo mañana como hoy. Poder depender de la estabilidad y la coherencia de Jesús es parte de lo que hace que una relación con Él nos parezca atractiva.

Parte del atractivo de la estabilidad y la satisfacción es el hecho de que nos capacitan para disfrutar de nuestra vida. A ninguno de nosotros realmente le gusta tener momentos o días en que las emociones se hunden y nos quedamos sentados compadeciéndonos de nosotros mismos, llenos de pensamientos negativos. No disfrutamos cuando estamos en ese estado, y ninguna otra persona disfruta de nosotros tampoco. Estar en una relación cercana con alguien que esté insatisfecho, que no sea confiable, y que sea variable es muy difícil. Podemos pasar todo nuestro tiempo intentando ayudarle a ser feliz en lugar de ser libres para disfrutar de nuestra propia vida a menos que entendamos que no le estamos ayudando al atender a sus cambios de humor.

He descubierto que me gusto más a mí misma cuando soy estable y coherente, y creo que lo mismo es cierto de ti. Llegar a ser emocionalmente estable y coherente es muy importante para una vida poderosa, y a medida que crezcas en esas cualidades, te encontrarás fortalecido como nunca antes.

El camino hacia el cambio es renovar tu mente. Yo tuve que comenzar creyendo que podía estar satisfecha y estable antes de realmente ver el fruto de ello en mi vida. Estudiaba con bastante frecuencia el contentamiento, y leía mucho material sobre las emociones. Comencé a pensar y a decir que yo estaba satisfecha y emocionalmente estable. La Palabra de Dios afirma que podemos y deberíamos llamar las cosas que no son como si ya fueran (ver Romanos 4:17). Cuando tenemos fe en nuestro corazón, pensamos y hablamos fe. Vemos lo hecho por fe antes de verlo en la realidad. De este modo cooperamos con Dios en la esfera espiritual. Llegamos a la esfera del espíritu con nuestros pensamientos y palabras, y arrastramos cosas de ahí a la esfera en la cual vivimos.

Piensa en ello

En una escala de 1 a 10, ¿cómo evaluarías tu propia estabilidad y satisfacción emocional?

_____

_____

Las emociones están aquí para quedarse

Todos tenemos emociones, y siempre las tendremos. Son parte de ser humanos. Ya que eso es cierto, creo que la estabilidad emocional debería ser una de las principales metas de todo creyente. Deberíamos buscar a Dios para aprender a manejar nuestras emociones y no permitir que ellas nos manejen a nosotros. Un extracto del diccionario Random House afirma que las emociones son "cualquiera de los sentimientos de gozo, tristeza, odio, amor, etc.". Piensa en esto: has salido a comprar un artículo concreto que necesitas. Has hecho un compromiso de salir de la deuda. Has acordado disciplinarte a ti mismo en el área de tus gastos y no comprar cosas que no necesites. Pero mientras estás de compras, descubres que la tienda tiene un gran descuento: un 50 por ciento en artículos que ya están marcados. ¿Qué haces? Te emocionas. Cuanto más miras, más te emocionas. Las emociones aumentan más y más; comienzan a moverse, porque parte del plan del diablo para arruinar tu vida es que sigas tus emociones.

Una persona emocional se define como: "una fácilmente afectada por la emoción o movida por ella; una que muestra emoción; una con tendencia a confiar o a dar demasiado valor a la emoción; una cuya conducta está gobernada por la emoción en lugar de por la razón". Yo no podría estar más de acuerdo con esa definición, y quiero añadir varias observaciones personales que he hecho acerca de personas que no son estables emocionalmente:

- Una persona que vive por las emociones vive sin principios.
- No se puede ser espiritual (andar en el Espíritu) y ser guiado por las emociones.
- Las emociones no se irán, pero puedes aprender a manejarlas.
- Puedes tener emociones, pero no siempre puedes confiar en ellas.

Te insto a que hagas de la madurez emocional una prioridad en tu vida. Si no crees que estás haciendo un buen trabajo en el manejo de tus emociones, comienza a orar y a buscar a Dios para obtener madurez emocional. También te aliento a que aprendas lo que te molesta más o lo que te impulsa a comportarte emocionalmente y estés vigilante contra esas tentaciones.

Para ayudarte a comenzar, permite que mencione varios pasajes de la Escritura.

- Jeremías 17:8 y el Salmo 1:3 nos enseñan a ser como árboles firmemente plantados.

- 1 Pedro 5:8, 9 nos enseña a ser equilibrados y templados (tener dominio propio) para evitar que Satanás nos devore. Según estos versículos, si queremos resistirle, necesitamos estar arraigados, establecidos, fuertes, inamovibles y decididos.
- Filipenses 1:28 nos dice que estemos constantemente sin temor cuando Satanás venga contra nosotros.
- El Salmo 94.13 dice que Dios quiere darnos el poder para permanecer calmados en la adversidad.

Todos estos pasajes se refieren a ser estable, así que te aliento a que los leas, medites en ellos, y permitas que se arraiguen en tus pensamientos.

Piensa en ello

¿De qué maneras puedes comenzar a volverte más estable emocionalmente?

_____

_____

Equilibra tus altos y bajos

Estoy segura de que a estas alturas puedes decir que yo creo que algunos de los mayores desafíos de la vida implican o resultan de los altos y bajos de nuestras emociones. Piensa en las montañas rusas. Si midieran la longitud de una pista de montaña rusa, descubrirías que la distancia que cubre es mucho mayor que la distancia entre donde te subes y donde te bajas. Cuando el viaje ha terminado, has pasado una gran cantidad de tiempo acelerando hacia grandes alturas y descendiendo hasta muy abajo. En una montaña rusa, muchas personas piensan que eso es entretenido, pero si permitimos que nuestras emociones hagan eso mismo en la vida diaria, puedo asegurarte que es agotador.

En lugar de hacer el viaje emocional en una montaña rusa, lo cual sólo nos agota, necesitamos llegar a ser personas estables, sólidas, firmes, perseverantes y decididas. Renovar tu mente para pensar y creer que eres estable y satisfecho te ayudará a comenzar. Nunca podremos disfrutar de ninguna de las promesas de Dios hasta que las creamos por nosotros mismos. En el mundo creemos lo que vemos, pero en el reino de Dios creemos y después vemos.

Si seguimos permitiendo que nuestras emociones nos gobiernen, no hay modo de que lleguemos a ser las personas que debiéramos ser. No hace ningún bien sólo *desear* no ser tan emocional. Debes hacer la elección de cambiar renovando por completo tu mente. Ninguno de nosotros será nunca totalmente libre de emociones, y no tenemos que eliminarlas de nuestras vidas, sino que debemos aprender a manejarlas y controlarlas, y no permitir que ellas nos controlen o tengan poder sobre nosotros. Las emociones no son todas malas, algunas de ellas son muy agradables, pero todas ellas son pasajeras. En treinta días puedes sentirte de cien maneras distintas en cuanto a lo mismo.

Los sentimientos cambian de día en día, de hora en hora, a veces hasta de momento a momento. No sólo cambian, sino que también mienten. Por ejemplo, puede que estés en un grupo de personas y *sientas* que todos están hablando de ti, pero eso no significa que lo estén haciendo. Puede que *sientas* que nadie te entiende, pero eso no significa que sea cierto. Puede que *sientas* que no gustas, que no te aprecian, o hasta te tratan mal, pero no significa que sea así. Si quieres ser una persona madura, disciplinada y equilibrada, debes estar *decidido* a no andar según lo que *sientas*. Si yo estoy teniendo un día "sensible", puede que sienta que la gente no me trata muy bien, pero en realidad no me están tratando de modo distinto de como lo hacen normalmente; solamente yo estoy emocionalmente más sensible ese día y las cosas me afectan de modo diferente a lo normal.

Las personas me preguntan con frecuencia: "¿Cómo puedo aprender contentamiento y estabilidad?". Realmente hay dos respuestas, y ambas están claras en la Biblia. ¿Cuáles son? ¡Paciencia y dominio propio!

Paciencia

Dios quiere que usemos sabiduría, y la sabiduría alienta la paciencia. La sabiduría dice: "Espera un poco, hasta que las emociones se calmen, antes de hacer o decir algo, y entonces comprueba si realmente crees que eso es lo correcto que debes hacer". Las emociones nos instan hacia el apresuramiento, ¡diciéndonos que debemos hacer algo y que debemos hacerlo ya! Pero la sabiduría piadosa nos dice que seamos pacientes y esperemos hasta tener una imagen clara de lo que hemos de hacer y cuándo hemos de hacerlo. Necesitamos poder dar un paso atrás en nuestras situaciones y verlas desde la perspectiva de Dios. Entonces necesitamos tomar decisiones basadas en lo que *sabemos* en lugar de en lo que *sentimos*.

Dominio propio

Dios nos ha dado un libre albedrío, y eso significa que tenemos el privilegio de escoger qué haremos y qué no haremos. Como creyentes en Jesucristo, Dios nos ha dado una nueva naturaleza, pero al mismo tiempo también tenemos que tratar la vieja naturaleza. La Biblia afirma que hemos de "despojarnos" de la vieja naturaleza y "revestirnos" de la nueva naturaleza. Eso es realmente otro modo de decir que tenemos elecciones que hacer. Cuando permitimos que la vieja naturaleza gobierne, seguiremos sentimientos cuando en realidad deberíamos operar con dominio propio. El dominio propio es un fruto de nuestra nueva naturaleza, y lo único que tenemos que hacer es desarrollarlo. Podemos desarrollar dominio propio utilizándolo, al igual que podemos desarrollar músculos utilizándolos.

Ejercitar dominio propio es una forma de libertad, no un tipo de atadura. No tienes por qué hacer lo que tienes ganas de hacer. Eres libre para hacer lo que sabes que es sabio. La disciplina y el dominio propio te ayudarán a ser lo que dices que quieres ser, pero nunca será sin la ayuda del dominio propio.

Practicar dominio propio te ayudará a sentirte mejor contigo mismo: tendrás más respeto por ti mismo. También tendrás mayor energía cuando no permitas que tus emociones te controlen. Cuando yo estaba experimentando tantos altibajos, realmente me hacía estar cansada físicamente. Pasar por todo tipo de cambios emocionales conlleva mucha energía. A medida que Dios me ayudó a manejar mis emociones, noté que también tenía más energía. Si últimamente has estado cansado, quizá debieras hacer una pausa y preguntar al Señor si la razón podría ser que permites que tus emociones te manejen en lugar de ser tú quien las manejas a ellas.

Permite que comparta un ejemplo sencillo y cotidiano de mi propia vida sobre la paciencia y el dominio propio. Una vez, yo había ahorrado dinero para comprar un buen reloj. Quería un reloj bueno para que la correa no cambiase de color y pusiese verde mi muñeca. Un día, Dave y yo estábamos en el centro comercial y nos detuvimos en una joyería, donde vi un reloj que era muy bonito. Cuando lo miré, descubrí que estaba chapado en oro. Sabíamos que probablemente al final también perdería el color, pero era bonito y brillaba mucho, y a mí realmente me gustó. No sólo eso, sino que el vendedor ofreció bajar su precio. Así que mis emociones decían: "¡Sí! ¡Esto es exactamente lo que quiero!".

Pero Dave dijo:

—Bien, mira que es chapado en oro, y finalmente perderá su color.

—Ya lo sé —dije yo—, pero realmente me gusta este reloj. ¿Qué debería hacer?

—Es tu dinero —respondió él.

—Le diré lo que voy a hacer —le dije al vendedor—. Me gustaría que me guardase el reloj mientras damos una vuelta por el centro comercial. Si quiero el reloj, regresaré a comprarlo.

Así que Dave y yo dimos una vuelta por el centro comercial durante un rato. A medida que lo hacíamos, pasamos por una tienda de ropa. Debido a que yo necesitaba un par de trajes nuevos, entré y encontré un traje realmente bonito. Me lo probé, y me quedaba perfecto. Me encantó.

—Es un traje bonito —observó Dave—. Deberías comprarlo.

Yo miré la etiqueta del precio y pensé: *Cuesta mucho más de lo que yo pensaba.* ¡Pero realmente quería el traje! En realidad, había tres cosas que quería en ese entonces. Quería el reloj; quería el traje; y quería *no* quedarme sin dinero. ¿Qué hice? Apliqué sabiduría y decidí esperar. El reloj —que realmente no era de la calidad que yo quería— se habría llevado todo el dinero que yo había ahorrado. El traje era bonito, pero de nuevo tendría que haber utilizado la mayor parte de mi dinero. Decidí que lo mejor era guardarme el dinero y esperar hasta estar segura de lo que más quería. Si yo hubiera tomado una decisión emocional, habría comprado el reloj cuando lo vi, en lugar de tomar tiempo para pensar en mi compra y ejercitar dominio propio no comprándolo impulsivamente. Normalmente, el curso de acción más sabio es: *cuando tengas duda, ¡no lo hagas!* La emoción que sientes en el centro comercial se disipará cuando te lleves el objeto a casa, así que es mejor que eso no sea la base de tus decisiones a la hora de comprar.

Cuando te enfrentes a decisiones, especialmente importantes o difíciles, practica el dominio propio y espera hasta tener una respuesta clara antes de dar un paso que podrías lamentar. Recuerda ser guiado por la paz, no por la emoción. Las emociones pueden ser maravillosas cuando se manejan de manera piadosa, pero no se les debe permitir que tomen prioridad sobre la sabiduría y el conocimiento. Deja que lo diga otra vez: "Controla tus emociones y no dejes que ellas te controlen a ti". Comienza a pensar y a decir: "Estoy satisfecho y emocionalmente estable".

Piensa en ello

¿En qué área necesitas practicar paciencia y ejercitar dominio propio en tu vida en este momento?

_____

_____

Las personas estables reciben ascensos

Muchas personas se sienten capaces y calificadas para hacer alguna cosa en particular, y aún así viven vidas frustradas porque las puertas correctas nunca parecen abrirse para ellas. Sus oportunidades nunca llegan. ¿Por qué? Aunque no hay una respuesta sencilla y sucinta, sí quiero ofrecer algunas perspectivas que creo que Dios me enseñó y que espero que te resulten útiles.

Creo que muchas personas son "capaces pero no estables". Dios les ha dado capacidades, pero ellas no han hecho el esfuerzo de madurar en estabilidad de carácter. Moisés fue un maravilloso hombre de Dios, pero tenía un problema con la ira. Finalmente, Dios no quiso dejarle que hiciera entrar a los israelitas en la Tierra Prometida debido a su falta de estabilidad en esa área. Por tanto, creo que es justo decir que su inestabilidad bloqueó su capacidad.

Dios debe poder confiar en nosotros; y otras personas deben poder depender de nosotros. Cuando somos estables y maduros en carácter, hacemos lo que decimos que haremos sin importar cómo nos sintamos. Aun si nos sentimos malhumorados, no nos comportamos de manera desagradable. Entendemos que tratar a las personas que nos rodean de mal humor no es correcto ni maduro. Seguimos operando en el fruto del Espíritu aunque debamos soportar circunstancias y personas que no son como a nosotros nos gustaría que fueran. El apóstol Pablo dijo que él había aprendido a contentarse si obtenía lo que quería o si no (ver Filipenses 4:11). Yo creo que él aprendió que estar molesto y malhumorado no era bueno, así que simplemente tomó la decisión de confiar en Dios y seguir adelante y disfrutar del día, a pesar de cuál fuese su circunstancia.

La vida no está libre de problemas, y nunca lo estará. Solamente encontrarás a un grupo de personas que están libres de problemas, y tienes que ir al cementerio de tu ciudad para encontrarlas. Mientras tengamos aliento, vamos a tener épocas de abundancia y épocas en que luchemos, épocas en que las circunstancias sean buenas y otras en que sean malas. Que las circunstancias hagan lo que quieran; en cuanto a ti, decide permanecer estable.

Piensa en ello

¿Tienes un área de inestabilidad que podría estar obstaculizando tu ascenso en la vida?

_____

_____

Fuentes de descontento

Con frecuencia pienso en por qué tantas personas en el mundo, especialmente cristianas, están descontentas. El descontento y la inestabilidad emocional van de la mano. He descubierto que si estoy descontenta, entonces fácilmente me molesto, pero si escojo estar contenta a pesar de lo que esté sucediendo, entonces mis emociones también están equilibradas.

Tenemos periodos de satisfacción, pero estar _regularmente_ satisfechos es otro asunto totalmente distinto. Creo que es seguro decir que sólo conozco a un pequeño grupo de personas que consideraría que regularmente son pacíficas, y gozosas, y regularmente satisfechas. Creo que nuestros pensamientos tienen mucho que ver con nuestro humor. Algunos pensamientos mejoran nuestro humor y aumentan nuestro nivel de satisfacción, y otros los envían en una espiral descendente, haciéndonos infelices y descontentos. ¡Podemos estar felices o tristes por lo que pensamos! Ya que este libro habla sobre el poder de meditar en ciertos pensamientos, apliquemos el principio del contentamiento. El modo en que nos hablamos a nosotros mismos afecta, sin duda alguna, a nuestras emociones, así que si me hablo a mí misma adecuadamente, puedo mantenerme satisfecha y emocionalmente estable.

Uno de los principales patrones de pensamiento que causa descontento es enfocarnos en lo que no tenemos y en lo que la gente no hace por nosotros. Cuando pensamos en lo que no somos y comenzamos a compararnos con otras personas, también nos volvemos descontentos. Por otro lado, cuando apartamos nuestra mente de nosotros mismos y de nuestras necesidades y deseos, la vida siempre se ve más brillante.

Debemos escoger pensar en lo bendecidos que somos. Sólo hace unos días, yo estaba hablando con el Señor y pensando en mis bendiciones en la vida, y tuve una nueva revelación de lo bendecida que realmente soy y de todo lo que Dios ha hecho por mí en mi vida. Si hubiera estado pensando en lo que no tenía, en lo que aún necesito, ese momento de comprensión me habría evadido.

El apóstol Santiago escribe sobre otra fuente de descontento cuando afirma que estamos descontentos porque intentamos conseguir lo que queremos para nosotros mismos en lugar de pedírselo a Dios y confiar en Él por completo. Vemos lo que otros tienen y nos ponemos celosos, lo cual crea descontento en nuestro corazón. Deberíamos querer sólo lo que Dios quiera que tengamos, y deberíamos confiar en Él lo suficiente para creer que si pedimos algo y no lo obtenemos, la única razón es que Él tiene en mente algo mejor para nosotros. Cuando oramos, también necesitamos entender que un retraso no siempre es una negativa.

El apóstol Pablo le dijo a Timoteo que la piedad acompañada de contentamiento es una gran ganancia, algo a desear y buscar (ver 1 Timoteo 6:6). Me temo que buscamos muchas cosas que no nos hacen ningún bien duradero y con frecuencia no vemos las cosas que verdaderamente nos satisfarán. La Biblia dice en el Salmo 92:14, 15 que el justo da fruto en su vejez —el fruto de confianza, amor y satisfacción—, y que esos frutos serán memoriales vivientes para mostrar que el Señor es recto y fiel. Creo que la confianza total en Dios y amar a la gente es el camino a la satisfacción, así que es interesante para mí verlos unidos en este pasaje. Claramente, no confiar en Dios y no amar a la gente son fuentes de descontento, y nos harán infelices.

He visto a personas que al final de su vida solamente tenían lamentos en cuanto a la manera en que habían vivido, y no sentían satisfacción ni contentamiento, pero creo que es hermoso ver a una persona anciana que diga: "Mi vida ha sido buena. Cuando me llegue el momento de morir, puedo morir feliz". Las personas que están descontentas nunca han desarrollado el hábito de ser agradecidas. Sinceramente, sólo poder caminar, ver y oír es una gran bendición, una que las personas que están cojas, ciegas o sordas estarían muy contentas de tener. Si estuvieras en el hospital, estarías contento sólo con estar sentado en tu propia casa en tu sillón favorito. Siempre pensamos que estaremos contentos cuando. . . ¿pero por qué no escoger estar contentos en este momento?

Aun si no tienes lo que quieres o necesitas en este momento, mantén una actitud positiva y sigue con esperanza. "La esperanza frustrada aflige al corazón" (Proverbios 13:12), pero quienes se niegan a renunciar a la esperanza permanecen gozosos. Está satisfecho con lo que tienes, niégate a enfocarte en lo que no tienes; ama a los demás; y mantente esperanzado con respecto a lo que quieres y necesitas.

Piensa en ello

¿Cuáles son tus bendiciones? Enumera cinco.

_____

_____

¿De qué te has estado quejando últimamente?

_____

_____

¿Estás celoso de alguien o de algo que ellos tengan?

Haz una lista

Para ayudarte a lograr y mantener un nuevo nivel de satisfacción en tu vida, te aliento a que hagas una lista de todo
por lo que tienes que estar agradecido. Debería ser una
larga lista, que incluya pequeñas cosas al igual que grandes cosas. ¿Por qué debería ser larga? Porque todos tenemos
mucho por lo que estar agradecidos si sólo lo buscamos.

Justamente el otro día yo estaba pensando en mi codo,
que me ha estado doliendo por bastante tiempo. Pensé en
lo cansada que estoy de la terapia física que he realizado
por eso y de las visitas al doctor al respecto. Pero entonces pensé en mi edad, en lo bien que me siento la mayor
parte del tiempo, y en cuántas partes de mi cuerpo están
perfectamente bien. Pensé en todas las personas que realmente están desesperadamente enfermas en el mundo, y en
todos los hospitales que están llenos de personas que tienen dolor y enfermedad; y comencé a sentirme ciertamente
muy bendecida. Mira, es sencillo; cuando me enfoqué en lo
que me dolía, sentí lástima de mí misma; pero cuando me
enfoqué en lo que funciona bien y no me duele, de repente
me sentí muy bendecida. Yo estaba molesta por necesitar
hacer terapia física para un codo, pero entonces recordé que
al menos no estaba recibiendo quimioterapia o radiaciones
para luchar contra el cáncer, y de repente me sentí mucho
mejor. No estaba feliz en cuanto a mi codo, pero mi nivel de
satisfacción aumentó de manera dramática. Sé que el codo
se pondrá bien, y que Dios me dará la capacidad para hacer

cualquier cosa que necesite hacer mientras tanto porque he meditado en el pensamiento de poder sugerido en este libro: "Puedo hacer cualquier cosa que necesite hacer en la vida".

Deborah Norville relata una historia en su libro, *Thank You Power: Making the Science of Gratitude Work for You*, sobre un hombre llamado David, que se encontró desalentado. Se había trasladado a Manhattan con muchas esperanzas de terminar en un empleo bien pagado y viviendo en un bonito apartamento, sólo para terminar con un salario escaso como asistente y viviendo con un amigo porque no podía permitirse un lugar para él solo.

Un sábado en la mañana, mientras estaba realizando una tarea del trabajo, David decidió comenzar a contar cosas que le hacían feliz. Comenzó sonriendo al ver a una mamá paseando a su bebé, y entonces se dio cuenta de que ver un avión dejando su rastro por el cielo le hacía feliz. Notó fabulosos aromas de cafeterías por las que pasaba, y disfrutó de las coloridas y brillantes vistas de los escaparates de las tiendas. Cuando hubo terminado su tarea, estaba feliz una vez más, y realmente estaba agradecido de haberse trasladado a Nueva York.

Más de veinte años después, David es un empresario exitoso, pero nunca ha olvidado el día que cambió su vida por completo: el día en que aprendió sobre el poder de ser agradecido.[1]

Saca una hoja de papel en este momento y comienza a enumerar cosas por las que tengas que estar agradecido. Guarda la lista y añade a ella frecuentemente. Proponte pensar en las cosas por las que estás agradecido cuando estés llevando a los niños a una actividad o cuando estés esperando en una fila en la oficina de correos. Solamente puedes aprender el "poder de la gratitud" practicándolo. La Biblia dice que hemos de ser agradecidos y expresarlo. Meditar cada día en las cosas por las que tienes que estar agradecido y verbalizarlo te resultará muy útil. La próxima vez que comas o tomes café con un amigo, habla a propósito de las cosas por las que estás agradecido en lugar de recordar todos tus problemas. O, al menos, si necesitas hablar sobre un problema, asegúrate de seguirlo de cosas por las que estés agradecido. Al hacer esto, estarás al menos manteniendo las cosas de algún modo equilibradas y en perspectiva.

Piensa en ello

¿En qué situación concreta necesitas comenzar a practicar el poder de la gratitud?

_____

_____

Suena bien, ¿verdad?

¿Quieres estar emocionalmente estable y regularmente satisfecho? Si eso te suena bien, puedes lograrlo pensando en ello. Deja de meditar en cosas incorrectas, molestándote y después pensando y hablando sobre lo inestable y descontento que estás, y repitiendo ese ciclo una y otra vez. Comienza a pensar y decir: "Estoy emocionalmente estable y regularmente satisfecho. A pesar de lo que esté sucediendo en mis circunstancias, puedo permanecer calmado y amoroso mientras confío en Dios para que se ocupe de ello".

¿Cómo te ves a ti mismo? ¿Qué quieres ser? ¿Dónde quieres estar en esta época el año próximo en cuanto a crecimiento espiritual? Toma algunas decisiones y comienza a ordenar tu vida en lugar de permitir que ella te ordene a ti. Ponte de acuerdo con Dios y con su Palabra. Piensa lo que Él piensa y di lo que Él dice. ¿Será fácil? Probablemente no, pero valdrá la pena. ¿Alguna vez vacilarás en tu compromiso a pensar y decir cosas positivas? Sí, probablemente lo harás, pero siempre recuerda que cuando los bebés están aprendiendo a andar, puede que se caigan y lloren, pero siempre se levantan y vuelven a intentarlo. Nosotros somos como bebés cada vez que probamos algo nuevo. Pensar tus propios pensamientos y escogerlos con cuidado y propósito puede que sea algo nuevo para ti. Si es así, entonces estás en las etapas de bebé. Sólo recuerda que cuando caes, lo único que tienes que hacer es levantarte y volverlo a intentar.

Meditar en este pensamiento de poder al menos durante una semana te ayudará a renovar tu mente a la idea de que la estabilidad y la satisfacción son importantes y hay que desearlas. Puede que tome más tiempo que una semana (y probablemente así será) para que este principio se quede arraigado en tu vida, pero comienza con una semana, y cuando termines los doce pensamientos de poder, regresa una y otra vez hasta que te encuentres con una nueva vida que disfrutes mucho más que la vieja. Primero entendemos que deberíamos estar estables y satisfechos, y entonces comenzamos a creer que podemos serlo y después en realidad nos convertimos en lo que creemos.

Piensa en lo maravilloso que será bajarse de la montaña rusa de las emociones que nos hacen estar alegres un día y de repente nos roban la alegría al siguiente. Arriba un momento y abajo al siguiente. . . arriba y abajo. . . ¡arriba y abajo! No es el modo en que Jesús quiere que vivamos. No es la vida que Él murió para darnos. Da pasos hoy para aceptar y disfrutar la vida que Él tiene para ti, y eso incluye estar satisfecho y emocionalmente estable.

Piensa en ello

¿De qué maneras concretas quieres crecer en estabilidad emocional? Por ejemplo, ¿quieres llegar a ser más paciente, más pacífico, más seguro en quién eres? ¿Quieres aprender a permanecer calmado y responder apropiadamente a las crisis, en lugar de reaccionar en exceso?

_____

_____

Paquete de Poder

"Es cierto que con la verdadera religión se obtienen
grandes ganancias, pero sólo si uno
está satisfecho con lo que tiene".
1 Timoteo 6:6

"No digo esto porque esté necesitado, pues
he aprendido a estar satisfecho en cualquier
situación en que me encuentre".
Filipenses 4:11

"Den gracias a Dios en toda situación, porque
esta es su voluntad para ustedes en Cristo Jesús".
1 Tesalonicenses 5:18

8

Dios suple todas mis necesidades abundantemente.

"Querido hermano, oro para que te vaya bien
en todos tus asuntos y goces de buena salud,
así como prosperas espiritualmente".
3 Juan 2

Creo que es importante desarrollar lo que llamo una mentalidad abundante: una que cree que Dios siempre proveerá cualquier cosa que necesitemos en toda situación. Esta es la promesa de Dios en la Escritura, y parte de su naturaleza es proveer para sus hijos. De hecho, en el Antiguo Testamento, uno de los nombres hebreos de Dios es "Jehová-jireh", que significa "El Señor nuestro Proveedor".

Tú y yo somos hijos de Dios. Él es nuestro Padre, y se deleita en proveer para nosotros al igual que los padres terrenales se deleitan en ayudar a sus hijos. Dave y yo tenemos cuatro hijos. Ellos nos aman; nosotros les amamos a ellos; y así compartimos todo lo que tenemos con ellos. No podríamos ni siquiera imaginar dejarlos en necesidad mientras nosotros disfrutamos de abundancia; y Dios es ciertamente mucho mejor en la paternidad de lo que somos nosotros.

Dios lo posee todo, y puede hacer todo. El Salmo 24:1 dice: "Del Señor es la tierra y todo cuanto hay en ella", y en el Salmo 50:10-12 Él mismo dice: "Pues míos son los animales del bosque, y mío también el ganado de los cerros. Conozco a las aves de las alturas; todas las bestias del campo son mías. Si yo tuviera hambre, no te lo diría, pues mío es el mundo, y todo lo que contiene". Claramente, todos los recursos del cielo y de la tierra están a disposición de Él, así que no hay nada que necesitemos y que Él no pueda proveer. Él nos ama y quiere tener cuidado de nosotros. Si nosotros le amamos y hacemos todo lo posible por aprender progresivamente y obedecer sus caminos, Él se asegurará de que nuestras necesidades sean satisfechas. De hecho, no hay nadie con quien Él quisiera compartir sus bendiciones más que con sus hijos.

Piensa en ello

¿Crees que Dios te ama y que quiere proveer para ti?

_____

_____

¿Cómo ha provisto Él para ti en el pasado?

_____

_____

Más que dinero

Pablo prometió a los creyentes que eran colaboradores en su ministerio que Dios supliría liberalmente todas sus necesidades según sus riquezas en gloria en Cristo Jesús (ver Filipenses 4:19). Él no prometió que Dios les daría todo lo que ellos quisieran, pero sí les aseguró que Dios supliría cada una de sus necesidades.

Muchas veces, pensamos en necesidades en términos de las necesidades básicas de la vida: alimento, cobijo, ropa y dinero para comprar esas cosas. Representan nuestras necesidades físicas, pero creo que Dios nos creó para necesitar más que esas cosas esenciales. Nuestras necesidades son variadas. No sólo necesitamos dinero, alimento, un techo sobre nuestras cabezas, y ropa que ponernos. También necesitamos sabiduría, fuerza, salud, amigos, y seres queridos; y necesitamos los dones, y los talentos, y las capacidades para ayudarnos a hacer lo que hemos de hacer en la vida. Necesitamos muchas cosas, y Dios está dispuesto a suplir *todas* nuestras necesidades a medida que nosotros le obedecemos y confiamos en Él. Debemos creer que Él quiere proveer para nosotros. Deberíamos desarrollar una mentalidad expectante en esta área.

Las personas a quienes Pablo escribió en Filipenses eran colaboradores en su ministerio, y le ayudaban económicamente. Ellos estaban obedeciendo la ley de la siembra y la cosecha (ver Gálatas 6:7). No podemos esperar cosechar lo que no hemos sembrado, pero cuando sí sembramos buenas semillas, deberíamos ciertamente esperar buenos resultados. Esto es cierto en cada área de nuestra vida, incluyendo salud, finanzas, capacidades, relaciones, y todo lo demás que concierne a nuestro bienestar.

Si sembramos buenas semillas respetando nuestros cuerpos físicos, alimentándolo de alimentos nutritivos y bebiendo mucha agua, dándole mucho descanso y eliminando el estrés excesivo, podemos esperar recoger una cosecha de buena salud. Si sembramos misericordia, cosecharemos misericordia; si sembramos juicio, cosecharemos juicio. Si perdonamos, seremos perdonados. Si somos amigables, tendremos amigos. Si somos generosos, experimentaremos generosidad a cambio. La ley de la siembra y la cosecha es una de las más sencillas de entender y la que produce mayor poder en nuestra vida. Sólo piénsalo. . . si necesitas amigos, ¡lo único que tienes que hacer es ser amigable!

¿Qué es prosperidad?

John D. Rockefeller, Jr. dijo en una ocasión: "No conozco nada más despreciable y patético que un hombre que dedica todas las horas del día a hacer dinero por hacer dinero".

La verdad es que una persona nunca es verdaderamente próspera si todo lo que tiene es mucho dinero; la verdadera prosperidad requiere mucho más que eso. El apóstol Juan escribe: "Querido hermano, oro para que te vaya bien en todos tus asuntos y goces de buena salud, así como prosperas espiritualmente" (3 Juan 2). Obviamente, Juan tenía un enfoque global de la prosperidad, y también deberíamos tenerlo nosotros. Él ni siquiera menciona el dinero, sino que se enfocó en el cuerpo y el alma. Cuando nuestro cuerpo prospera, somos fuertes y estamos físicamente sanos. Aun si actualmente tenemos alguna enfermedad física, podemos orar y esperar sanidad, pero necesitamos sembrar una buena semilla ocupándonos de nosotros mismos y no abusando de nuestro cuerpo.

Cuando nuestra alma prospera, nos desarrollamos en el interior. Estamos en paz; estamos llenos de gozo; estamos satisfechos; vivimos con un sentimiento de destino y propósito; crecemos espiritualmente; y tenemos relaciones fuertes y amorosas con los demás.

Dios es un Dios de abundancia, y Él quiere que vivamos vidas abundantes. Jesús dijo que Él vino para que pudiéramos tener vida en abundancia y disfrutar de ella (ver Juan 10:10).

¿Está mal querer dinero?

¡Necesitamos dinero! Lo necesitamos para la vivienda, la ropa, la educación, los alimentos, los vehículos, el entretenimiento, y muchas otras cosas. Realmente, si pienso en ello, en la mayoría de lugares a donde voy el dinero se intercambia por algún bien o servicio. No está mal querer dinero, no es algo malo; es el amor al dinero lo que es la raíz de todos los males (ver 1 Timoteo 6:10). El dinero no sólo suple nuestras necesidades, sino que también puede utilizarse para bendecir a otros, especialmente a quienes tienen necesidades y ningún modo de satisfacer esas necesidades. Personas aportan dinero a nuestro ministerio y eso nos capacita para predicar el evangelio en treinta y ocho idiomas en aproximadamente dos terceras partes del mundo. También nos capacita para alimentar a quienes tienen hambre, proporcionar agua potable, fundar orfanatos, visitar cárceles, y cientos de otras cosas que ayudan a la gente.

No es la voluntad de Dios que personas malvadas tengan todo el dinero en el mundo mientras su pueblo está constantemente necesitado. Deberíamos ser buenos administradores de lo que Dios nos da, y ser buenos inversores. Yo creo que deberíamos respetar el dinero y nunca desperdiciarlo. Proverbios dice una y otra vez que deberíamos ser prudentes, y eso significa buenos administradores.

Hay una conocida historia de la Biblia sobre tres hombres a quienes se dieron talentos (dinero) según su capacidad para manejarlos. Al hombre que más recibió se le dieron unos cinco mil dólares. Él los invirtió y devolvió a su jefe los cinco mil originales y otros cinco mil. Su jefe le elogió, diciéndole que había hecho un buen trabajo y que sería puesto a cargo de mucho (ver Mateo 25:14-28). Cuando leo esta historia, es obvio para mí que Dios espera que seamos inversores sabios y, si lo somos, Él nos recompensa. Nunca deberíamos amar el dinero ni ser avaros, sino que deberíamos hacer todo lo que podemos con lo que tenemos. Utiliza el dinero en el servicio a Dios y al hombre, ¡y nunca intentes utilizar a Dios o al hombre para obtener dinero! El dinero es sólo una pequeña parte de la prosperidad, pero sí lo necesitamos y no está mal pedir a Dios que lo supla en abundancia.

Piensa en ello

¿Tienes una actitud sana y bien equilibrada hacia la prosperidad?

Ya no más mentalidades de necesidad

Muchas personas no disfrutan de la abundancia que Dios tiene para ellas porque tienen una mentalidad que dice: "Tengo necesidad". Constantemente tienen temor a no tener lo suficiente de cualquier recurso que necesiten. No creen que son lo bastante fuertes para hacer lo que necesitan hacer; no creen que tendrán suficiente dinero para cumplir con sus obligaciones financieras; no creen que nadie se ocupará de ellos en su vejez. Tienen temor a perder su empleo y no ser capaces de encontrar otro. De hecho, la mayor parte de sus pensamientos puede que estén dominados por el temor. Sienten que necesitan más amigos, que necesitan más amor, y que necesitan más energía. Las personas con esta mentalidad de "necesito, necesito, necesito", se sienten privadas espiritualmente, mentalmente, físicamente, económicamente, y socialmente. A veces, las personas que están plagadas de sentimientos de necesidad verdaderamente han estado necesitadas en algún momento en sus vidas. Esas experiencias les hacen tener temor a la carencia o la pérdida, y ese temor les hace pensar que nunca tendrán suficiente, así que puede que comiencen a vivir vidas estrechas y tacañas.

La Gran Depresión en los años treinta produjo toda una generación de personas que tenían un terrible temor a la pérdida y la carencia. Ese trágico periodo en la Historia causó una impresión casi irreversible en algunas personas, quienes pasaron el resto de sus vidas haciendo cosas como guardar pequeños pedazos de papel de aluminio porque recordaban momentos de aterradora escasez, momentos en que lo que utilizaban no podía ser rellenado. Cuando los tiempos de prosperidad regresaron, muchas personas no renovaron la mentalidad que habían formado durante la Depresión. En cualquier momento en que atravesemos una época de carencia es fácil llegar a ser temerosos, pero es durante esos momentos en que podemos confiar en que Dios supla nuestras necesidades. Si estás en una época de deterioro económico en este momento, te aliento encarecidamente a que entiendas que finalmente pasará y que entrarás en un nuevo periodo. Sigue confiando en Dios para que te ayude, y espera con valentía prosperar en todas las áreas de la vida. Si necesitas un empleo, entonces espera que Dios te dé favor cuando estés buscando trabajo.

Algunas personas se sienten necesitadas debido a las condiciones o actitudes de las familias en las que se criaron; otras se sienten necesitadas debido a experiencias personales en las cuales sufrieron pérdida. Todas esas circunstancias y otras hacen que las personas estén temerosas de no tener lo suficiente; y eso no es lo que Dios quiere. Él no quiere que vivamos con temor a perder lo que tenemos o a estar sin lo que necesitamos. De hecho, creo que actuar como si Dios no supliera nuestras necesidades o no quisiera que tengamos suplidas nuestras necesidades es bastante insultante para Él. Deberíamos elogiarle creyendo que Él es bueno y esperando que Él supla nuestras necesidades según las promesas que hay en su Palabra.

Tener temor a no tener lo que necesitamos es exactamente lo que Satanás quiere. Podemos abrir la puerta a su voluntad mediante el temor, al igual que podemos abrir la puerta a la voluntad de Dios mediante la fe.

A lo largo de mi adolescencia y mis años como joven adulta tuve que ocuparme de mí misma. No podía pedirles nada a mis padres aparte de lo que tuviera que pedirles sin remedio, debido al abuso sexual que estaba experimentando. Si le pedía a mi padre cualquier cosa, siempre se demandaba un "pago" de algún tipo, así que para evitar esa situación, o bien yo proveía para mí misma o me pasaba sin ello. Ese periodo de mi vida me dejó con un temor a no tener lo suficiente, así que cuando sí tenía algo, tenía miedo a utilizarlo por temor a que ya no estuviera ahí en caso de una verdadera emergencia. Podrías decir que yo vivía con un gran temor. Yo tenía temor a no tener nunca lo que necesitara, y aun cuando lo tenía, tenía temor a utilizarlo o a disfrutarlo. Llegar a entender que Dios se deleitaba en proveer para mí y que Él quería que yo disfrutase de lo que Él me daba fue bastante sorprendente para mí, y debo admitir que me tomó algún tiempo ser capaz de desarrollar una nueva mentalidad en esta área.

Recuerda: la mente es el campo de batalla, y a Satanás le encanta poner pensamientos erróneos en nuestra mente, pensamientos que no están de acuerdo con la Palabra de Dios, esperando que meditemos en ellos lo suficiente para que se conviertan en realidad en nuestra vida. Derriba esos pensamientos erróneos y lleva todo pensamiento cautivo a Jesucristo (ver 2 Corintios 10:5). En cambio, piensa en ti mismo como hijo de Dios, una persona que Dios ama y para la que está contento de proveer. Siembra buenas semillas ayudando a otros en necesidad, y di cosas que edifiquen en tu interior la imagen de una persona cuyas necesidades están satisfechas, en lugar de la imagen de alguien que siempre tiene necesidad. La siguiente es una lista de cosas que podrías considerar pensar y decirte a ti mismo:

- Todas mis necesidades son suplidas según las riquezas de Dios en Cristo Jesús (ver Filipenses 4:19).
- Dios me bendice y me hace una bendición para otros (ver Génesis 12:2).
- Doy y me es dado, medida buena, apretada, remecida y rebosando (ver Lucas 6:38).
- Dios suple abundantemente y sin cesar todo para que lo disfrute (ver 1 Timoteo 6:17).
- Sirvo a Dios y Él se deleita en mi prosperidad (ver Salmo 35:27).

Recibimos de Dios según nuestra fe, así que es vital para nosotros desarrollar una mentalidad correcta en el área de la provisión de Dios para nosotros. No te conformes con la carencia en tu vida, sino espera abundancia según la Palabra de Dios.

Piensa en ello

¿Ha desarrollado la necesidad en algún momento en tu vida un temor en ti a nunca tener lo suficiente?

_____

_____

Grandes expectativas

Me gusta el viejo proverbio alemán que dice: "Comienza a tejer y Dios proporcionará el hilo". Asegurarnos de tener confianza en Dios, eliminando cualquier mentalidad "de necesidad" que pudiéramos tener, desarrollando una mentalidad de abundancia, y esperando agresivamente que Dios sea fiel a su naturaleza y supla nuestras necesidades, abre la puerta para que Él obre en nuestras vidas. La Biblia nos enseña que Dios está esperando bendecir a las personas, pero que Él busca a alguien que esté esperando su favor (ver Isaías 30:18).

A veces no esperamos nada; meramente esperamos a ver qué sucede. Otras veces, puede que caigamos en la trampa de esperar ser decepcionados porque hemos sido decepcionados una y otra vez en el pasado y tenemos temor a esperar algo bueno. Debido a los traumas que yo experimenté al principio de mi vida, me volví muy negativa como adulta en mi perspectiva de la vida. Yo siempre esperaba al próximo desastre, y esperaba que estuviera a la vuelta de la esquina. Estoy muy contenta de que Dios me haya enseñado a esperar agresivamente que sucedan cosas buenas en mi vida. Mi vida no carece de desafíos, pero disfruto mucho más de cosas buenas que de cosas malas. Cuando yo esperaba problemas, con frecuencia los tenía, pero ahora que espero lo bueno, con frecuencia obtengo eso. A veces hasta obtengo algo mejor de lo que había esperado porque esa es la forma de ser de Dios. Él nos da mucho más abundantemente de lo que nos atrevemos a esperar, pedir o pensar (ver Efesios 3:20).

Permite que comparta contigo una historia que espero que te aliente a creer que Dios puede hacer por ti más de lo que piensas. Antes de la Guerra Civil, un hombre llamado Edmund McIlhenny dirigía un negocio de sal y azúcar en Avery Island, Louisiana. Una invasión de la Unión en 1863 le obligó a dejar su hogar y su negocio, y cuando regresó en 1865, encontró sus campos de azúcar y sus salinas totalmente destruidos. No le quedaba casi nada, excepto algunos pimientos picantes que seguían creciendo en su patio. McIlhenny comenzó a experimentar con los pimientos, para ver si podía hacer una salsa para añadir sabor a los sosos alimentos que le habían quedado para comer. Su salsa es conocida ahora como Tabasco® y en el año 2008 la salsa, que sigue siendo producida por la familia McIlhenny, celebró su 140 aniversario.

McIlhenny lo perdió todo en la guerra; su vida podría haber quedado arruinada; pero no fue así. Dios tuvo cuidado de él, y Dios tendrá cuidado también de ti si no tiras la toalla.

Comienza a meditar y decir: "Dios suple abundantemente todas mis necesidades. Espero que Él me provea en cada área de mi vida. Él tiene un buen plan para mí y estoy esperando un gran futuro". Mírate a ti mismo como alguien que opera en sabiduría y que tiene las respuestas que son necesarias para tomar decisiones adecuadas en la vida. Mírate a ti mismo como una persona sana que está llena de energía y vitalidad. Cree que eres creativo y que tienes muchas ideas buenas. Espera ser invitado a reuniones sociales y tener muchos amigos, al igual que una amorosa familia. Dios quiere que esperes cosas buenas de Él. Él promete en Jeremías 29:11 que tiene pensamientos y planes con respecto a ti que son de bien y no de mal. Toma su Palabra, y ten grandes expectativas de Él.

Piensa en ello

¿Qué estás esperando?

_____

_____

Dios quiere bendecirte

A algunas personas se les ha enseñado que sufrir y tener necesidad son virtudes en la vida cristiana. Ser capaz de mantener una buena actitud durante momentos de sufrimiento es una virtud y es muy importante, pero el sufrimiento continuo no es voluntad de Dios para nadie. El apóstol Pablo afirmó que él tuvo momentos de necesidad y momentos de abundancia. Todos atravesaremos dificultades en esta vida, pero podemos y deberíamos esperar la liberación de Dios y un regreso a una vida abundante.

Nunca debemos ver a Dios como un dios tacaño que retendría algo que necesitemos. Ciertamente, hay momentos en que no obtenemos lo que queremos cuando lo queremos, pero si eso sucede, Dios tiene una buena razón. Quizá el tiempo no sea el correcto, o no seamos aún lo suficientemente maduros para manejarlo, o quizá Él tenga en mente algo mejor, algo que nosotros no sabemos cómo pedir, pero nunca se debe a que Él no quiera que seamos bendecidos. Ese pensamiento sencillamente no es coherente con quién es Él.

Si tienes dudas o preguntas sobre el hecho de que Dios quiere bendecirte, quiero ayudarte porque quiero que estés de acuerdo con Él en esta área de tu vida. La mejor manera de hacer eso es mostrarte lo que Dios mismo dice. Sus palabras están ungidas para llevar transformación a tus pensamientos y cambiar tu vida, así que échales un vistazo y pídele a Él que las utilice para situarte en un lugar de completa confianza en el deseo de Él de proveer para ti y de bendecirte abundantemente.

- "Recita siempre el libro de la ley y medita en él de día y de noche; cumple con cuidado todo lo que en él está escrito. Así prosperarás y tendrás éxito" Josué 1:8).

- "Dichoso el hombre que no sigue el consejo de los malvados, ni se detiene en la senda de los pecadores. . . sino que en la ley del Señor se deleita, y día y noche medita en ella. . . ¡Todo cuanto hace prospera!" (Salmo 1:1-3).
- "El Señor es mi pastor, nada me falta" (Salmo 23:1).
- "Los leoncillos se debilitan y tienen hambre, pero a los que buscan al Señor nada les falta" (Salmo 34:10).
- "Exaltado sea el Señor, quien se deleita en el bienestar de su siervo" (Salmo 35:27).
- "Bendice a los que temen al Señor, bendice a grandes y pequeños" (Salmo 115:13).
- "¿Y por qué se preocupan por la ropa? Observen cómo crecen los lirios del campo. No trabajan ni hilan. . . Si así viste Dios a la hierba que hoy está en el campo y mañana es arrojada al horno, ¿no hará mucho más por ustedes, gente de poca fe?" (Mateo 6:28-30).
- "El ladrón no viene más que a robar, matar y destruir; yo he venido para que tengan vida, y la tengan en abundancia" (Juan 10:10).

Piensa en ello

¿Cuál de los pasajes de la Escritura en esta sección habla más a tu corazón o parece más apropiado para tu presente?

_____

_____

Te aliento a que lo memorices y medites en él.

Yo aprendí una lección

Conozco de primera mano el poder de la Palabra de Dios y de pasajes como los que he mencionado anteriormente para cambiar por completo nuestro modo de pensar. Al igual que muchas otras personas, yo necesitaba que la Palabra de Dios hiciera una importante obra en mi modo de pensar en el área de las bendiciones y la provisión. Antes de entender el poder de los pensamientos, las palabras y los actos, yo tenía lo que denomino un "espíritu barato". Siempre pagaba lo menos posible por todo lo que compraba. Compraba en las ventas de objetos usados, en tiendas con descuentos, y hasta buscaba en la "cesta de latas con abolladuras" en el supermercado, esperando agarrar rebajas y buenas ofertas. Compraba pan del día anterior y marcas genéricas. Podrías estar pensando: "Entonces eras frugal. ¿Qué hay de malo en eso?". La respuesta es: absolutamente nada. El problema es que yo iba más allá de la frugalidad. Me veía a mí misma como alguien que nunca podía permitirse las cosas buenas. Vivía con el temor a que si gastaba el dinero que tenía, se nos acabaría y no tendríamos suficiente.

Mi esposo, por otro lado, veía la situación desde el punto de vista totalmente opuesto. Él no gastaba dinero que no tenía, pero si lo tenía, ciertamente no tenía temor a comprar lo que necesitaba, y siempre creía en obtener la mejor calidad que pudiera permitirse en lugar de lo más barato que pudiera encontrar. Teníamos muchas discusiones sobre este tema en particular, y un día, mientras él estaba frustrado conmigo, dijo: "Dios nunca va a poder bendecirnos realmente hasta que te libres de esta actitud barata". Lo que él dijo me hizo enojar, ¡pero tenía razón! Dios no puede darnos abundancia si no hay visión de ella.

En otra ocasión, tuvimos una experiencia que me enseñó otra valiosa lección. Necesitábamos un auto nuevo. Yo quería cierto tipo, pero cuando fuimos a la tienda tuve temor a comprar lo que realmente quería. En cambio, dije que sentía que deberíamos comprar un modelo más barato. Dave tenía la fuerte sensación de que yo debería tener el auto que realmente quería, porque podíamos permitírnoslo. Yo razoné que, aunque pudiéramos permitírnoslo, nos quedaría más dinero sobrante cada mes si yo me conformaba con el auto que no me gustaba tanto como el otro, y que podía sobrellevarlo.

El pago por el auto que yo realmente quería era de unos cincuenta dólares más al mes que el del otro con que yo me habría conformado, y finalmente Dave venció y compramos el modelo más caro. Me encantaba el auto, y me sentía muy bien al conducirlo. Para sorpresa mía, unas dos semanas después de haberlo comprado, recibí un aumento de sueldo inesperado, y lo que quedó después de impuestos fue casi exactamente cincuenta dólares mensuales.

La actitud "barata" que describí en esta historia afectaba a cada área de mi vida. Yo pensaba del modo en que lo hice en la tienda de autos todo el tiempo, razonando constantemente y convenciéndome a mí misma para comprar o tomar menos de lo que yo quería y podía permitirme. El resultado era que siempre me sentía privada, pero en realidad, yo me estaba privando a mí misma. Creo que Dios usó esa situación para ayudarme a romper mi patrón de pensamiento malsano. Ahora creo firmemente que si me hubiera conformado con el que yo pensaba que podía conformarme, nunca hubiera recibido ese aumento de sueldo. Muchas veces, Dios quiere darnos uno de los deseos de nuestro corazón y no puede hacerlo porque nosotros nos negamos a tenerlo. Creemos que es demasiado bueno para nosotros, o intentamos con tanta fuerza ocuparnos de nuestro propio futuro que vivimos con temor y no utilizamos lo que Dios nos ha dado para disfrutarlo en el presente.

Permíteme ser clara: no estoy sugiriendo que buscar una oferta sea algo malo, o que ir a una venta de objetos usados signifique que tengo una actitud barata. Me gusta una buena oferta tanto como a cualquiera, pero ya no permito que eso gobierne todas mis compras. Tengo una buena amiga que va a tiendas de reventa como pasatiempo. Ella y su mamá pasan la mayor parte del día yendo de lugar a lugar, y las ofertas que obtienen me sorprenden. Ellas lo pasan bien y se divierten, y no van por temor, como hacía yo.

También quiero ser clara en que no estoy sugiriendo que las personas gasten el dinero que no tienen o se metan en deudas para comprar cosas que no pueden permitirse. Con respecto a nuestras finanzas, siempre deberíamos ahorrar algo, dar algo, y gastar algo. Nunca gastes todo lo que tienes, pero no tengas temor a gastar lo que necesites para tener algunas cosas que disfrutarás. Ora en cuanto a compras importantes, y si tienes el dinero y crees que Dios aprueba el producto que planeas comprar, entonces hazlo sin temor y sin sentirte culpable.

Insto encarecidamente a cualquiera que tenga el mismo problema que yo tenía a comenzar a verse a sí mismo de una nueva manera. Tú eres valioso y deberías tener cosas bonitas. Dios quiere bendecirte, pero necesitas una sana autoimagen. Mírate a ti mismo con tus necesidades suplidas; di que Dios las suple; y prepárate para llegar a un nuevo nivel de abundancia en tu vida.

Piensa en ello

¿Tienes una "actitud barata"?

_____

_____

¿Cómo puedes comenzar a desarrollar una mentalidad de abundancia?

_____

_____

Está equipado para satisfacer necesidades

Cuando hablo de prosperidad, me gusta decir que necesitamos tener "prosperidad con propósito". Como escribí en el pensamiento de poder 5, Dios nos bendice para que podamos bendecir a otros. Él no quiere que estemos necesitados; Él quiere que estemos equipados para ayudar a personas que tienen necesidad, y no podemos hacer eso si lo único que experimentamos es carencia. Cuando no tenemos lo suficiente para satisfacer nuestras propias necesidades y las necesidades de nuestra familia o de otras personas de quienes seamos responsables, entonces es muy difícil ayudar a otras personas con necesidad. Esta es una razón por la cual Dios promete proveer para nosotros y hacerlo abundantemente.

Para ayudar a otras personas necesitamos fortaleza, buena salud, y claridad mental. Necesitamos dinero para ayudar a personas que estén batallando económicamente; necesitamos ropa para poder compartir con personas que la necesiten. En 2 Corintios 9:8, Pablo nos enseña que "Y Dios puede hacer que toda gracia abunde para ustedes, de manera que siempre, en toda circunstancia, tengan todo lo necesario, y toda buena obra abunde en ustedes". Los siguientes versículos dicen que Dios da semilla a una persona que esté dispuesta a sembrar (ver 2 Corintios 9:9, 10). Eso significa que si estás dispuesto a compartir con otros y suplir sus necesidades, Dios no sólo suplirá tus propias necesidades, sino que te dará en abundancia para que siempre puedas dar.

Te aliento a desarrollar la mentalidad de que eres un dador generoso. Busca maneras de dar y personas necesitadas a las que puedas dar. Cuanto más alcances a otros, más feliz serás. Jesús dijo que siempre tendríamos a los pobres con nosotros (ver Mateo 26:11), y la Biblia tiene más de dos mil pasajes que tratan de nuestra responsabilidad con los pobres y los necesitados. Estudia lo que la Biblia dice sobre la provisión de Dios, y mírate a ti mismo como alguien que suple necesidades en lugar de ser quien tiene necesidad.

Vive con una actitud de expectativa. El rey David dijo: "Pero de una cosa estoy seguro: he de ver la bondad del Señor en esta tierra de los vivientes" (Salmo 27:13). Vivir con expectativa no es lo mismo que vivir con un sentimiento de tener derecho, lo cual es una actitud de que nos merecemos todo sin hacer nada. No nos merecemos nada de Dios, pero, en su misericordia, Él quiere que vivamos con una expectativa santa para poder recibir lo mejor que Él tiene.

Espera ofertas, pero no te conformes con algo que realmente no te gusta sólo por conseguirlo por menos dinero si puedes pagar un poco más y obtener lo que verdaderamente deseas. El siguiente es un ejemplo: puedo recordar ir a comprar un par de zapatos, encontrando los que de verdad me gustaba en la primera tienda, pero debido a que no tenía rebaja me pasé varias horas más yendo de tienda en tienda tratando de encontrarlos más baratos. Cuando finalmente vi lo que estaba haciendo, me resultó obvio que mi actitud era necia, porque aunque encontrase algunos zapatos por menos dinero, ya había gastado lo que habría ahorrado en tiempo y en dinero para gasolina buscando lo que yo percibía como una oferta. No sólo eso, sino que rara vez me gustaban más que el primer par, y terminé sintiéndome privada. Aunque hayas tenido necesidad toda tu vida, eso puede cambiar si haces tu parte. Tu parte es obedecer a Dios, sembrar buenas semillas, tener una visión de abundancia y pensar y decir cosas correctas que estén de acuerdo con la Palabra de Dios; y ser persistente. Haz lo que tengas que hacer en este momento porque no puedas gastar lo que no tienes, pero no creas que estás atascado para siempre.

Creo que esta es un área importante, y una en la que Satanás lucha duro para mantener a las personas engañadas. Él quiere que nos sintamos privados porque eso al final produce lástima de uno mismo, celos, envidia, y un sentimiento general de descontento. Debes estar preparado para ser persistente en desarrollar una nueva mentalidad en esta área. Medita y confiesa: "Dios suple todas mis necesidades abundantemente". A medida que continúes haciéndolo, desarrollarás una sana mentalidad que te capacitará para prosperar en todas las áreas.

Quiero concluir este capítulo con un pasaje de la Escritura para que medites en él, uno que comunica de manera clara y poderosa lo que Dios quiere que hagas. Te insto a que lo leas y lo veas como un mensaje personal de Dios para ti. Deja que penetre en tu corazón y cambie tu modo de pensar. Si puedes desarrollar una mentalidad basada en las verdades de este versículo, te encontrarás a ti mismo más bendecido de lo que nunca pensaste que fuera posible.

> Por eso el Señor los espera, para tenerles
> piedad; por eso se levanta para mostrarles
> compasión. Porque el Señor es un Dios de
> justicia. ¡Dichosos todos los que en él esperan!
> (*Isaías 30:18*)

Piensa en ello

¿Crees que Dios te bendecirá y te hará una bendición para otros? ¿Qué tienes en este momento que puedas compartir con alguien que tenga necesidad?

_____

_____

Paquete de Poder

"Así que mi Dios les proveerá de
todo lo que necesiten,
conforme a las gloriosas riquezas
que tiene en Cristo Jesús".
Filipenses 4:19

"Exaltado sea el Señor, quien se deleita
en el bienestar de su siervo".
Salmo 35:27

"Y Dios puede hacer que toda gracia abunde
para ustedes, de manera que siempre, en
toda circunstancia, tengan todo lo necesario,
y toda buena obra abunde en ustedes".
2 Corintios 9:8

"Haré de ti una nación grande,
y te bendeciré; haré famoso tu nombre,
y serás una bendición".
Génesis 12:2

Busco la paz con Dios, conmigo mismo, y con otros.

"Que se aparte del mal y haga el bien;
que busque la paz y la siga".
Salmo 34:14

Un legado de paz

Estar en paz con Dios comienza con reconocer que somos pecadores con necesidad de un Salvador y pedirle que nos perdone. Necesitamos simplemente creer que Jesús murió por nuestros pecados, se convirtió en nuestro sustituto, y llevó el castigo que nosotros merecíamos, y entonces recibirle a Él en nuestro corazón. Estar dispuestos a alejarnos de un estilo de vida de pecado y aprender a vivir de la manera en que Dios nos pide.

La paz con Dios se mantiene al no intentar nunca ocultar el pecado. Siempre debemos estar limpios delante de Dios y mantener una buena comunicación abierta entre nosotros y Él. Cuando cometemos errores, nunca deberíamos apartarnos de Él, sino que deberíamos acercarnos porque solamente

Él puede restaurarnos. Arrepentirse significa dar la espalda al pecado y regresar a las alturas. Dios no está sorprendido por nuestras debilidades y fallos; en realidad, Él sabía de los errores que cometeríamos antes de cometerlos. Lo único que necesitamos es admitirlos y Él es fiel para perdonarnos continuamente de todo pecado (ver 1 Juan 1:9).

Para estar en paz con Dios debemos intentar obedecerlo con todo lo que podamos. No llegaremos a la perfección mientras estemos en cuerpos de carne, pero podemos tener un corazón perfecto hacia Dios y hacer todo lo que podamos cada día para agradarle. A mí me gusta decir: "Haz todo lo que puedas y Dios hará el resto".

Piensa en ello

¿Estás en paz con Dios?

_____

_____

¿Estás preparado para tomar un atajo?

Yo cometo errores cada día, pero no lo hago a propósito. No estoy donde necesito estar, pero gracias a Dios que no estoy donde solía estar. Estoy creciendo y viendo buenos cambios todo el tiempo. Me tomó muchos años poder hacer esta afirmación. Espero poder ayudarte a tomar un atajo que yo no sabía que existía.

Por demasiado tiempo me concentré en lo que estaba mal en mí, y finalmente aprendí que enfocarme en mis faltas sólo hacía que aumentaran. Tuve que aprender a enfocarme en Jesús y en lo que Él había hecho por mí, y tuve que creer verdaderamente que Él me amaba incondicionalmente, y sabía que Él tendría que perdonarme continuamente cuando me atrajo a una relación con Él mismo. Nos iría mucho mejor en nuestras relaciones personales si entendiéramos que, de vez en cuando, tendremos que perdonar; podemos planear perdonar de antemano en lugar de esperar la perfección y estar siempre decepcionados cuando no la conseguimos. Eso nos capacitaría para no presionar a otros, ¡al igual que Dios nunca nos presiona! Cuando me siento presionada es de Satanás, no de Dios. Dios nos conduce, nos guía, nos insta y nos impulsa, pero nunca nos presiona.

Si tienes una sana relación contigo mismo, puedes tomar un atajo y evitar años de agonía que son totalmente inútiles. Recuerdo el día en que Dios susurró a mi corazón y dijo: "Joyce, está bien que tengas debilidades". Mira, yo intentaba con mucha fuerza ser fuerte en cada área, y estaba constantemente frustrada porque estaba tratando de hacer algo que yo no podía hacer. La intención de Dios era, sin duda, no decirme que yo podía hacer cualquier cosa que me apeteciera y que no importaba. Él simplemente me estaba mostrando que si yo hacía todo lo posible y aún así manifestaba debilidad (lo cual siempre me pasaba), Él lo sabía todo al respecto y lo entendía, y yo no tenía que tener temor. Pablo dijo que él era fuerte en el Señor, pero también dijo que era débil en Él (ver 2 Corintios 13:4). Seamos débiles o fuertes, seguimos estando en Cristo, y nada cambia eso. Él no nos recibe y después nos rechaza cada vez que manifestamos debilidad. Si puedes entender esto, te ayudará no sólo a acelerar tu viaje en Dios, sino que también podrás disfrutarlo más.

No tengas expectativas irrealistas de ti mismo o de otros. Yo he descubierto con los años que lo que yo espero de mí misma es lo que normalmente espero también de las personas. En otras palabras, si recibo la misericordia de Dios, entonces podré dar misericordia a otros, pero si estoy demandando y nunca estoy satisfecha conmigo misma, será lo mismo con los demás. El modo en que nos tratemos a nosotros mismos es con frecuencia el modo en que tratamos a los demás. Creo que necesitamos aprender a ser buenos con nosotros mismos y, sin embargo, no estar centrados en nosotros. Deberíamos respetarnos y valorarnos; deberíamos saber en lo que somos buenos y en lo que no lo somos, y entender que la fortaleza de Dios se perfecciona en nuestras debilidades (ver 2 Corintios 12:9). Nos estresamos por nuestros fallos; sin embargo, todo el mundo los tiene. Si no tuviéramos fallos, no necesitaríamos a Jesús.

Puedes disfrutar de paz contigo mismo, pero tendrás que buscarla. Toma la decisión de que, ya que estás contigo todo el tiempo, deberías gustarte a ti mismo. Dios te creó y Él no hace basura, así que comienza a ver tus fortalezas y deja de mirar fijamente tus debilidades.

Yo creo que mucho estrés interno encuentra una vía de escape y se convierte en estrés externo. En otras palabras, si estamos molestos internamente, es mucho más probable que nos mostremos molestos cuando nuestras circunstancias externas sean problemáticas. Si no te gustas a ti mismo, no te gustará mucho de ninguna cosa. Si podemos relajarnos en cuanto a nosotros mismos, entonces podemos normalmente relajarnos más en cuanto a la vida en general. Todos tenemos una relación con nosotros mismos. ¡Es importante que te preguntes qué tipo de relación tienes contigo! ¿Te gusta pasar tiempo *a solas*? ¿Puedes manejar estar contigo mismo, o siempre necesitas que haya personas y ruido para distraerte del modo en que te sientes por dentro? ¿Puedes perdonarte a ti mismo (recibir el perdón de Dios) cuando cometes errores? ¿Eres paciente contigo mismo mientras Dios te está cambiando? ¿Cuánto tiempo desperdicias sintiéndote culpable y condenado por cosas del pasado? ¿Te comparas a ti mismo con otras personas y batallas tratando de ser como ellas? ¿Sientes la necesidad de competir con otros y tratar de ser bueno en lo que ellos son buenos?

¿Permites que los estándares del mundo en cuanto a aspecto e imagen corporal se conviertan en tu estándar? ¿O puedes libremente ser el precioso individuo que Dios te creó?

Solamente cuando nos hagamos esas preguntas y las respondamos sinceramente, podremos comenzar a entender qué tipo de relación tenemos con nosotros mismos.

Comienza a meditar en este pensamiento de poder: "Busco la paz con Dios, conmigo, y con otros".

Piensa en ello

¿Estás en paz contigo mismo?

_____

_____

Relaciones libres de estrés

¿Existen las relaciones totalmente libres de estrés? Lo dudo, pero hay, sin duda alguna, pasos que podemos dar que mejorarán todas nuestras relaciones y nos permitirán estar en paz con otros. Quiero compartir cuatro pasos contigo que creo que te ayudarán a alcanzar la meta de disfrutar de paz con la gente.

Paso 1

Desarrolla y mantén paz con Dios y paz contigo mismo. Entonces, y sólo entonces, comenzarás a desarrollar una mentalidad que te permita tener paz con todo tipo de personas. La mayoría de nosotros podemos tener paz con personas que se comportan del modo en que queremos, pero estoy segura de que eres consciente de que no muchas de esas personas están en nuestras vidas. Parece que Dios me rodea a propósito de personas que no son en nada lo que a mí me gustaría escoger. Además, ¡me parece que Él se deleita en hacerlo!

Con frecuencia nos casamos con personas que son lo contrario a nosotros, y entonces pasamos años intentando cambiarlas, lo cual nunca funciona y sólo nos frustra. De igual modo, escogemos amigos que no son como nosotros y después batallamos con ellos. Le decimos a Dios que queremos amar a todos, pero cuando Él nos rodea de todo tipo de personas, queremos que Él haga que quienes nos frustran desaparezcan, o queremos que Él los cambie como a nosotros nos gustaría que fuesen.

Si podemos arreglárnoslas para tener expectativas equilibradas, podemos aumentar nuestra paz con la gente, así que el primer paso es asegurarte de no tener expectativas irrealistas.

Paso 2

No esperes que las personas sean perfectas, porque no lo serán. La gente que tiene tendencias perfeccionistas tiene una verdadera batalla en esta área. Parece que la única manera en que pueden estar satisfechas con nada —incluyéndose a ellos mismos— es cuando todas las cosas son perfectas. ¿Cuándo fue la última vez que todo fue perfecto en tu vida? Obviamente, esas personas están destinadas a estar frustradas y descontentas la mayor parte del tiempo. No pases tu vida intentando hacer posible lo imposible. ¡Las personas tienen fallos y no hay manera de evitarlos! Sin importar con quién te relaciones, habrá momentos en que te defraudarán, así que planea perdonar frecuentemente.

Piensa en ello

¿Tienes expectativas irrealistas y terminas siendo defraudado debido a ello?

_____

_____

Las personas disfrutarán de tu compañía mucho más si no las presionas a que sean algo que no pueden ser. Me gusta estar con personas que me conocen, y me quieren a pesar de todo. Dicen que el amor es ciego, y yo lo creo hasta cierto grado. Mi esposo realmente piensa que algunas de mis debilidades son bonitas. Por ejemplo, yo puedo ser un poco antipática a veces, y en lugar de molestarse conmigo, él normalmente sólo dice: "Ahí está ese fuego por el que me casé contigo". En otras palabras, mi naturaleza agresiva fue una de las cosas que le atrajo hacia mí, así que, ¿por qué molestarse por ello ahora? Recientemente, él me regaló una tarjeta el día de San Valentín que tenía música. Cuando la abrí, Johnny Cash estaba cantando: "Me caí en un anillo de fuego ardiendo". ¡Los dos nos reímos mucho!

Como la mayoría de los hombres, Dave casi nunca se equivoca, y por años yo pensé que mi misión en la vida era hacer que él admitiese que estaba equivocado. Ahora, realmente nos reímos al respecto. Él sabe, y yo también, que es imposible que alguien tenga la razón siempre. Su tendencia a no admitir sus errores es sólo una de sus "cosas"; parece ser "cosa de hombres". Por lo que mis amigas me dicen, sus esposos son igual. Yo tengo muchas "cosas" propias que tratar, y lo mismo sucede a todos los demás. Entonces, ¿por qué no relajarse y ser menos exigente, demandando algo que probablemente no vayamos a obtener?

Dave es un excelente conductor, pero es bastante impaciente con otras personas que cometen errores mientras conducen, especialmente yo. Si trato de conducir y él va conmigo, ya me ha corregido tres veces antes de que salgamos a la autopista. Por años, yo me molestaba por eso, y causaba muchas discusiones y viajes desagradables.

Ahora, sencillamente no conduzco cuando él está conmigo a menos que no tenga otra opción. Dave siempre me asegura que sólo intenta ayudarme, y yo le aseguro que me las arreglo para llegar a los sitios todo el tiempo sin su "ayuda". Estoy segura de que reconoces la conversación, pero la buena noticia es que aunque yo preferiría que él no lo hiciera, no dejo que eso me robe la paz porque sé que es su forma de ser, y probablemente no cambiará. Es una de sus "cosas". Pero, como dije, yo también tengo muchas "cosas" propias.

Si has de tener paz, tendrás que buscarla. No te caerá como las cerezas maduras que se caen del árbol. Tienes que ser "pacífico a propósito".

Paso 3

No esperes que todo el mundo sea como tú. . . porque no lo son. Descubrir que cada uno nace con un temperamento que le es dado por Dios, y que todos somos diferentes de modo único, fue bastante revelador para mí. Hasta entonces, yo sencillamente esperaba que todos pensaran y actuaran como yo. Ahora, sé que eso suena bastante arrogante, pero sencillamente así era. Recuerdo claramente leer dos libros diferentes sobre tipos de personalidad y descubrir que nuestra personalidad es una combinación de nuestro temperamento que recibimos al nacer y los acontecimientos de nuestra vida. Por ejemplo, a mí se me dio un temperamento que es decisivo, fuerte y claro. Tengo cualidades de liderazgo, quiero estar a cargo, tomo decisiones con rapidez, soy impaciente, y siempre tengo opiniones definidas sobre lo que quiero hacer.

Cuando me casé con Dave, no podía imaginar qué andaba mal en él porque él es más tranquilo, toma más tiempo para tomar decisiones, es muy paciente, no necesita estar a cargo, se satisface con facilidad, y muchas cosas sencillamente no le importan. Sin entender que él estaba formado por Dios para ser del modo en que era, yo seguía tratando de hacer que cambiase y que fuese más parecido a mí. Naturalmente, mi actitud causaba muchos problemas para nosotros. Él se sentía presionado y yo estaba enojada la mayor parte del tiempo. Dios me había dado exactamente lo que yo necesitaba, pero yo no lo sabía. Dave era fuerte donde yo era débil, y yo era fuerte donde él era débil, así que los dos formábamos un gran equipo. Pero hasta que yo dejé de intentar cambiarle y que fuese lo que yo creía que debería ser, los dos nos sentíamos desgraciados.

Somos lo que somos, y aunque Dios sigue refinándonos para ayudarnos a ser mejor, ¡seguimos siendo nosotros! El día en que entendí que necesitaba aceptar y apreciar a Dave tal como era cambió la atmósfera totalmente en nuestro hogar y en la relación.

Yo trato literalmente con miles de personas, y si no hubiera aprendido que todos somos diferentes, creo que a estas alturas me habría vuelto loca. Como poco, habría estado frustrada toda mi vida y habría tenido éxito al hacer que la mayoría de personas en mi mundo se sintieran rechazadas por mí.

Te recomiendo encarecidamente que te preguntes cuán bueno eres para aceptar a las personas "tal como son". Desde luego, todos necesitamos cambiar y mejorar en ciertas áreas, pero la verdad es que sólo Dios puede cambiar a las personas desde el interior. Cuando tratamos de cambiarnos unos a otros, sencillamente nunca funciona bien. Aun si alguien intenta cambiar porque yo esté insistiendo en que lo haga, terminará resentido conmigo y sintiéndose presionado. La mejor política es ver las fortalezas que las personas tienen y el beneficio que son para ti, y dejar el resto a Dios. Entender que todos tenemos debilidades también es útil. ¡Sencillamente no hay personas perfectas! Aprendamos a celebrar nuestras diferencias en lugar de permitir que sean un punto de desacuerdo y de rechazo.

Nosotros tenemos cuatro hijos, y todos son diferentes. Cada uno tiene cosas que me encantan y cosas que fácilmente podría pasarme sin ellas, pero todos son maravillosos. Yo solía pensar que quería que todos fuesen como yo hasta que tuve dos hijos que son igual que yo. Entonces entendí que eso también causa tensión. Los tres queremos ser el jefe, y como sabemos, eso tampoco funciona. Todos en nuestra familia son muy testarudos, y todos tendemos a creer que tenemos razón, así que eso puede añadir un poco más de tensión. En otras palabras, nuestra familia es como cualquier otra, y aun así nos llevamos muy bien, no porque sea fácil sino porque hemos decidido hacerlo. Tú puedes hacer lo mismo, pero tendrás que aceptar a cada persona como individuo diseñado específicamente por Dios, y debes darle la libertad de ser quien es. Sin eso, la paz con las personas está cerca de lo imposible.

Paso 4

Sé un alentador, y no un desalentador. A todo el mundo le encanta estar con personas que celebren y observen sus fortalezas y escojan pasar por alto sus debilidades. A todos nos encanta ser alentados y que nos hagan sentirnos bien con nosotros mismos, y aborrecemos estar con personas negativas y desalentadoras que tienden a encontrarle falta a todo.

Yo solía ser ese tipo de persona que quería al menos mencionar cosas que veía como fallos o errores. Me enorgullecía de pensar que era lo bastante generosa para perdonar, pero quería asegurarme de que la gente al menos supiera lo que yo les estaba perdonando. Por ejemplo, yo podría decirle a Dave: "Apagué la luz de tu armario otra vez". En realidad, yo seguía siendo desalentadora al recordarle que él no había hecho lo que yo quería que hiciera y que yo había tenido que hacerlo por él. Yo no había aprendido que la mejor política era simplemente no decir nada a menos que fuera realmente necesario. Es mejor sólo apagar la luz y esperar que alguien haga lo mismo por mí cuando yo la dejo encendida. Entiendo que necesitamos enseñar a nuestros hijos a hacer las cosas de ciertas maneras, y no estoy sugiriendo que toda la enseñanza sea desalentadora, pero cuando la enseñanza se vuelve crítica, hemos cruzado una línea que se convierte en un problema en las relaciones. El espíritu de una persona puede ser quebrantado o dañado por mencionar excesivamente las faltas.

Cuanto más alentamos a las personas, mejor se comportan. De hecho, los elogios en realidad ayudan a las personas a rendir mejor, mientras que la crítica les hace comportarse peor. Escoge a una persona con la que te gustaría tener una mejor relación y comienza a alentarla y elogiarla agresivamente. Creo que te sorprenderá lo mucho mejor que esa persona te responde. Tu primera preocupación debiera ser: "Si paso por alto sus faltas, ¿acaso no se aprovechará de mí?". Eso, desde luego, puede ocurrir, pero normalmente no ocurre. Lo que frecuentemente ocurre es que la persona que está siendo alentada tiene un cambio de corazón y trabaja más para agradarte que nunca antes. Ahora lo hace porque escoge hacerlo, y no porque tú estés intentando forzarlo.

Ser alentador es parte de ser una persona más positiva. Ten cuidado de tus pensamientos sobre las personas. Si pensamos pensamientos poco halagadores o desalentadores, normalmente se escaparán por nuestra boca. Busquemos y agrandemos lo bueno en cada persona. La Biblia nos enseña a hacer a los demás lo que queremos que ellos nos hagan a nosotros, así que lo único que necesitamos hacer es pensar en lo que queremos y comenzar a darlo. ¡Si quieres ser alentado, entonces sé alentador!

Paz – Paz – Paz

Yo he llegado al punto en que no creo que la vida realmente valga la pena vivirla sin paz, y eso me impulsa a buscar la paz en todas las áreas. Pasé muchos años frustrada y batallando en mi relación con Dios, conmigo misma y con otras personas, y me niego a vivir así nunca más. Para que las cosas cambien en nuestra vida, debemos orar pero también debemos estar dispuestos a cambiar. No podemos esperar que todas las personas y todo lo que nos rodea cambie para que podamos estar cómodos mientras nosotros somos pasivos y no hacemos nada.

La Biblia dice que si queremos vivir en armonía con otros, debemos adaptarnos a personas y a cosas. Puedo asegurarte que yo no tenía ningún interés en adaptarme a nada ni a nadie. Yo quería que ellos se adaptasen a mí, pero en mi orgullo ni siquiera consideraba que yo necesitara cambiar, así que mi vida y mis relaciones permanecían alborotadas. Después de muchos años, finalmente estuve dispuesta a hacer cualquier cosa que "yo" tuviera que hacer para tener paz, y aprendí que adaptarme estaba en primer lugar en la lista de Dios para mí. He descubierto que salirme con la mía todo el tiempo no es realmente tan importante como antes pensaba que era. Ahora, realmente disfruto de la libertad de no tener que salirme con la mía. Sí, he dicho *la libertad de no tener que salirme con la mía*. Mi carne puede que se sienta incómoda por un tiempo mientras me adapto a alguien o a algo y no es realmente lo que "yo" quería, pero me siento estupendamente en mi interior porque sé que he seguido la ley del amor y he hecho mi parte para buscar la paz.

Adaptarse a otros no significa que dejemos que nos controlen o que nos convirtamos en un felpudo para que el mundo nos pisotee. Hay momentos en que necesitamos permanecer firmes a pesar de quién se moleste, pero también hay momentos en la vida en que hacemos montañas de granos de arena, y renunciamos a nuestra paz por cosas que no tienen importancia. ¿Harás un compromiso de ser un pacificador y mantener la paz? ¿Examinarás todas tus relaciones —con Dios, contigo mismo, y con otros— y harás todo lo que puedas por vivir en paz?

Para mí, el punto más importante en esta sección es que debemos *buscar* la paz. La mayoría de las personas quieren paz, pero no hacen lo que necesitan hacer para obtenerla. El primer paso es tener una mentalidad de que vas a buscar paz con Dios, contigo y con otros. A medida que meditas en este pensamiento de poder y lo pronuncias una y otra vez, descubrirás que cada vez estás más insatisfecho con el alboroto. ¡Buscarás la paz! Piensa en ello. ¿Qué puedes hacer para llevar más paz a tus relaciones?

Paquete de Poder

". . .que se aparte del mal y haga el bien;
que busque la paz y la siga".
Salmo 34:14

"Yo les he dicho estas cosas para que en mí
hallen paz. En este mundo afrontarán aflicciones,
pero ¡anímense! Yo he vencido al mundo".
Juan 16:33

"Si es posible, y en cuanto dependa de
ustedes, vivan en paz con todos".
Romanos 12:18

10

Vivo en el presente y disfruto de cada momento.

"Éste es el día en que el Señor actuó;
regocijémonos y alegrémonos en él".
Salmo 118:24

Hay un dicho que me encanta y que dice: *Ayer es historia. Mañana es un misterio. Hoy es un regalo; por eso se le llama presente.* Necesitamos disfrutar de cada momento de nuestras vidas y permanecer enfocados en el presente. No podemos vivir en el pasado o mirar demasiado lejos al futuro, sino que necesitamos entender que el momento presente es el regalo de Dios para nosotros *ahora mismo*, así que necesitamos vivirlo plenamente y disfrutarlo.

Una amiga mía no se casó hasta los cuarenta y cinco años de edad. Su matrimonio era tan maravilloso y satisfactorio para ella que con frecuencia decía que su esposo era el regalo de Dios para ella. Un día, su esposo fue al hospital para una cirugía rutinaria, pero debido a una infección inesperada, nunca regresó a casa. Su muerte fue una terrible conmoción y un devastador desengaño, pero ella está muy contenta de haber disfrutado plenamente a su esposo durante los años que estuvieron juntos. Yo estoy muy contenta de que ella no esté viviendo con el dolor de su pérdida más una gran cantidad de lamentos. Con demasiada frecuencia, las personas están tan ocupadas que dejan a un lado disfrutar de su familia y de sus amigos, y cuando es demasiado tarde, lamentan no haber hecho mejores elecciones.

La única manera de evitar el lamento es hacer buenas elecciones y disfrutar del presente. Cada momento es un regalo de Dios. Yo hago un esfuerzo por enfocarme y disfrutar en cada momento de mi vida, pero hacerlo ha sido un largo y difícil viaje para mí. Realmente he tenido que trabajar duro en ello porque a mí me gusta planear, y si no tengo cuidado, me encuentro a mí misma planeando lo siguiente mientras estoy haciendo lo presente, lo cual, desde luego, me roba el momento presente. Aunque estar enfocada es una cosa buena, yo también puedo fácilmente enfocarme tanto en mi trabajo que no disfrute de la magia del momento. Por ejemplo, yo normalmente trabajaba mientras mis hijos eran pequeños, y me resultaba difícil hasta tomar un momento para detenerme y disfrutar de las cosas bonitas que ellos decían o hacían. Me perdí muchos de esos momentos que nunca regresarán. Deberíamos celebrar la vida y a las personas que Dios ha puesto en nuestro camino. La vida es para disfrutarla, no para aborrecerla o lamentarla.

Aunque me crié en un hogar disfuncional donde ciertamente no disfrutábamos de la vida, me convertí en una adicta al trabajo y trataba de encontrar mi dignidad y mi valor en *lo que hacía*, en lugar de en *quién era yo*. Debido a que mis padres parecían estar más agradados conmigo cuando yo estaba haciendo algo y siendo productiva que cuando no lo estaba, yo pensaba que Dios también se agradaba más de mí cuando yo estaba haciendo y produciendo.

La atmósfera en mi hogar cuando me criaba era muy

intensa, y experimenté mucho temor. No llegué a tener mucha diversión en mi niñez, y cuando tenía veintitantos años, no podía recordar haber sido verdaderamente feliz *nunca* o estar completamente relajada. Debido al abuso, me robaron mi niñez. Me volví adulta, pero no hubo ninguna niña en mí, ninguna semejanza a niñez en mí en absoluto; y eso no es sano. Todo adulto sano necesita tener un niño sano en su interior. Necesitamos saber cómo orar y ser responsables, pero también necesitamos saber cómo jugar y disfrutar. Nunca deberíamos pasar por alto una oportunidad de reír porque es como medicina. Nos ayuda de muchas maneras, incluyendo nuestra salud física. Y ser alegres y desenfadados hace que hasta nuestro trabajo sea más placentero y satisfactorio.

Este pensamiento de poder —vivo en el presente y disfruto cada momento— puede transformar tu vida, porque si realmente permites que cambie tu modo de pensar, comenzarás a disfrutar de tu vida de maneras totalmente nuevas. Aun si te consideras una persona "seria", muy enfocada o muy responsable, deberías tomar tiempo para disfrutar de lo que estés haciendo. Nunca estés demasiado ocupado para disfrutar de cada aspecto de tu vida.

Piensa en ello

¿Cuánto realmente disfrutas y vives en el momento presente?

Mucho _____

Un poco _____

No mucho _____

¿Cuánto disfrutas de las personas que hay en tu vida?

_____

_____

Dios quiere que disfrutes tu vida

¿Crees que Dios quiere que disfrutes tu vida? Desde luego que quiere. De hecho, parte de la voluntad de Dios para ti es que disfrutes cada momento de ella. ¿Cómo puedo estar tan segura? Porque su Palabra lo dice en muchos lugares. El rey Salomón, que es considerado un hombre que fue muy sabio, escribió en Eclesiastés 2:24: "Nada hay mejor para el hombre que comer y beber, y llegar a disfrutar de sus afanes. He visto que también esto proviene de Dios". Salomón dijo que te empujes a disfrutar de lo bueno de tu labor. Eso suena como si fuera algo que debemos hacer como un acto de nuestra voluntad. No significa que toda la vida se convierta en una gran fiesta o en unas vacaciones, pero sí significa que mediante el poder de Dios podemos aprender a disfrutar todo en la vida, aun las cosas que otros considerarían normales o aburridas. Creo que muchas personas tienen la mentalidad de simplemente intentar "soportar" largas partes de su vida, pero creo que es trágico vivir y no disfrutar cada momento. Admito que algunas cosas son más agradables para nuestras emociones que otras, pero podemos aprender a disfrutar de la presencia de Dios en todo lo que hacemos. Intenta recordarte a ti mismo a lo largo del día que Dios está contigo, y que el momento que tienes es un regalo de Él.

Yo batallaba con todo el concepto de disfrutar de la vida hasta que hice un estudio sobre lo que el Señor tiene que decir al respecto, y ahora sé que es su voluntad y algo a lo que no sólo tengo derecho, sino que realmente necesito. Necesito disfrutar la vida por mí misma, pero también por Jesús, quien pagó un precio muy alto para que yo pudiera hacerlo.

Jesús mismo, cuando dijo por qué había venido a la

tierra, afirmó: "Yo he venido para que tengan vida, y la tengan en abundancia" (Juan 10:10). Él también dijo: "Les he dicho esto para que tengan mi alegría y así su alegría sea completa" (Juan 15:11), y: "Hasta ahora no han pedido nada en mi nombre. Pidan y recibirán, para que su alegría sea completa" (Juan 16:24). Cuando Él oró al Padre en Juan 17:13, realmente oró para que pudiéramos tener gozo: "Ahora vuelvo a ti, pero digo estas cosas mientras todavía estoy en el mundo, para que tengan mi alegría en plenitud". Con Jesús mismo hablando y orando unas palabras tan poderosas sobre su deseo de que tuviéramos alegría, ¿cómo podemos dudar alguna vez de que Dios quiere que seamos felices y disfrutemos de nuestra vida? Si es deseo de Dios que disfrutemos de la vida, ¿entonces por qué hay tantas personas desgraciadas e infelices? Quizá se deba a que no ponemos nuestra mente en disfrutar de la vida. Fácilmente podemos caer en un patrón de supervivencia y de soportar en lugar de disfrutar. Pero una nueva mentalidad te liberará para que comiences a disfrutar de la vida como nunca antes. Cuanto más disfrutes de la vida, más alegre estarás, así que comienza hoy y no te retrases. Medita y di repetidamente: "Vivo en el presente y disfruto cada momento".

Una cosa que me gusta hacer y que me ayuda a saborear el día es tomar tiempo en la noche para recordar mentalmente todo lo que hice ese día. Es sorprendente lo que logramos y en lo que participamos durante un día, pero con frecuencia pasamos nuestros días tan deprisa y con nuestro enfoque dividido que apenas las recordamos, si es que lo hacemos. Medita en tu día cada noche y da gracias a Dios por todo lo que Él te trajo y te permitió hacer. Si cometiste errores, puedes aprender de ellos, y si tuviste grandes victorias, recordarlas te permitirá disfrutarlas una y otra vez.

Piensa en ello

¿Pasa tu día borroso, o verdaderamente lo disfrutas?

_____

_____

No hay nada de malo en tener algo de diversión

Cuando yo comencé a entender Juan 10:10, me enojé mucho porque entendí que el enemigo me había engañado para que pensara que disfrutar de las cosas no era importante. Bajo la influencia del diablo, que es el engañador, yo había llegado a creer —falsamente, desde luego— que si me estaba divirtiendo, algo iba mal en mí. ¡No debía de estar trabajando lo bastante duro! Nunca vi a mi padre disfrutar de la vida, y parecía molestarle cuando otros lo hacían, así que crecí pensando que debía de haber algo de malo en ello. Puedo recordar que me decían que me callase cuando me reía en voz alta.

Quizá puedas identificarte; quizá pasaste por algunas de las mismas luchas en tu niñez, o has pasado por otras cosas que te han dejado demasiado serio. Cada vez que intentas reposar, cada vez que intentas hacer algo recreativo, en cualquier momento en que haces algo aparte de trabajar, tienes un vago sentimiento de culpabilidad, como si hubiera algo de malo en ello. Entiendo que algunas personas puede que no comprendan esta lucha, pero muchas, muchas, sí la entienden.

Creo que esta mentalidad de trabajo excesivo es una razón por la cual las personas se apartan en su relación con Dios. Erróneamente tratan de servir a Dios como una tarea o un "trabajo", y no disfrutan de Él. La mística del siglo XVII, Madame Guyon, dijo que el más elevado llamado para cada hijo de Dios es disfrutar a Dios. Recuerdo qué carga tan pesada se quitó de mí la primera vez que leí eso. En aquel momento, yo trabajaba tan duro para intentar agradar a Dios que la idea de simplemente disfrutar de Él no se me había ocurrido en absoluto. ¡Yo nunca había oído tal cosa! Creo que es triste ciertamente que yo hubiera sido miembro de la iglesia comprometida por más de veinte años antes de saber que Dios quería que disfrutase de Él y de la vida que Él me había dado.

Dios ha creado todas las cosas para nuestro disfrute, y comienza con disfrutar de Él. Él también quiere que disfrutemos unos de otros, y quiere que disfrutemos de nosotros mismos.

La próxima vez que tengas un deseo, toma un pequeño receso en tu trabajo y sal a dar un paseo por el parque, o mira a los niños jugar; hazlo sin sentirte culpable o poco espiritual. Tu trabajo seguirá estando ahí cuando regreses. No te estoy alentando a que seas irresponsable, pero sí quiero que des los pasos apropiados para disfrutar de la vida en medio de lograr grandes cosas. Si has estado trabajando duro y sientes que necesitas un día libre, entonces tómalo. Serás más fructífero si tomas tiempo para renovarte. Vivimos en medio de una sociedad impulsada, pero podemos cambiar si escogemos hacerlo. Si no quieres terminar siendo viejo con todo tipo de lamentos por cosas que desearías haber hecho, entonces comienza hoy a hacer que cada momento cuente.

Piensa en ello

¿Qué puedes hacer para divertirte un poco hoy a la vez que estás trabajando?

_____

_____

Escoge una cosa cada día que te gustaría hacer simplemente por el gozo de hacerla.

Establece una nueva meta

Cuando comencé mi viaje para aprender a disfrutar de la vida, establecí la meta de disfrutar a propósito todo lo que hiciera. Hasta cosas que normalmente hacía sólo por terminarlas o por tacharlas de mi lista de quehaceres. Por ejemplo, en lugar de apresurarme para estar lista en la mañana para poder comenzar el día, me propuse disfrutar de todo el proceso. Cosas como escoger la ropa que me pondría ese día, aplicarme maquillaje, y peinarme. Aunque hacía todas esas cosas a diario, nunca se me ocurrió que eran una parte de cada día de mi vida y que podía y debía disfrutar al hacerlas. Me dije a mí misma: "Estoy disfrutando de este momento en mi vida y de la tarea que tengo entre manos". Trato de hacer para la gloria de Dios lo que comúnmente hacía por rutina y sin ningún propósito excepto terminarlo.

El monje carmelita llamado Hermano Lawrence, que escribió el clásico espiritual *Practicing the Presence of God* [Practicando la Presencia de Dios] aprendió a hacer lo mismo. El trabajo en la cocina le resultaba muy desagradable, pero aprendió que si lo hacía por amor a Dios, era capaz de practicar la Presencia de Dios en medio de ello. Este mismo principio se aplicaba a cada faceta de su vida, y practicarlo le capacitó para disfrutar de la vida de manera superior. Él convirtió lo que podría haber sido una existencia aburrida, trivial y desgraciada en una que muchos admiraban y codiciaban. La gente quería su simplicidad, gozo, paz, y profunda capacidad para conversar con Dios mientras llevaba a cabo todo lo que hacía.

Hay docenas de cosas relativas a la vida cotidiana normal y corriente, y podemos disfrutar de todas ellas si sencillamente tomamos la decisión de hacerlo. Cosas como vestirse, conducir al trabajo, ir al supermercado, hacer recados, mantener las cosas organizadas, y cientos de otras cosas. Después de todo, esas son las cosas de las que está hecha la vida. Comienza a hacerlas por amor a Dios y entiende que mediante el Espíritu Santo puedes disfrutar absolutamente de todo lo que hagas. El gozo no viene meramente de estar entretenido, sino de una decisión de apreciar cada momento que se te da como un regalo raro y precioso de Dios.

Claves para disfrutar del momento presente

Por favor, recuerda que cualquier día que desperdicias es un día que nunca regresará. ¡Asegúrate de que cada día que vives cuente! Quiero compartir contigo algunas claves concretas que he descubierto que me ayudan a vivir en el momento presente y a disfrutar de mi vida. Creo que si las pones en práctica en tu vida, también te ayudarán.

Entrégate a lo que estés haciendo

Cuando el término *multitarea* se hizo popular por primera vez, todo el mundo parecía querer hacerlo. Muchas descripciones de trabajo de repente incluían frases como "debe ser capaz de realizar multitareas", y siguen haciéndolo. Aunque sin duda hay momentos en que una persona debe combinar varias responsabilidades y manejar más de una cosa al mismo tiempo, no estoy segura de que la multitarea nos sirva bien en la vida cotidiana, y no creo que debiera convertirse en nuestra manera normal de vivir. De hecho, creo que intentar hacer demasiadas cosas a la misma vez crea estrés y evita que disfrutemos de ellas. Algunas personas son capaces de hacer varias cosas a la vez y permanecer calmadas y enfocadas, pero hasta ellas tienen su límite, y los límites siempre deberían honrarse. Cualquiera que sean nuestras capacidades y hábitos de trabajo, necesitamos ser conscientes de que estrés, confusión y frustración no son el modo de disfrutar del momento.

Quiero desafiarte a que dejes de intentar la multitarea excesivamente y aprendas a entregarte a lo que estés haciendo. Comprométete a hacer una cosa cada vez y decide que la disfrutarás. Ciertamente, está bien leer un libro mientras estás sentado en una sala de espera esperando que llegue tu turno, pero comienza a resistir el impulso de hacer simultáneamente más de una cosa que requiera concentración o toda tu atención. Por ejemplo, no hables por teléfono mientras intentas pagar facturas en línea. No hagas una lista de proyectos de mejora en la casa para el fin de semana mientras deberías estar prestando atención en una reunión de negocios. No te pongas maquillaje mientras vas conduciendo. No respondas mensajes de correo electrónico o mensajes de texto mientras conduces.

La capacidad de escribir mensajes de correo electrónico o de texto es, sin duda, conveniente y nos ha dado la capacidad de comunicarnos con mucha mayor rapidez, pero si dejamos que cada pequeño pitido del teléfono o mensaje que anuncie que tenemos correo sea el factor controlador en nuestra vida, terminaremos frustrados y con frecuencia comunicaremos rudeza.

Escuchar requiere tu atención, y fingir escuchar cuando en realidad tu mente está en otras diez cosas no sólo es grosero, sino que no hace nada para edificar buenas relaciones.

La versión en inglés de la Biblia, *Amplified Bible*, explica Eclesiastés 5:1 de este modo: entrega tu mente a lo que estés haciendo. En otras palabras, entrénate para enfocar toda tu atención en lo que estás haciendo en un momento dado. Entonces termina lo que estés haciendo actualmente antes de comenzar otra cosa. Este tipo de concentración requiere disciplina, pero vale la pena, porque ser capaz de enfocarte te ayuda a disfrutar del momento presente. Yo recientemente hice progreso en esta área cuando decidí que, desde ahora en adelante, si estaba haciendo algo importante, no iba a responder el teléfono. Normalmente lo respondo sin importar lo que esté haciendo, y con frecuencia descubro que me frustra y me hace perder mi enfoque. Miro quién hace la llamada para asegurarme de que no sea una emergencia, y sí devuelvo mis llamadas, pero no voy a dejar que ellas me controlen.

No disfrutaremos del momento presente y de los dones que contiene si no tenemos actitudes equilibradas hacia el trabajo. Lucas 10:38-42 relata la historia de la visita de Jesús al hogar de dos hermanas: María y Marta. Marta "se sentía abrumada porque tenía mucho que hacer" (ver Lucas 10:40). Pero María se sentó a los pies de Jesús y escuchaba lo que Él decía. Marta estaba distraída con el mucho servicio; María decidió no perderse la belleza del momento presente. Y Jesús dijo que María había elegido mejor que Marta. Jesús no dijo a Marta que no trabajase, le dijo que no se frustrara y tuviera una mala actitud mientras trabajaba. Jesús quiere que trabajemos duro, pero también quiere que seamos lo bastante sabios para entender que deberíamos detener toda la actividad y no perdernos el milagro del momento.

Romper el mal hábito de la multitarea excesiva puede sonar fácil, pero realmente es bastante difícil en nuestra sociedad, así que decide formar nuevos y equilibrados hábitos en esta área. Este libro habla sobre aprender a controlar tu modo de pensar, y el arte de enfocarte en lo que estás haciendo es una parte vital de esa meta.

¿En qué "trampas" de multitarea caes con más frecuencia? Los pensamientos que vuelan por tu mente, ¿la hacen parecer una autopista en la hora de mayor tráfico? Respira profundamente, cálmate, y decide hacer solamente lo que puedas hacer pacíficamente y de modo agradable.

Vuélvete como un niño al acercarte a Dios

Actuar como un adulto generalmente se considera una cosa buena, y en la mayoría de los casos lo es; pero hemos de acercarnos a Dios como niños: no siendo *infantiles*, sino siendo *semejantes a los niños*. Una cosa es segura: los niños fácilmente pueden encontrar una manera de disfrutar lo que hacen. Nuestro hijo menor, Daniel, siempre ha tenido una "mentalidad de disfrutar de la vida", y puedo recordar cuando él era pequeño cómo disfrutaba profundamente de todo en la vida. Recuerdo que un día le dije que barriese el patio, y unos minutos después observé que estaba bailando con la escoba. En otra ocasión le hice quedarse de pie en un rincón para corregirlo por algo que había hecho mal, y pronto observé que estaba jugando con las flores del papel pintado de la pared. Creo que podemos aprender mucho al observar a los niños. Ellos encuentran una manera de disfrutar de todo, hasta de tareas o cuando son corregidos. Son rápidos para perdonar cualquier ofensa, y confiar en la gente les resulta fácil.

Acude a Dios con la confianza como la de un niño, que no siempre tiene que entender el "porqué" detrás de cada cosa. La mayoría de los padres llegan a agotarse de oír a los niños preguntar por qué cien veces al día, y creo que Dios también se cansa de eso.

Ten una fe sencilla; haz oraciones sencillas; arrepiéntete con rapidez; y recibe la ayuda de Dios con rapidez. Cree que Dios es bueno. Si necesitas perdón, pídeselo a Dios, recíbelo por fe, y no desperdicies tu tiempo sintiéndote culpable y condenado. Con este tipo de simplicidad en tu relación con Dios, te encontrarás creciendo espiritualmente y disfrutando de Él más que nunca. Recuerda: ¡disfrutar de Dios en todo momento en cualquier cosa que hagamos es nuestra meta!

Piensa en ello

¿Cuáles son tres características como las de los niños que podrías practicar en tu relación con Dios?

_____

_____

Disfruta de la gente

Ciertamente no podemos disfrutar del momento presente si no aprendemos a disfrutar de todos los distintos tipos de personas, porque muchos de nuestros momentos tienen personas en ellos. Recientemente leí que la mayor parte de nuestra infelicidad está causada porque personas no son lo que nosotros queremos que sean o no hacen lo que nosotros queremos que hagan, y no podría estar más de acuerdo con eso. Siendo ese el caso, ¿cuál es la respuesta? ¿Cómo puedo disfrutar del día si voy a tener que tratar con personas molestas? A mí me ha resultado útil entender que aunque puede que me molesten, Dios las ama mucho y no se agrada de que yo tenga una mala actitud hacia alguien.

No puedo disfrutar de nadie a quien esté juzgando de modo crítico, así que con frecuencia me digo: "Joyce, el modo en que esta persona actúa no es de tu incumbencia". Ser misericordiosa en mi actitud hacia otros realmente me ayuda a disfrutar de mi vida, y lo recomiendo encarecidamente. Hace poco me encontré con una vendedora en una zapatería que hablaba por su teléfono celular todo el tiempo que yo estuve en la tienda, incluso cuando yo necesité ayuda para encontrar el número de zapato correcto. Yo era consciente

de que ella quería que yo me apresurase para poder continuar con su conversación. Ella estaba hablando en español,
así que yo no podía entenderla, pero a medida que mi moles-
tia aumentaba, escogí pensar: "Quizá ella esté manejando
algún tipo de emergencia o esté tratando algo que es muy
importante para ella". Estuve al borde de perder mi gozo,
pero decidí ser misericordiosa y permanecer contenta. ¡Lo
recomiendo encarecidamente!

Dios ha creado a todo tipo de personas con muchos tem-
peramentos y personalidades diferentes, y creo verdaderamente que Él disfruta de todas ellas. La variedad parece ser
algo en lo que Dios se deleita de verdad. Si nunca has pensado en esto, toma unos minutos y mira a tu alrededor. Dios
creó variedad, y Él dice que lo que Él ha creado es bueno,
así que te insto a que aceptes a quienes son diferentes a ti y
aprendas a disfrutarlos como Dios lo hace.

Nos encontramos con muchas personas. A algunas de
ellas por elección, pero muchas de ellas sencillamente terminan en nuestra vida a medida que avanza el día. No disfrutarás mucho de tus "momentos presentes" a menos que
decidas también encontrar un modo de disfrutar de las personas que los invaden.

Piensa en ello

¿Cuán frecuentemente no disfrutas de tu día porque una
persona no es lo que tú quieres que sea?

_____

_____

Disfruta de una vida equilibrada

Una puerta de oportunidad se abre para que Satanás lleve destrucción a las vidas de quienes no son equilibrados (ver 1 Pedro 5:8). Demasiado de cualquier cosa es un problema, aun si estamos haciendo demasiado de algo bueno. Por ejemplo: el trabajo es bueno, pero demasiado trabajo causa estrés, lo cual puede resultar en enfermedad, resentimiento, depresión, y rotura de relaciones. La comida es buena, pero como la mayoría de nosotros sabemos, demasiada no es bueno. Es bueno ser organizado, pero si nos volvemos perfeccionistas podemos volvernos locos a nosotros mismos y a quienes nos rodean. El sueño es vitalmente necesario, y si no dormimos lo suficiente no nos sentimos bien, pero el otro día hablé con alguien que me dijo: "He descubierto que si duermo demasiado, no me siento bien". Cualquier área que no esté en equilibrio causa confusión y angustia en nuestras vidas y roba el gozo del momento presente.

Yo creo verdaderamente que mantener una vida de equilibrio es posiblemente uno de los mayores desafíos que afrontamos. Te aliento a que regularmente examines tu vida y te preguntes sinceramente si has permitido que cualquier área se desequilibre. ¿Estás haciendo demasiado o demasiado poco de algo? Una falta de equilibrio podría ser la raíz de no disfrutar la vida.

Yo no siempre he vivido una vida equilibrada, pero doy gracias a Dios por ayudarme a llegar al punto donde sí me mantengo equilibrada ahora, al menos la mayor parte del tiempo. Te aliento a que hagas lo mismo. Equilibra tus actividades y varía tu rutina. No hagas las mismas cosas todo el tiempo ni hagas demasiado de cualquier cosa. Haz todas las cosas con moderación. De ese modo, evitarás el agotamiento y podrás disfrutar de todo.

Piensa en ello

¿Vives una vida equilibrada?

_____

_____

¿Dónde necesitas mejorar y cómo puedes hacerlo?

_____

_____

Suelta el pasado

Tu pasado puede ser una pesada carga insoportable cuando intentas llevarlo a tu presente. La manera de soltarlo es dejar de pensar en él. Apártalo de tu mente y de tu conversación. Satanás te recordará tu pasado porque desea que te quedes atascado en él, pero recuerda, por favor, que puedes escoger tus propios pensamientos. No tienes por qué pensar en todo lo que caiga en tu mente. Tienes la capacidad de escoger tus pensamientos. Sin duda alguna, aferrarte a tu pasado evitará que disfrutes de tu presente y que mires adelante hacia tu futuro. Si batallas con la culpabilidad, la condenación, la vergüenza o el lamento por tu pasado, Dios te perdonará y te liberará si sencillamente se lo pides. Si te sientes defraudado debido a los errores del pasado, es momento de sacudirlos y volver a enfocarte. ¡Tu futuro no tiene lugar en él para el pasado! Recientemente escribí en mi diario que eliminaba la marcha atrás en mi vida, y lo hice a fin de no desperdiciar tiempo nunca en lo que fue o lo que podría haber sido.

El apóstol Pablo estaba decidido a vivir el momento

presente. En Filipenses 3:13-14 escribe: "Hermanos, no pienso que yo mismo lo haya logrado ya. Más bien, una cosa hago: olvidando lo que queda atrás y esforzándome por alcanzar lo que está delante, sigo avanzando hacia la meta para ganar el premio que Dios ofrece mediante su llamamiento celestial en Cristo Jesús". Utiliza todas las claves que te he dado, y sigue añadiendo las tuyas propias a medida que progresas en tu nueva vida de disfrute. Y sobre todo, sigue meditando y confesando este pensamiento de poder: "Vivo en el presente y disfruto cada momento".

Piensa en ello

Cuando lees Filipenses 3:13-14, sobre olvidar el pasado, ¿qué situación viene a tu mente?

_____

_____

Escoge tus batallas

Creo que una de las mejores maneras de disfrutar del momento presente y evitar estrés innecesario es negarse a permitir que cada pequeña cosa te moleste. En otras palabras, escoge tus batallas y no hagas montañas de granos de arena. Antes de dedicar tiempo, energía y emoción a un asunto o una situación, hazte dos preguntas. En primer lugar, pregúntate cuán importante es; y en segundo lugar, pregúntate cuánto de tu tiempo, esfuerzo y energía es realmente apropiado para que lo emplees en ello. Conoce lo que de verdad importa en la vida, y enfócate en esas cosas. Aprende a discernir la diferencia entre los asuntos importantes y los secundarios.

En Éxodo 18:13-23, Jetro, el suegro de Moisés, le dio un estupendo consejo. Moisés se estaba agotando porque él manejaba personalmente toda situación, disputa y crisis que surgía entre los israelitas. Quizá él pensaba que tenía que hacerlo, ya que era el líder de la nación. Jetro le dijo, esencialmente: "Ocúpate tú de las cosas importantes, y dejas las secundarias a otra persona". Después le dijo: "Si pones esto en práctica y Dios así te lo ordena, podrás aguantar; el pueblo, por su parte, se irá a casa satisfecho" (Éxodo 18:23).

Estoy segura de que tu vida tiene mucha tensión sin añadirle más cosas. Cuando estés tentado a apropiarte de una "batalla", primero da un paso atrás y decide si vale la pena lo que requerirá de ti.

Piensa en ello

Piensa en tus batallas actuales. ¿De cuáles necesitas alejarte y cuáles vale la pena pelear?

_____

_____

Entiende quo No Puedes Satisfacer las Expectativas de Todo el Mundo.

Todos tenemos muchas relaciones diferentes, y la mayoría de personas esperan algo de nosotros. Moisés le dijo a su suegro que él juzgaba todo asunto, pequeño o grande, porque la gente acudía a él. Obviamente, ellos llegaban con una expectativa de que Moisés les ayudara; él no quería defraudarlos, así que diariamente se agotaba. Cuando hacemos eso, estamos agradando a las personas en lugar de agradar a Dios, y nos volvemos ineficaces. Todos queremos que las personas se agraden de nosotros, pero también debemos entender que ellas frecuentemente tienen expectativas irrealistas que son egoístas. No podemos disfrutar del momento que tenemos si estamos desobedeciendo a Dios en medio de él.

Piensa en ello

¿Estás agotado la mayoría del tiempo debido a intentar mantener felices a demasiadas personas?

_____

_____

No esperes a disfrutar de ti mismo

Nuestro ministerio organiza varias conferencias cada año, y yo me ocupo de gran parte de la enseñanza en cada una de ellas. Solía afrontar esos eventos como trabajo, como parte de mi tarea. Cada vez que realizaba una conferencia, pensaba: *Esto es mi trabajo, y cuando mi trabajo termine, disfrutaré de mí misma.* Después de varios años, comencé a pensar en cuánto tiempo pasaba en el púlpito, y comprendí que si no lo disfruto, no me quedará mucho tiempo libre para disfrutar de nada. Así que decidí divertirme mientras trabajaba. Esta es una manera en que he aprendido a disfrutar de cada momento.

Tú necesitarás encontrar maneras de disfrutar los momentos presentes en tu vida. Sin duda, aprender a ser feliz mientras trabajas puede ser una manera, pero hay muchas otras. Comienza ahora a pensar en lo que puedes hacer para encontrar más gozo en cada experiencia. El momento presente es lo único que tenemos garantizado, así que no esperes hasta más adelante —hasta que te cases, hasta que te jubiles, hasta que te vayas de vacaciones, hasta que tus hijos terminen la universidad— para disfrutar la vida. Nadie sabe lo que va a suceder en su vida o en el mundo. Estás vivo *ahora*, así que maximízalo, abrázalo y celébralo.

Permítame concluir esta sección con un escrito anónimo que ha estado ahí por años y ha alentado a millones de personas a disfrutar de cada día y a apreciar cada momento. Deja que te inspire a hacer lo mismo.

Si yo tuviera que vivir mi vida otra vez, intentaría cometer más errores la próxima vez. Me relajaría. Sería más tonto de lo que he sido. Sé de muy pocas cosas que me habría tomado en serio. Sería más loco. Sería menos higiénico. Tomaría más oportunidades. Haría más viajes. Escalaría más montañas, nadaría más ríos, observaría más puestas de sol. Caminaría más. Comería más helados y menos frijoles. Tendría más problemas reales y menos imaginarios. Mira, soy una de esas personas que vive profilácticamente y sensatamente y sanamente, hora tras hora, día tras día. Oh, he tenido mis momentos, y si tuviera que comenzar de nuevo, tendría más de ellos. De hecho, intentaría no tener otra cosa. Sencillamente momentos, uno tras otro, en lugar de vivir tantos años por delante cada día. He sido una de esas personas que nunca va a ninguna parte sin un termómetro, un termo de agua caliente, gárgaras, una gabardina y un paracaídas. Si tuviera que comenzar de nuevo, iría a lugares, y haría cosas, y viajaría más ligero. Si tuviera otra vida, comenzaría a descalzarme más temprano en la primavera y mantenerme así hasta más entrado el otoño. Haría novillos más. No sacaría tan buenas calificaciones excepto por accidente. Montaría en más tiovivos. Agarraría más margaritas.[1]

Aunque no estoy sugiriendo que vivamos bulliciosamente,

sí creo que esa pequeña historia establece un buen punto. Seamos lo bastante serios para lograr nuestras metas en la vida, pero no tan demasiado serios que matemos la espontaneidad creativa.

Piensa en ello

¿A qué estás esperando? ¡Date prisa y disfruta tu vida!

Paquete de Poder

"Éste es el día en que el Señor actuó;
regocijémonos y alegrémonos en él".
Salmo 118:24

"Yo he venido para que tengan vida,
y la tengan en abundancia".
Juan 10:10

"Les he dicho esto para que tengan mi
alegría y así su alegría sea completa".
Juan 15:11

11

Soy disciplinado y autocontrolado.

"Ciertamente, ninguna disciplina, en el momento de
recibirla, parece agradable, sino más bien penosa;
sin embargo, después produce una cosecha de justicia
y paz para quienes han sido entrenados por ella".
Hebreos 12:11

A muchas personas les gusta ver eventos deportivos, como
los Juegos Olímpicos, la World Series o la Super Bowl. Aun
quienes no se consideran a sí mismos muy seguidores de los
deportes, prestan atención a esas competiciones cuando un
premio como una medalla de oro o un título del campeonato
está en juego. Yo creo que la razón es que a todos nos gusta
ver a personas que trabajan duro recibir recompensas por
sus esfuerzos. También nos gusta esto en un nivel personal;
nos gusta saber que nuestro entrenamiento, trabajo y sacrificios traen beneficios a nuestra vida. Con frecuencia mis ojos
se llenan de lágrimas cuando veo a alguien cruzar la línea de
meta en una carrera. ¿Por qué lloro si ni siquiera conozco a la
persona? ¡Porque sé lo que se requiere para ganar!

Thomas Paine dijo: "Cuanto más duro sea el conflicto, más
glorioso es el triunfo. Lo que obtenemos demasiado barato,
lo estimamos demasiado a la ligera". Antes de poder recibir
un premio o disfrutar de una recompensa, tenemos que hacer

el trabajo requerido. De hecho, las inversiones de tiempo, energía y dedicación son lo que hacen que las recompensas sean dulces. Cuanto más trabajamos para alcanzar una meta, más apreciamos al final cuando la logramos. Todo lo que he mencionado hasta aquí —trabajo duro, entrenamiento, sacrificios, inversiones de tiempo y energía, y dedicación— encaja en la categoría de "disciplina".

Creo verdaderamente que una vida disciplinada es una vida poderosa. Aprender a ser disciplinado y a practicar el dominio propio evitará en tu vida la pereza y el exceso, y te ayudará a mantenerte enfocado y productivo. Requerirá que hagas un esfuerzo, pero la recompensa valdrá la pena el trabajo empleado. Una vida disciplinada comienza con una mente disciplinada. Debemos ser capaces de fijar nuestra mente y mantenerla concentrada con respecto a nuestros deseos y metas.

Piensa en ello

¿Te gusta ver a personas que trabajan duro recibir recompensas?

_____

_____

¿Estás dispuesto a hacer todo lo necesario para tener lo que dices que quieres?

_____

_____

Libertad con límites

El apóstol Pablo entendía la disciplina y escribió sobre ella en varias de sus cartas. En 1 Corintios 6:12 observó: "«Todo me está permitido», pero no todo es para mi bien. «Todo me está permitido», pero *no dejaré que nada me domine*" (énfasis de la autora).

La disciplina es el precio de la libertad. Es la puerta a la liberación. Cuando no somos disciplinados, nos convertimos en esclavos; caemos bajo el dominio de cosas que no deberían controlarnos. Por ejemplo, cuando no nos disciplinamos para comer sano, nos volvemos esclavos de las grasas, los azúcares, y otras sustancias que son perjudiciales para nuestra salud física. Yo conozco a muchas personas que saben que comer mucho azúcar les hace sentirse cansadas y hasta enfermas, pero de todos modos lo comen. Ellos "desearían" no querer la comida que no es sana, pero no están dispuestos a disciplinarse para elegir mejor. Cuando no practicamos el dominio propio con nuestras finanzas, caemos bajo el dominio de la deuda, y lo que debemos puede literalmente evitar que hagamos lo que queremos o necesitamos hacer en la vida. La deuda opresiva es con frecuencia la raíz de ansiedad, enfermedad, y graves problemas matrimoniales. Cuando no nos disciplinamos para descansar lo suficiente, nos volvemos esclavos de la fatiga, la cual nos hace malhumorados, propensos a cometer errores, y cansados cuando necesitamos tener energía. La fatiga es uno de los mayores ladrones de creatividad, así que necesitamos evitarla tanto como sea posible. Me parece que todo el mundo está cansado en estos tiempos, y estoy segura de que eso no es la voluntad de Dios para la gente.

Pablo se hizo eco de un sentimiento similar en 1 Corintios 10:23-24 cuando escribió: "«Todo está permitido», pero no todo es provechoso. «Todo está permitido», pero *no todo es constructivo*" (énfasis de la autora). Notemos que, en este versículo, Pablo afirma de nuevo que él es técnicamente libre para hacer cualquier cosa que quiera hacer, pero que se refrena de hacer cosas que no edifiquen el carácter o no sean espiritualmente constructivas. La Biblia dice: "Ejercítate en la piedad" (1 Timoteo 4:7). Tomar decisiones basadas en si edificarán o no tu carácter o te ayudarán espiritualmente es un sabio enfoque para practicar la disciplina.

Deberíamos practicar disciplina en lo que nos permitimos a nosotros mismos ver y oír. Nuestros ojos y oídos son puertas a nuestra alma y espíritu y, como tales, deberían ser guardadas con toda diligencia. Por ejemplo, si recibes una revista en tu casa, y a medida que la hojeas ves que las modelos están vestidas con poca ropa y de modo inadecuado, la mejor elección es sencillamente tirarla. Si estás cambiando de canales en la televisión, necesitarás disciplinarte en lo que escojas ver. Otro ejemplo sería escoger no murmurar o revelar secretos de personas sin importar lo mucho que seas tentado a hacerlo. El poder de la vida y de la muerte está en las palabras, así que deberíamos usar una gran cautela, disciplina y dominio propio al respecto.

Piensa en ello

¿Te has convertido en un "esclavo" de algo, o hay algo que tenga poder sobre ti? _____ Si es así, ¿qué es?
_____

¿Te estás disciplinando regularmente para la piedad?

_____

_____

Necesitamos ser enseñados

Es imposible imaginar la posibilidad de llegar a ser un exitoso doctor o abogado sin recibir educación académica. Me gustaría que los cristianos tuvieran ese mismo entendimiento con respecto al crecimiento espiritual. Convertirse en cristiano comienza con rendición y una decisión de creer que Jesús es Dios y que Él murió por nuestros pecados. Él tomó el castigo que nosotros merecíamos, pagó la deuda que nosotros debíamos como pecadores, y resucitó de la muerte, ascendió al cielo para sentarse a la diestra de Dios. Él está vivo hoy y ha enviado a su Espíritu Santo para morar en los corazones de quienes lo reciben por la fe. Ese es el comienzo de nuestra fe y de nuestra experiencia cristiana, pero está lejos de ser el final.

Necesitamos recibir educación con respecto a lo que nos pertenece en virtud a nuestra relación con Jesús, cómo vivir la nueva vida que Él nos da, y cómo alinear nuestro modo de pensar con la verdad de su Palabra. Necesitamos *aprender* a pensar y después comportarnos de acuerdo a la nueva naturaleza que tenemos en lugar de hacerlo conforme a la vieja naturaleza que oficialmente fue a la cruz con Jesús. Es muy importante entender al comienzo de nuestro viaje que el éxito requerirá tiempo y esfuerzo, ¡probablemente más del que nos gustaría! Pensar que este tipo de cambio radical tendrá lugar rápidamente y sin ningún esfuerzo es pura necedad. Tenemos que ser disciplinados al respecto. Dios nos da una gran libertad; Él nos permite escoger lo que queremos pensar, decir y hacer. Si somos lo bastante sabios como para poner límites a nuestra libertad, veremos grandes resultados. La mente debe ser renovada. Debemos aprender a pensar como Dios piensa si queremos tener lo que Él quiere que tengamos.

Dios nos ha dado espíritu de disciplina y dominio propio

Frecuentemente oigo a personas decir: "Es que yo no soy una persona disciplinada"; o: "Es que no tengo nada de domino propio", y nombran cierta área, como comer, hacer ejercicio, o mantener las cosas organizadas. Si eres una de esas personas que creen que no son disciplinadas, entonces quiero que cambies tu modo de pensar. El apóstol Pablo afirmó que Dios no nos ha dado espíritu de temor, sino de poder, de amor y de dominio propio (ver 2 Timoteo 1:7). Ya es hora de que comiences a renovar tu mente meditando en este pensamiento de poder: "Soy disciplinado y autocontrolado". Nunca te elevarás por encima de lo que crees, y mientras creas que no eres una persona disciplinada no te convertirás en una.

Ganar la batalla en la mente

El poeta romano Horacio escribió: "Gobierna tu mente o ella te gobernará a ti", y yo creo que eso es cierto. Debemos entender que el enemigo quiere nuestra mente; quiere controlar o influenciar tanto de nuestro modo de pensar como sea posible, pero no tenemos por qué permitirle hacerlo. Al igual que tenemos que recibir educación sobre cómo pensar como Dios quiere que pensemos, también tenemos que aprender a resistir al enemigo cuando intente influenciar nuestros pensamientos. La clave para vencerlo es aprender a disciplinarnos en lo que se refiere a nuestros pensamientos, y disciplinarnos para creer que somos disciplinados es el comienzo.

Esta mañana yo estaba hablando con mi hijo de la disciplina. Hablábamos sobre la oración, la lectura de la Biblia, el silencio y la soledad, y entonces mi hijo dijo: "La disciplina es una disciplina". Yo nunca lo había pensado de esa manera, pero es muy cierto.

Yo he enseñado sobre los beneficios de la disciplina muchas veces, y aún así, nadie parece estar emocionado cuando menciono la palabra. Creo que si realmente entendiéramos el poder, la libertad, el gozo y la victoria que la disciplina produce en nuestras vidas, la aceptaríamos anhelantes. En muchas áreas, especialmente en nuestros pensamientos, marca la diferencia entre una vida feliz y una vida desgraciada, una vida de atadura al enemigo o una vida de libertad en Dios. Recuerda siempre que la disciplina es tu amiga, algo que hemos de aceptar y utilizar diariamente. La disciplina es una herramienta dada por Dios para ayudarte a alcanzar tus metas. Comienza a pensar y a decir: "Soy una persona disciplinada y utilizo el dominio propio". Entonces aplica esa disciplina y dominio propio a todos tus patrones de pensamiento.

Una razón de que disciplinar nuestra mente sea tan importante es que la condición de ella puede cambiar rápidamente. Un día puedes estar calmado, pacífico, seguro de ti mismo y confiado en Dios; otro día, puedes estar ansioso, preocupado, inseguro y lleno de dudas. Yo ciertamente he experimentado ese tipo de altibajos a veces en mi vida, y siempre están arraigados en el modo en que pienso. Nuestra manera de pensar afecta directamente a nuestras emociones.

Puedo recordar momentos en que pude tomar una decisión rápidamente y seguirla con facilidad. También puedo recordar momentos en que no parecía poder llegar a una decisión, por mucho que lo intentase, o aun peor, tomaba una decisión pero seguía cambiando de parecer. Duda, temor e incertidumbre me perseguían sin piedad mientras volvía a pensar otra vez y sencillamente no podía tomar una decisión en una situación. Cuando nos permitimos entretener dudas sobre nosotros mismos y doble ánimo, estamos invitando a la confusión y la desgracia. Muchas personas batallan con esta falta de capacidad para concentrarse y tomar decisiones. Cuando es necesaria una decisión, especialmente una importante, carecen de confianza; el temor se mete en sus pensamientos y controla todos sus actos.

Puedes renovar tu mente pensando: "Oigo de Dios y soy guiado por el Espíritu Santo"; "Me niego a vivir en temor y ser de doble ánimo". Fácilmente podemos sentirnos abrumados por todas las decisiones que tenemos que tomar diariamente a menos que tengamos la confianza de creer que tenemos la capacidad de decidir correctamente. No vuelvas a decir: "Me resulta muy difícil tomar decisiones", porque cuando piensas eso y lo dices, te estás preparando para la confusión. En cambio, puedes creer que cuando necesites tomar una decisión, sabrás qué hacer. Aun si te resultaba difícil hacerlo en el pasado, este es un nuevo día para ti, y estás a cargo de tu modo de pensar, ¡él ya no te domina a ti! Recuerda: eres una persona disciplinada y autocontrolada según la Palabra de Dios.

Yo he aprendido que cuando Satanás ha edificado exitosamente una fortaleza en nuestra mente, no cede su terreno fácilmente. Debemos estar dispuestos no sólo a comenzar a pensar correctamente, sino que también debemos mantenerlo hasta que tengamos victoria. Si has pasado años permitiendo que tu mente vague en todo tipo de direcciones, te llevará tiempo entrenarla de nuevo, pero el esfuerzo que inviertas te dará sorprendentes dividendos. Muchas personas batallan con la indecisión y otros desafíos similares en su mente porque no se han disciplinado con respecto a sus pensamientos. Las personas que parece que no pueden concentrarse el tiempo suficiente para tomar una decisión, con frecuencia se preguntan si algo anda mal en su mente. Sin embargo, la incapacidad de concentrarse y tomar una decisión puede ser el resultado de años de permitir que la mente haga lo que quiera en lugar de disciplinarla. Como dije, esto es con frecuencia la señal y el resultado de una fortaleza que el enemigo ha construido en la mente de una persona. Para mí, derribar esas fortalezas mentales me llevó algún tiempo, pero se produjo, y puede producirse para ti. No fue fácil para mí, así que no te desalientes si toma tiempo y esfuerzo para ti. Siento que esto es tan importante, que escribí un libro, *Never Give Up!*, que está dedicado por completo a la perseverancia. Perseverancia es lo que el apóstol Pablo llamaba "proseguir". Puedes proseguir mucho más lejos de donde crees que tus capacidades terminan. Cuando nos quedamos sin nuestra propia fuerza, Dios está preparado para darnos la suya si se la pedimos.

A veces, sigo teniendo recaídas en esta área de la concentración, y mientras intento completar un proyecto, de repente me doy cuenta de que mi mente acaba de irse hacia otra cosa que no tiene absolutamente nada que ver con lo que tengo entre manos. Aún no he llegado a un punto de perfecta concentración, pero al menos entiendo lo importante que es no permitir que mi mente vaya dondequiera ir siempre que quiera. Ya he decidido que nunca me rendiré en aprender cómo pensar adecuadamente, y te insto encarecidamente a que hagas lo mismo. No estoy donde quiero estar, ¡pero estoy haciendo progreso!

Piensa en ello

¿Vaga tu mente, y si es así, estás preparado para disciplinarla?

_____

_____

¿Has tomado la decisión de que nunca te rendirás hasta que experimentes una victoria completa?

_____

_____

Se requiere práctica

Entrenar nuestra mente para que sea disciplinada requiere práctica. Una manera en que yo aprendí a hacerlo era dejar de permitir que mi mente vagase durante las conversaciones. Hay momentos en que Dave me está hablando y yo escucho por un rato; entonces, de repente, me doy cuenta de que no he oído ni una sola palabra de lo que él ha dicho porque he permitido que mi mente se vaya a otra cosa. Mi cuerpo está ahí cerca de él, y muchas veces mi cara hasta le mira, pero en mi mente no oigo nada de lo que él dice. Por muchos años, cuando este tipo de cosa sucedía, yo fingía saber exactamente lo que Dave estaba diciendo. Ahora sencillamente me detengo y pregunto: "¿Podrías regresar y repetir eso? He dejado que mi mente vague, y no he oído nada de lo que has dicho". De ese modo, estoy tratando el problema. Estoy disciplinando mi mente para que esté enfocada. Confrontar estos problemas es el único modo de llegar a estar en el lado victorioso.

También he descubierto que todos tenemos mucho de lo que yo denomino "tiempo de paseos mentales": momentos en que no estamos ocupados con nada concreto y nuestra mente es libre de pasear por ahí y elegir algo en lo que meditar. Podría ser al conducir, al estar en el baño, el rato antes de quedarnos dormidos, u otras ocasiones similares. Necesitamos tener cuidado de utilizar esos momentos de maneras productivas y asegurarnos de pensar en cosas que edifican el carácter y nos ayudan a crecer espiritualmente. Esos pueden ser algunos de los mejores momentos para meditar en los pensamientos de poder que estás aprendiendo en este libro. Antes de quedarte dormido en la noche, hazlo pasando por tu mente estos pensamientos una y otra vez:

- Puedo hacer todo lo que necesite hacer en la vida por medio de Cristo.
- Dios me ama incondicionalmente.
- No viviré en temor.
- Soy difícil de ofender.
- Amo a la gente y me encanta ayudarla.
- Confío en Dios por completo; ¡no hay necesidad de preocuparme!
- Estoy contento y emocionalmente estable.
- Dios suple todas mis necesidades abundantemente.
- Busco la paz con Dios, conmigo mismo, y con otros.
- Vivo en el presente y disfruto de cada momento.
- Soy disciplinado y autocontrolado.
- Pongo a Dios en primer lugar en todas las cosas.

Recuerda: la mente es el campo de batalla. Es el lugar donde ganamos o perdemos nuestras batallas en la vida. Indecisión, incertidumbre, temor y pensamientos "vagabundos" al azar son sencillamente resultados de no disciplinar la mente. Esta falta de disciplina puede ser frustrante y hacerte pensar: "¿Qué anda mal en mí?". ¿Por qué no puedo enfocar mi mente en lo que estoy haciendo? Pero lo cierto es que la mente necesita ser disciplinada y enfocada para que se concentre. Tienes un espíritu de disciplina y de dominio propio, y es momento de comenzar a desarrollarlo.

Pide a Dios que te ayude, y entonces niégate a permitir que tu mente piense en lo que le plazca. Comienza hoy a controlar tus pensamientos, y mantén tu mente en lo que estés haciendo, diciendo u oyendo. Necesitarás practicar por un tiempo; romper viejos hábitos y formar otros nuevos siempre toma tiempo. Desarrollar disciplina nunca es fácil, pero siempre vale la pena al final. Cuando ganes la batalla por tu mente, serás mucho más decisivo, más confiado, y más enfocado. Entonces, también serás una persona más eficaz y productiva.

Piensa en ello

¿Eres capaz de mantener tu mente enfocada en lo que estás haciendo?

_____

_____

Cuando no puedes sacarlo de tu mente

No ser capaz de mantener nuestra mente en lo que queremos que esté es un problema, pero ser incapaz de sacar algo de nuestra mente es otro. Podríamos preocuparnos por una situación, o continuamente pasarla una y otra vez en nuestra mente intentando encontrar una solución. Queremos sacarla de nuestra mente y disfrutar de paz, pero parece que ha tomado residencia.

¿Te resulta familiar eso? ¿Experimentas alguna vez momentos en que sabes que un curso en particular de pensamiento te está haciendo desgraciado y no te hace ningún bien, pero parece que no puedes parar? Todos lo experimentamos, pero podemos aprender a disciplinar nuestra mente para permitir que entren otros pensamientos y no enfocarnos tan completamente en un problema o situación. El modo de dejar de pensar en algo que no quieres pensar es simplemente pensar en otra cosa. Hasta estar en una atmósfera distinta ayuda. Si estás preocupado, no te quedes sentado en casa y te preocupes; ¡sal de la casa y haz algo! Pon tu mente en algo que producirá buen fruto, porque la preocupación no hace ningún bien. He descubierto que aun cuando me siento mal físicamente, hacer algo que aparte mi mente de cómo me siento me hace sentir mejor.

Recientemente pasé una buena cantidad de tiempo con una amiga que estaba experimentando una tremenda batalla mental que estaba arraigada en un temor a no agradar a una figura de autoridad en su vida. Ella pensaba en la situación; y pensaba otra vez en ella, y después otra vez, y otra. En un punto, preguntó: "¿Por qué no puedo sacarme esto de la mente?". Pensar en una sola dirección hacía que ella quedase atascada en el temor que sentía en la situación con su figura de autoridad.

Sin embargo, pronto observé que cuando participábamos juntas en alguna actividad ministerial, ella recuperaba su chispa y ya no mencionaba su batalla mental. Cuando más adelante aquel día le pregunté cómo le iba, me dijo: "Estoy bien cuando participo en lo que Dios me ha llamado a hacer".

Lo que aprendemos de esta historia de mi amiga es la respuesta a la pregunta: "¿Qué hago cuando no puedo sacar algo de mi mente y sé que me está haciendo desgraciado y probablemente desagrade a Dios?". La respuesta es participar en algo que te dé gozo, algo que te obligue a apartar tu mente de las circunstancias problemáticas y ponerla en algo positivo y que valga la pena.

Satanás estaba atacando a mi amiga en un punto débil. Ella había sido abandonada por su madre biológica y había sufrido abusos de niña, lo cual le hacía batallar con una excesiva necesidad de ser aceptada por figuras de autoridad. De igual manera, yo he batallado con inseguridades y con una necesidad de ser aceptada por figuras de autoridad en mi vida. Esas áreas eran "puertas abiertas" para el enemigo en mi vida (lugares donde él podía fácilmente aprovecharse de mí y obtener influencia sobre mí). A medida que Dios obra continuamente en mí, esas puertas van disminuyendo de tamaño y cada vez le resulta más difícil al enemigo pasar. Lo que una vez fue una amplia puerta de oportunidad para el diablo, casi se ha cerrado por completo.

Satanás con frecuencia obra por medio de nuestras debilidades o las aprovecha en el momento preciso en que Dios trata de ascendernos o guiarnos a dar un paso de fe que hará avanzar su reino o acercarnos más a cumplir nuestro destino. Creo que ese fue el caso con mi amiga, y sé que ha sido el caso en mi vida y en las vidas de muchos otros.

Recuerdo bien momentos en que Dios estaba intentando hacer que yo tomase una decisión que me capacitaría para hacer más en su reino, pero el temor a lo que la gente pensase me mantenía cautiva e inmovilizada. Cuando te encuentres atascado en un patrón de pensamiento que sea perjudicial para ti —uno que pasa una y otra vez como si fuera un disco rayado en tu mente—, mantente ocupado haciendo algo que Dios te haya llamado a hacer o algo que bendiga a otra persona. No seas pasivo y meramente desees poder sacarlo de tu mente. Sé agresivo y niégate a prestarle tu mente al enemigo para su actividad. Recuerda que los malos pensamientos conducen a malos ánimos y malas decisiones, así que no desperdicies tu tiempo en nada que no añada a la calidad de tu vida.

Piensa en ello

¿Cuáles consideras que son tus puntos débiles, donde Satanás podría aprovecharse de ti?

_____

_____

Haz una elección

En Deuteronomio 30:19 Dios dice: "Te he dado a elegir entre la vida y la muerte, entre la bendición y la maldición. Elige, pues, la vida". Él nos da opciones, pero quiere que nosotros escojamos. Una elección con frecuencia significa que podemos ir por el camino fácil o por el camino difícil. Podemos ir por el camino que queramos o podemos ir por el camino que sabemos que es correcto. Hacer una elección correcta y sabia significa que probablemente tendremos que disciplinarnos para hacer algo que no tenemos ganas de hacer, pero que sabemos que es mejor.

Como dice la Biblia, la disciplina no produce un gozo inmediato, pero sí produce un gozo duradero más adelante. El enemigo siempre intenta destruirnos, y con frecuencia trata de hacerlo influenciándonos para que elijamos mal, que elijamos hacer lo que tenemos ganas o lo que es fácil en el momento, en lugar de hacer lo que será beneficioso a la larga. Esas elecciones pueden satisfacer temporalmente la carne, pero no agradan a Dios ni nos satisfacen de manera permanente. Deberíamos disciplinarnos para hacer buenas elecciones que honren a Dios y su Palabra. Dios alienta a sus hijos a andar en el Espíritu, y el modo en que lo hacemos es eligiendo hacer lo que sabemos que es correcto aunque no tengamos ganas. Si sabemos hacer el bien y no lo hacemos, es pecado (ver Santiago 4:17). Cuando Dave y yo tenemos un desacuerdo y el aire está lleno de tensión, yo puedo escoger disculparme y hacer lo que restaurará la paz o puedo escoger mantenerme enojada y esperar a que él se disculpe ante mí. ¿Es más importante para mí tener la razón o tener paz? Sé que es correcto para mí hacer las paces, y si no lo hago, entonces estoy pecando. Dios es nuestro Vindicador, y si necesito que se muestre que tengo razón, Él se ocupará de eso, pero mi parte es honrarlo a Él haciendo lo que sé que es correcto según su Palabra. Dios puede obrar en todos los detalles, pero nosotros necesitamos ser pacificadores y mantenedores de la paz (ver Mateo 5:9).

Justamente la semana pasada, yo tuve una situación con alguien que estaba actuando de muy mala manera. Ella se quejaba, no mostraba agradecimiento alguno, y era muy difícil llevarse bien con ella. Tuvimos algunas palabras acaloradas, y yo me fui. Esperaba que ella llamase para disculparse, porque en realidad ella no tenía razón, pero no llamó. Recordé que Mateo 5:23-24 dice: "Por lo tanto, si estás presentando tu ofrenda en el altar y allí recuerdas que tu hermano tiene algo contra ti, deja tu ofrenda allí delante del altar. Ve primero y reconcíliate con tu hermano; luego vuelve y presenta tu ofrenda". Ya que Dios trajo a mi mente ese pasaje, entendí que Él me estaba pidiendo que yo hiciera lo correcto aun si la otra persona no lo hacía. La llamé y le pregunté cómo le iba, y charlamos un poco. Yo no me disculpé porque no había hecho nada más, pero sí me acerqué a ella como manera de decirle que no estaba enojada con ella. Mi paz regresó, y tuve la satisfacción de saber que yo había obedecido a Dios y que el resto le correspondía a Él.

Ahora entiendo más que nunca que hacer las elecciones correctas es la clave para una vida feliz, y mantener nuestra mente en cosas correctas es otra. No permitas que tu mente vague por ahí y haga lo que le plazca. Recuerda que tienes un espíritu de disciplina y autocontrol. Se te ha dado dominio propio.

A veces, cuando voy por la carretera mirando por la ventanilla del acompañante mientras mi esposo conduce, me doy cuenta de que mi mente ha vagado o se ha apartado hacia algo que no vale la pena y que no producirá nada bueno en mi vida. Eso no me hace ser una mala persona; sencillamente significa que tengo una elección que hacer.

¿Seré perezosa y la dejaré "vagar", o una vez más me disciplinaré para dejar de pensar ese pensamiento erróneo y encontrar algo bueno y noble en lo que pensar?

Mencioné que mi mente a veces vaga en las conversaciones con Dave, pero también sucede algunas veces cuando otras personas están hablando y lo que dicen realmente no me resulta muy interesante. Parece ser importante para ellos, pero no lo es para mí. Mi mente comienza a alejarse hacia pensamientos como: *Espero que terminen enseguida; tengo cosas más importantes que hacer.* O: *Esto es muy aburrido; estaré muy contenta cuando pueda salir de aquí.* Entonces, de repente recuerdo un mensaje que predico con frecuencia sobre el amor: sobre cómo una manera de demostrar amor es escuchar a alguien para hacer que se sienta valioso. Me enfrento a una elección: ¿ando en amor y muestro respeto por la persona que me está hablando, o sólo finjo escuchar mientras tengo pensamientos nada amorosos?

¿Te sorprende saber que ese tipo de cosas me suceden? Te diré un secreto: les suceden a todos. No somos malas personas porque nos lleguen malos pensamientos, pero si no los resistimos, podemos llegar a ser cualquier cosa en la que escojamos enfocar nuestros pensamientos.

La Biblia enseña que tenemos que *procurar* hacer el bien (ver 1 Tesalonicenses 5:15). *Procurar* significa "hacer un intento" (*Merriam-Webster´s Collegiate Dictionary*, Undécima edición). También tenemos que procurar pensar pensamientos correctos. Es necesario disciplina y entrenamiento, pero podemos hacerlo. Decide hoy fijar tu mente en cosas correctas y disciplínate para mantenerla fija en ellas, y disfrutarás de la vida estupenda y poderosa que Dios tiene en su mente para ti.

Piensa en ello

¿Qué harás en el futuro cuando tu mente comience a vagar?

_____

_____

Contrólate

El autocontrol está muy relacionado con la disciplina. Si tienes uno, tienes el otro. A mí me gusta decir que el autocontrol y la disciplina son amigos que te ayudarán a hacer lo que no quieres hacer, a fin de poder tener lo que dices que quieres tener. Es obvio que Dios nos ha dado el fruto del dominio propio porque Él espera que nos controlemos. Es impreciso que una persona diga: "No puedo controlarme". La verdad es que podría si quisiera. Las personas no pueden cambiar a menos que afronten la verdad sobre dónde están, así que todas las excusas deben cesar y ellos deben asumir responsabilidad en esas áreas de las que estamos hablando. Comienza a pensar y decir: "Soy una persona disciplinada y autocontrolada".

El apóstol Pedro escribió sobre varias cualidades positivas que necesitamos desarrollar, incluyendo diligencia, fe, virtud y conocimiento (ver 2 Pedro 1:5). Después pasó a instarnos: "al entendimiento, dominio propio; al dominio propio, constancia; a la constancia, devoción a Dios; a la devoción a Dios, afecto fraternal; y al afecto fraternal, amor" (2 Pedro 1:6, 7). Mostrar amor por las personas es voluntad de Dios, y debería ser la meta de todo cristiano. Parece, por lo que la Biblia dice, que el ejercicio del dominio propio es necesario a fin de que alcancemos esa meta.

Vivir con autocontrol significa ejercer moderación. La moderación no siempre es divertida, pero la Biblia la presenta como algo admirable de hacer. En Proverbios 1:15, cuando el rey Salomón escribe a su hijos sobre cómo vivir con pecadores por todas partes, simplemente aconseja: "¡Pero no te dejes llevar por ellos, hijo mío ¡*Apártate* de sus senderos!" (énfasis de la autora). Obviamente, este es un buen consejo para el joven. Proverbios 10:19 observa: "El que mucho habla, mucho yerra; el que es sabio *refrena* su lengua" (énfasis de la autora). Aquí, vemos que refrenarnos es parte de ser sabios. También es parte de tener buen sentido común, como vemos en Proverbios 19:11: "El buen juicio hace al hombre paciente; su gloria es pasar por alto la ofensa". Obviamente, el refrenarse tiene muchos beneficios, y aprender a practicarlo nos servirá bien en cada aspecto de nuestra vida.

Debemos enseñar a nuestros hijos a ejercitar moderación en sus vidas, porque si no lo hacemos, siempre habrá problemas. Elí, el sacerdote del Antiguo Testamento, permitió a sus hijos que hicieran lo que ellos quisieran; y las cosas que ellos quisieron hacer eran pecado. Como resultado, Dios pronunció lo siguiente sobre la familia de Elí: "Ya le dije que por la maldad de sus hijos he condenado a su familia para siempre; él sabía que estaban blasfemando contra Dios y, sin embargo, no los refrenó" (1 Samuel 3:13). Debido a que Elí no refrenó a sus hijos que estaban pecando, una maldición vino sobre su casa para siempre. Ese es un alto precio a pagar, y Elí pudo haberlo evitado y haber tenido bendiciones sobre su casa si hubiera disciplinado a sus hijos.

Muchas veces, no disciplinamos a nuestros hijos porque nosotros mismos no somos disciplinados. Sólo un padre disciplinado hará lo que sea necesario para disciplinar adecuadamente a sus hijos. No esperes hasta que tus hijos sean adolescentes y entonces desear haberlos disciplinado. Nunca obtenemos lo que deseamos sólo por desearlo; tenemos que practicar las disciplinas que sean necesarias a fin de obtener lo que queremos. Es sorprendente la diferencia en los niños que han sido regularmente y adecuadamente disciplinados comparados con los que no lo han sido. Es realmente desagradable estar con niños no disciplinados durante un largo periodo de tiempo. Constantemente hay que decirles, una y otra vez, qué hacer y qué no hacer. Los niños indisciplinados interrumpen cuando las personas están en una conversación; ensucian cosas que otros tienen que limpiar, y en general son aborrecibles en su conducta. Como padres, seríamos sabios en hacer el trabajo que sea necesario al criar a nuestros hijos para que podamos disfrutar de ellos por muchos, muchos años.

Como líder de una organización grande, a veces me canso de corregir una y otra vez a personas que están bajo mi autoridad. Con frecuencia, simplemente olvidar o pasar por alto un problema sería mucho más fácil que afrontarlo. Pero me disciplino para disciplinar a otros, porque sé que puede que ellos no aprendan a ser disciplinados de otra manera; y sé que la disciplina no sólo resolverá mi problema en el momento, sino que también dará una buena cosecha en las vidas de quienes la reciben si la reciben con una buena actitud. Desde luego, siempre hay veces para ser misericordioso y pasar por alto errores, pero si se cometen por negligencia o se producen repetidamente, eso normalmente significa que es momento de confrontarlo.

Muchas personas no están interesadas en la moderación o el dominio propio; y la disciplina ciertamente no es un concepto popular. Las personas tienden a preferir vivir según el lema: "Si te sientes bien, hazlo". ¡El problema es que eso sencillamente no funciona! No creo que esté exagerando al decir que el mundo bien podría estar en la peor condición en que ha estado en este momento, y las personas disfrutan de más supuesta "libertad" que en ninguna otra época en la Historia. Los derechos humanos y una verdadera libertad piadosa son cosas maravillosas, pero pensar que "libertad" significa que podemos hacer lo que queramos hacer siempre que queramos hacerlo es invitar al desastre a nuestra vida. Yo creo que Dios sabía de lo que hablaba cuando nos alentó a ser disciplinados. La disciplina es una cosa buena. Aumenta la disciplina en tu vida, y verás lo que quiero decir. Piensa en áreas en tu vida en las que quieras ver mejorar; podrían ser las finanzas, la salud, una mejor organización en tu vida, tu modo de pensar o de hablar, o cualquier otra cosa. Ahora di: "Soy una persona disciplinada y autocontrolada, y haré mi parte para poner mi vida en orden".

Piensa en ello

¿Crees que ejerces un autocontrol apropiado? ¿En qué área necesitas más mejorar tu capacidad de refrenarte o de disciplinarte?

_____

_____

Paquete de Poder

"Ciertamente, ninguna disciplina, en el momento de recibirla, parece agradable, sino más bien penosa; sin embargo, después produce una cosecha de justicia y paz para quienes han sido entrenados por ella".
Hebreos 12:11

"«Todo me está permitido», pero no todo es para mi bien. «Todo me está permitido», pero no dejaré que nada me domine".
1 Corintios 6:12

"Al entendimiento, dominio propio; al dominio propio, constancia; a la constancia, devoción a Dios; a la devoción a Dios, afecto fraternal; y al afecto fraternal, amor".
2 Pedro 1:6, 7

"Más bien, ejercítate en la piedad".
1 Timoteo 4:7

Pongo a Dios en primer lugar en mi vida.

"No tengas otros dioses además de mí".
Éxodo 20:3

No he puesto este pensamiento de poder en último lugar en nuestra lista porque sea menos importante, porque verdaderamente es el más importante. Lo he puesto aquí porque quería dejarte con lo que considero lo más vital en nuestra vida, y es simplemente poner a Dios en primer lugar en todo. Deberíamos ponerlo a Él en primer lugar en todos nuestros pensamientos, palabras y decisiones. La Biblia dice que Dios es un Dios celoso. Eso significa que Él no está dispuesto a estar en segundo lugar en ninguna área de nuestra vida. Él nos ama y quiere que tengamos la mejor vida posible. Él sabe que para que eso suceda, debemos mantenerlo a Él y sus enseñanzas para nosotros como nuestra prioridad número uno en todo momento. Creo que el siguiente pasaje de la Escritura lo dice todo:

Porque todas las cosas proceden de él, y existen por
él y para él. ¡A él sea la gloria por siempre! Amén.
(Romanos 11:36)

Me encanta meditar en este versículo porque me ayuda a regresar a la realidad de que la vida se trata de Dios. Cuando nuestras vidas aquí terminen, lo único que permanece es Dios, y ese es un pensamiento aleccionador para que cualquiera lo medite. La tierra y las cosas que hay en ella se desvanecerán; simplemente desaparecerán y todos tendremos que comparecer delante de Dios y dar cuentas de nuestras vidas (ver Romanos 14:12). Creo que cada uno de nosotros debería tener cuidado de cómo vive, y aprender a poner a Dios en primer lugar en todas las cosas. Todo lo que Dios nos pide es para nuestro bien. Todas sus enseñanzas para nosotros tienen la intención de mostrarnos el camino de la justicia, la paz y el gozo. Jesús no murió para que podamos tener una religión, sino para que pudiéramos tener una profunda e íntima relación personal con Dios por medio de Él. Él quiere que vivamos con Él, por medio de Él y para Él. Él nos creó para que tuviéramos comunión con Él. Es una tragedia que la gente viva e ignore a Dios a menos que tenga algún tipo de emergencia con la que le pide ayuda. En Jeremías Él dijo que su pueblo le había olvidado a Él durante mucho tiempo, y eso es ciertamente triste (ver Jeremías 2:32). Ya que Dios lo es todo, ¿cómo podemos olvidarnos de Él?

Tristemente, muchas personas desperdician gran parte de su vida, si no toda ella, antes de entender que tener una relación correcta con Dios es lo más importante en toda la vida. El mundo batalla por encontrar paz y gozo en todos los lugares equivocados, y la verdad es que Él (Dios) es nuestra paz y nuestro gozo. Él también es todo lo demás que cualquiera verdaderamente necesita. Dios se deleita en proveernos y ayudarnos, pero se niega a ser tratado como un tipo de Santa Claus espiritual. Es decir, alguien a quien sólo acudimos cuando necesitamos o queremos algo.

Dios dijo que no hemos de tener otros dioses delante de Él ¿Qué adoras tú? ¿Qué pones en primer lugar en tu vida?

¿Sobre qué piensas, hablas, y pasas haciendo la mayor parte del tiempo? Si somos sinceros con nosotros mismos, no necesitaremos mucho tiempo para localizar qué o quién tiene el primer lugar en nuestra vida. Tendemos a ser egoístas, y nuestra meta número uno es normalmente obtener lo que queremos. Lo que muchas personas no entienden es que nunca pueden sentirse realizadas o tener la satisfacción que desean aparte de Dios. Él nos creó para su placer y deleite. Él nos dio un libre albedrío de modo que podemos escogerlo o rechazarlo a Él, porque Él no se deleita en un corazón que no le sirva por elección. Él nos da vida como un regalo, y si nosotros se la ofrecemos libremente a Él, entonces, y sólo entonces, podemos vivirla plenamente y con gozo. Sin embargo, si tratamos de guardar nuestra vida para nosotros mismos, la perderemos. Puede que vivamos muchos años, pero serán años frustrantes e infelices.

Recientemente comprendí que es bastante posible recibir a Jesucristo como Señor y nunca entregarnos a Él. Le queremos a Él y lo que Él ofrece, pero somos reacios a entregarnos a nosotros mismos a Él para que Él nos use y haga su voluntad en nosotros. Hemos de vivir vidas dedicadas y consagradas en las que Dios y su voluntad sean nuestra prioridad número uno. Cualquiera que no haga eso, nunca estará verdaderamente contento y satisfecho.

La gente con frecuencia me pregunta cómo mantengo en orden mis prioridades. La respuesta es que continuamente debo reajustarlas. Como la mayoría de cosas en la vida, sólo porque nuestras prioridades estén bien hoy no significa que vayan a permanecer de ese modo. En nuestras ocupadas vidas, tenemos muchas cosas que reclaman nuestro tiempo y atención, y entiendo que es fácil desviarse del curso. Pero podemos diariamente restablecer cuáles serán nuestras prioridades. Diariamente podemos mirar nuestras vidas y asegurarnos de que sean fructíferas y no sólo ocupadas haciendo cosas que toman tiempo y terminan alejándonos cada vez más de Dios. Podemos desarrollar disciplinas espirituales en nuestra vida que nos ayudarán a mantener a Dios como el centro de todo lo que hacemos. La lectura de la Biblia y el estudio, la oración, el silencio y la soledad, el servicio, dar, y muchas otras cosas deberíamos practicarlas regularmente.

Todo

Para convertirse en cristiana, lo único que una persona tiene que hacer es creer que Jesucristo es el Hijo de Dios, que Él murió por nuestros pecados, que resucitó de la muerte, y que Él nos ofrece vida eterna. Pero recibir la salvación no garantiza que todos tendrán una relación cercana y creciente con Dios; y tampoco lo garantiza asistir a la iglesia. Realmente amar a Dios, tener a Jesús como Señor de nuestra vida, y seguirle de todo corazón requiere algo más que orar lo que se conoce como "la oración del pecador", asistir a la iglesia los domingos, o hasta rodearnos de amigos cristianos.

Dios te ama. Él ama todo con respecto a ti, y se interesa por todo lo que te concierne. Él quiere participar en cada aspecto de tu vida. Piensa en esto: un hombre tiene una buena educación académica y formación como el Director General de una próspera empresa. Es cristiano; ora antes de las comidas en su casa con su familia, y sirve en el comité financiero en su iglesia. Rara vez se pierde un servicio, juega al golf con hombres de su clase de escuela dominical, y da generosamente para el fondo de beneficencia. Pero en los negocios, este hombre es conocido como carente de integridad y de una honestidad total. De algún modo en su mente, él ha separado la parte del trabajo en su vida de su relación con Dios. Cuando siente convicción de parte de Dios en cuanto a tomar una decisión de negocios comprometedora, enseguida se dice a sí mismo: "son sólo negocios".

El problema es que él nunca ora por empresas del negocio. Él nunca ha leído la Biblia para ver qué dice sobre el trabajo, las finanzas, manejar a personas, tomar decisiones, o cualquier otra cosa relativa a los negocios. Él respeta la Palabra de Dios en algunas áreas de su vida pero no busca en ella para obtener guía en su carrera. Él mantiene a Dios en su "caja de dios" bien separado de su vida cotidiana. Cuando dividimos la vida en sagrado y secular, nos estamos embarcando en problemas. Dios no debe estar separado de ningún aspecto de la vida, sino que, por el contrario, Él debe estar en el centro de todo lo que hacemos. Cuando el hombre del que estamos hablando entra en su oficina cada mañana, pone toda su confianza en su formación, experiencia e instintos en lugar de ponerla en Dios. Después de todo, pasó años aprendiendo a dirigir una empresa rentable; por tanto, ¿por qué no tomar decisiones basándose en teorías demostradas y buen conocimiento de la industria en la que trabaja? En cuanto a las "pequeñas mentiras" que él dice para cerrar un trato, razona que todo el mundo lo hace y que no es para tanto.

Ahora bien, digamos que este hombre de repente sufre un dramático e inesperado cambio en el mercado en que trabaja su empresa. Esa caída económica da como resultado despidos de muchos de sus leales empleados y hasta afecta a sus propios ingresos. Todos los afectados tienen que manejar dificultades y presión que antes no habían afrontado. Es una situación terrible, y el desesperado Director General se pregunta cada día: *¿Cómo es posible que esto sucediera?* Está nervioso, ansioso, y preocupado. Se desalienta y se deprime. Le pide a Dios que le ayude con su problema. Quiere que Dios lo arregle para que él vuelva a ser feliz y sencillamente viva su vida.

Aunque hay todo tipo de razones para que sucedan cambios en los climas de los negocios, sabemos por la historia de este hombre que él es cristiano, pero no invitó a Dios a su trabajo. Quizá, si él hubiera entendido la sabiduría de la Escritura en lo que respecta a negocios y finanzas, podría haber tomado decisiones para esquivar el desastre. Si Dios hubiera estado en primer lugar en toda su vida, quizá él habría visto venir el cambio en el mercado y podría haber tomado decisiones para evitarlo. Quizá, si él hubiera orado y pedido ayuda a Dios en su negocio, las personas y las familias afectadas por despidos podrían haber seguido siendo prósperas. Quizá el hombre podría haber evitado el estrés de intentar rescatar a una empresa que se hunde si sencillamente hubiera permitido que la verdad y las enseñanzas de Dios le guiasen, en lugar de confiar en información y teorías de mercado. Y sin duda, si el hombre hubiera mantenido a Jesús como el centro de toda su vida en todo momento, podría haber evitado las emociones negativas que experimentó cuando sus circunstancias cambiaron. Su confianza en Dios le habría dado seguridad de estar cuidado sin importar lo que sucediese en el mercado o en el mundo de los negocios.

No estoy diciendo que deberíamos ignorar toda la información que llega por medios naturales, pero no podemos confiar en ella por completo; estoy diciendo que ignorar a Dios, o limitar tu tiempo con Él a una rápida visita el domingo en la mañana a la iglesia es muy necio.

Permítame que diga enseguida que aplaudo a todos los que trabajan y estudian para prepararse para carreras. Estoy a favor de obtener todo el conocimiento, educación y formación disponibles. Pero no estoy a favor de *confiar* en esas cosas. Estoy a favor de confiar en Dios. Las teorías y los libros de texto pueden fallar, pero Dios puede dar a una persona que busca su ayuda una idea creativa que haga que un negocio tenga éxito. Aunque necesitamos estar equipados con conocimiento natural, nuestra mayor necesidad es saber cómo buscar y aplicar la sabiduría de Dios. Cuando ponemos a Dios en primer lugar, Él supera todo lo demás.

Dios no sólo quiere participar en nuestros negocios y carreras, sino que también quiere participar en todos los demás aspectos de nuestra vida: nuestros pensamientos, nuestras conversaciones, el modo en que escogemos educar a nuestros hijos, la manera en que manejamos nuestro tiempo, el modo en que gastamos nuestro dinero, cómo nos vestimos, lo que comemos y bebemos, cómo nos entretenemos, lo que vemos y escuchamos, y quiénes son nuestros amigos. Si verdaderamente lo ponemos a Él en primer lugar, le daremos la bienvenida a todas esas áreas de nuestra vida. Estudiaremos su Palabra para aprender la verdad de Él acerca de esas cosas, y seremos diligentes para obedecer los impulsos de su Espíritu.

¿Eres olvidadizo?

Creo que Jeremías 2:32 puede ser el versículo más triste de la Biblia: "¿Acaso una joven se olvida de sus joyas, o una novia de su atavío? ¡Pues hace muchísimo tiempo que mi pueblo se olvidó de mí!". ¿No es triste eso? Dios básicamente está diciendo en este versículo: "Mi pueblo se olvida de mí. Mi pueblo pasa días sin hablar con Dios, y entonces, de repente, tienen un problema y se acuerdan de Él y acuden corriendo a Él en busca de ayuda".

No puedo enfatizar en exceso este punto: *debemos* aprender a dejar de ignorar a Dios cuando nuestra vida va bien y buscarle sólo cuando necesitamos algo. Deberíamos buscarlo a Él *todo el tiempo*. Ciertamente le necesitamos todo el tiempo, pero debido al orgullo, el egoísmo y la confianza en nosotros mismos no siempre queremos que Él participe en todo. Esto es la naturaleza humana, pero como cristianos recibimos una nueva naturaleza. La naturaleza de Dios viene a morar en nuestro espíritu, y por eso debemos aprender a andar por el Espíritu y no por la carne.

Cuando no estamos afrontando crisis ni teniendo problemas, tendemos a pensar que podemos manejar las cosas por nosotros mismos. Pero en el momento en que tenemos un problema que no podemos resolver, de repente entendemos que necesitamos a Dios después de todo. Honrémosle poniéndole a Él en primer lugar en todo; no sólo cuando nos encontramos en situaciones que no podemos manejar por nosotros mismos.

¿Demasiado ocupado?

Creo que a la mayoría de las personas les gustaría tener una estupenda relación con Dios, pero lo que no entienden es que eso depende del tiempo que estén dispuestas a invertir en llegar a conocerle. Algunas personas no creen que sea posible tener intimidad con Dios, muchas están sencillamente demasiado ocupadas con otras cosas y permiten que su relación con Dios tome un lugar secundario con respecto a todo lo demás en su vida. La verdad es que si creemos que estamos demasiado ocupados para que pasar tiempo con Dios sea una prioridad, entonces sencillamente estamos demasiado ocupados. Es necio no tener nunca tiempo para lo más importante en la vida.

Una vez leí que alguien calculó cómo emplea la persona promedio una vida normal de setenta años. El siguiente es el cálculo: si vives hasta los setenta años, es más que probable que pases veintitrés años durmiendo, dieciséis años trabajando, ocho años viendo televisión, seis años comiendo, seis años viajando, cuatro años y medio de actividades recreativas, cuatro años enfermo, y dos años vistiéndote. Una persona promedio o común y corriente pasa seis meses de su vida en actividades espirituales. Si sumas los números, obtendrás un total de setenta años; y entonces la vida termina. ¿Quieres pasar cuatro veces más de tu tiempo vistiéndote que hablando con Dios, leyendo su Palabra, o adorándole? ¡Yo no!

Incluso leí una vez que el ministro promedio ora cuatro minutos por día. Entiendo que hay muchos que oran mucho más que eso, pero si cuatro minutos es la media, no es sorprendente que muchas personas vayan a la iglesia y no sientan que se benefician de estar allí. Descubrí hace años que el poder que proviene del púlpito cuando yo ministro a otros depende de cómo viva mi vida privada. Creo que el éxito de cualquiera en los negocios, en el ministerio, o en la vida cotidiana está directamente relacionado con el lugar de importancia que se dé a Dios en la vida diaria.

Con todo tu corazón

Cuando pensamos en cuánto tiempo las personas realmente le dan a Dios, podemos entender por qué la Biblia nos insta con tanta fuerza a buscarle. El hecho es que estamos pasando por alto lo mejor en la vida si nunca realmente llegamos a conocer a Dios personalmente. Debemos buscarle diariamente. El apóstol Pablo dijo que su propósito era conocer a Dios y el poder que fluía de su resurrección (ver Filipenses 3:10). La palabra *buscar* es una palabra muy fuerte. En su idioma original significa "anhelar; perseguir, ir tras algo con todas tus fuerzas". En Jeremías 29:13, Dios mismo promete: "Me buscarán y me encontrarán, cuando me busquen de todo corazón".

Jesús nos dijo claramente cuál debería ser nuestra meta y prioridad número uno. Cuando los fariseos le preguntaron cuál era el mandamiento más importante de todos, Él respondió: "Ama al Señor tu Dios con todo tu corazón, con todo tu ser y con toda tu mente" (Mateo 22:37). En otras palabras, no podemos sólo amar a Dios cuando necesitamos que nos ayude; no podemos amarlo sólo cuando sea conveniente para nosotros o popular; no deberíamos prestarle atención a Él sólo cuando estamos en la iglesia o porque pensamos que Él podría castigarnos si no lo hacemos. ¡No! Hemos de amarle con todo nuestro corazón, no por temor u obligación. Y hemos de amarle apasionadamente. Eso es lo que significa "con todo tu corazón".

Él es un Dios maravilloso. ¡Él es digno de amor! Él es digno de toda nuestra pasión y devoción. Así que no esperes hasta encontrarte en una situación desesperada. Decide buscar a Dios y amarle *con todo tu corazón* desde este mismo instante.

¿Y si no quieres hacerlo?

Más que ninguna otra cosa, quiero ayudarte a que tengas la mejor vida que posiblemente puedas tener. A veces, eso significa responder preguntas sinceramente, como: "¿Y si no quiero buscar a Dios con todo mi corazón? ¿Y si no tengo ningún deseo de ponerle a Él en primer lugar en mi vida?".

La mayor parte del tiempo, las personas que tienen la valentía de hacerse esas preguntas realmente *quieren* buscar a Dios. El hecho de que no anhelen la presencia de Dios con frecuencia hace que se sientan culpables o avergonzados, pero creo que es bueno que sean sinceros. Si desearías querer buscar a Dios, pero la idea de orar y de leer tu Biblia realmente no te emociona, permite que te ayude.

Pide

En primer lugar, pide a Dios que te dé el deseo que necesitas. Si no tienes un deseo genuino de conocer a Dios y buscar sus caminos, te agotarás intentándolo. *Debes* tener ese deseo, porque el deseo es el combustible que te impulsa a seguir adelante a medida que creces en Dios. Te hace querer estar en la presencia de Dios, y te ayuda a permanecer enfocado mientras oras y lees la Palabra de Dios. Dios es el único que nos da la voluntad y el deseo para que se cumpla su buena voluntad (ver Filipenses 2:13), así que pide.

La oración es el modo en que pedimos lo que necesitamos a Dios, y cuando oramos, Él oye y responde. Si no tienes un deseo de crecer en tu relación con Dios, no intentes convencer a nadie (incluyéndote a ti mismo y a Dios) de que sí lo tienes. Admite que realmente no quieres hacerlo, y entonces pídele a Él que te ayude a quererlo. Después de todo, Dios conoce tu corazón; Él sabe cuando realmente no quieres buscarle a Él, pero también sabe cuando desearías poder querer. Él quiere darte ese deseo, así que pídeselo, y Él lo hará. Si sabes que otras cosas son demasiado importantes para ti y que necesitas tener un cambio de corazón, comienza a orar al respecto y Dios obrará en ti para cambiar tus deseos. En el Salmo 38, David le dijo a Dios que su único deseo era estar delante de Él. Dios puede darnos deseos que sean buenos y correctos, y quitar otros que sean destructivos, ¡así que pide!

Ha habido personas que me han dicho: "Me gustaría sentir del mismo modo en que tú sientes con respecto a Dios, pero sencillamente no lo siento". Puede que ellos no entiendan que yo no siempre tuve la pasión por Dios que tengo ahora. Yo tuve que hacer las mismas cosas que te estoy alentando a hacer. Oré para querer orar más, para querer estudiar más, y para querer dar más y servir más. Oro todo el tiempo para no ser egoísta y egocéntrica. No tenemos porque no pedimos (ver Santiago 4:2), ¡así que comienza a pedir!

Sé disciplinado

En segundo lugar, tendrás que ejercitar las disciplinas espirituales. Has leído ampliamente sobre la disciplina en el pensamiento de poder 11, y se aplica a tu vida espiritual tanto como a otras áreas de la vida. Deja que te dé un ejemplo.

No quieres tener hambre física por mucho tiempo, ¿no es cierto? Claro que no. Así que piensas en lo que te gustaría comer; vas al supermercado y lo compras; te lo llevas a casa; lo preparas; te lo comes; entonces lavas todo después de terminar. Puedes pasar dos horas preparando una comida que te comes en diez minutos. A pesar de eso, tienes que hacer un esfuerzo si no quieres tener hambre.

Espiritualmente te alimentas de modo similar. La parte espiritual de ti sí quiere y necesita pasar tiempo de calidad con Dios, pero tu carne necesita ser disciplinada. Necesita formar nuevos hábitos. La oración es hablar a Dios sobre todo tipo de cosas. Tú nunca esperarías tener una buena relación con un ser humano si nunca hablaras con esa persona ni tomases tiempo para escucharla, ¿verdad? ¿Entonces por qué pensarías que podrías disfrutar de una creciente relación con Dios si nunca hablases con Él ni le escuchases?

Pasar tiempo en la Palabra de Dios y en oración son disciplinas espirituales que nos ayudan a llegar a conocerlo a Él. La adoración y la alabanza es otra manera de conectar con Dios. Cuando adoras a Dios, te enfocas en quién es Él; agrandas todas las cosas que son tan maravillosas sobre Él y le das las gracias por toda su bondad en tu vida. Esto hace que tu fe crezca y te lleva más cerca de Él. Servir y dar con un motivo correcto también nos acerca más a Dios. Todas estas disciplinas espirituales evitan que pases hambre espiritualmente. Haz el esfuerzo de ejercitarlas, y verás lo que quiero decir.

Enséñate a ti mismo

Otra manera de buscar a Dios es enseñarte a ti mismo con respecto a los caminos y los propósitos de Dios. Ciertamente, tienes que poner tu corazón en buscar a Dios, pero también tienes que poner tu mente en ello y tienes que aprender cosas que puede que aún no sepas. Encuentra una iglesia buena, sólida y basada en la Biblia y participa en ella. Lee libros; escucha sermones y enseñanzas; toma clases o participa en estudios bíblicos; asiste a conferencias y seminarios; encuentra personas que sean más maduras experimentadas en Dios que tú y hazles preguntas. Si verdaderamente buscas a Dios, necesitarás hacer un esfuerzo. Invertir tiempo y dinero en obtener los recursos que necesitas para crecer es una valiosa inversión que da maravillosos dividendos.

Si fueses a la universidad, esperarías comprar libros de texto y hacer una inversión de tiempo para obtener el conocimiento que desearas. ¿Por qué aprender sobre Dios sería diferente?

Pruébalo

En el pensamiento de poder 5, mencioné que el amor es algo más que bonitos sentimientos; el verdadero amor incluye acción. Si decimos que amamos a Dios y queremos ponerlo a Él en primer lugar en nuestra vida, debemos actuar; y actuamos en amor al obedecerle. Muy pocos de nosotros diríamos: "No voy a obedecer a Dios". En cambio, ponemos excusas. Recuerdo muchas veces en que yo me enojaba fácilmente y era difícil llevarse bien conmigo, y entonces excusaba mi conducta diciendo: "Estoy cansada y no me siento bien". Puede que sea más difícil ser amable con otros cuando estamos cansados, pero a toda costa debemos evitar poner excusas porque nos engañan y nos dan permiso para continuar en desobediencia. No estamos poniendo a Dios en primer lugar si le desobedecemos.

Si verdaderamente deseamos obedecer a Dios, creceremos regularmente en aprender cómo oír su voz y escoger el camino que Él nos pide que tomemos. Ora diariamente para que recibas la gracia de Dios para obedecerle. No sólo lo intentes. . . ¡ora!

Rápida obediencia

En Éxodo 24, Dios habló a Moisés y Moisés registró lo que Él dijo. Cuando él leyó esas palabras al pueblo de Dios, ellos respondieron: "Haremos todo lo que el Señor ha dicho, y le obedeceremos" (Éxodo 24:7). Obviamente, ellos no trataron la Palabra de Dios a la ligera. Entendieron que no podían simplemente oír lo que Dios decía, sino que también tenían que obedecer. Cuando leo este pasaje, tengo la impresión de que el pueblo había acudido a oír la Palabra habiendo decidido ya que querían aprender lo que habían de hacer y cómo habían de vivir. Su actitud parecía ser: "Sin importar lo que Dios diga, lo haremos". Meditar en el pensamiento de poder: "Pongo a Dios en primer lugar en mi vida" te ayudará a desarrollar una nueva mentalidad. Tu actitud pasará a ser una de rápida obediencia en lugar de ser de indecisión y excusas.

En Santiago 1:22 leemos: "No se contenten sólo con escuchar la palabra, pues así se engañan ustedes mismos. Llévenla a la práctica". Cosas maravillosas sucederían si nos propusiéramos en nuestra mente hacer lo que oímos en la Palabra de Dios en lugar de limitarnos a escucharla.

En nuestra cultura actual, a veces escuchamos enseñanza basada en la Biblia con el propósito de obtener conocimiento. Aunque el conocimiento es importante, no cambiará nuestra vida a menos que lo pongamos en práctica. Muchas personas me han dicho a lo largo de los años: "Joyce, tengo todos sus libros y cintas, y le veo en televisión cada día". Agradezco mucho tales comentarios, pero realmente quiero decir en respuesta: "Eso es estupendo, ¿pero está aplicando lo que aprende? ¿Está obedeciendo la Palabra de Dios cuando la oye?". He hablado en este libro sobre el poder de las mentalidades correctas. Si de antemano proponemos en nuestra mente obedecer las enseñanzas de

Dios, será mucho más fácil hacerlo. ¿Cuánto de lo que sabes lo estás haciendo? Comienza a confesar: "Pongo a Dios y su voluntad en primer lugar en todo momento". Esto renovará tu mente y pronto te encontrarás siendo más obediente con menos lucha. Recuerda que donde va la mente, el hombre le sigue. Nos convertimos en lo que pensamos (ver Proverbios 23:7).

No debemos permitirnos meramente sentirnos bien por el hecho de que vamos a la iglesia, podemos citar pasajes de la Biblia, o tenemos muchos recursos cristianos a menos que hagamos todo el esfuerzo por alinear nuestra conducta con lo que aprendemos. Entiendo que estamos en un viaje de toda la vida, y que ninguno de nosotros ha llegado ya, pero sí necesitamos estar seguros de estar diariamente prosiguiendo a la meta de ser semejantes a Cristo.

Grandes números de cristianos viven en enojo, amargura, resentimiento y falta de perdón, y sin embargo, saben que Dios nos enseña fuertemente a perdonar y a ser rápidos en hacerlo. ¿Por qué hacen ellos eso? Lo hacen porque la obediencia requiere una decisión de la voluntad que va más allá de las emociones. Seguimos nuestros sentimientos exageradamente. Debemos tomar posesión de nuestras emociones y no permitir que ellas nos posean a nosotros. Una persona puede saber que realmente necesita salir de las deudas, pero simplemente sigue posponiéndolo. Tiene intención de hacerlo, pero no entiende que las buenas intenciones no son obediencia. Si simplemente escuchamos pero no obedecemos, realmente no nos ayuda ni glorifica a Dios.

Poner a Dios en primer lugar significa que escogemos lo que a Él le agrada en lugar de lo que nos agrada a nosotros. Trata de aprender en tu experiencia lo que es agradable a Dios y fija tu mente en hacerlo.

No sirvas sobras

No podría escribir sobre poner a Dios en primer lugar sin mencionar Mateo 6:33: "Más bien, busquen primeramente el reino de Dios y su justicia, y todas estas cosas les serán añadidas". En otras palabras, si ponemos a Dios en primer lugar, todas nuestras necesidades serán satisfechas; todo lo demás encajará en su lugar.

La idea de poner a Dios en primer lugar aparece en toda la Biblia. En el Antiguo Testamento, el pueblo de Dios daba lo que se llamaba una "ofrenda de primicias", lo cual significaba que le daban a Él lo primero de todo lo que tenían: su producción, sus animales primogénitos, sus hijos primogénitos, su oro y su plata; todo. Por tanto, si un hombre trabajaba como agricultor, daba las primeras cosechas que aparecían en su campo al Señor como ofrenda.

Cuando damos a Dios nuestras primicias, estamos diciendo: "Señor, quiero darte esto a ti antes de hacer ninguna otra cosa. Confío en que tú te ocuparás de mí y suplirás todas mis necesidades, y quiero honrarte con la primera evidencia de mi provisión y mi ganancia. No quiero darte mis sobras; quiero darte mis 'primicias', para mostrarte que tú eres lo primero en mi vida. Te doy mis primeros frutos, y confío en que tú traerás más". Si le damos a Dios lo primero de todo lo que llega a nuestro camino, el resto es bendecido.

Mira, Dios es un creador, no un consumidor. Todo lo que tenemos viene de Él; Él simplemente pide la primera parte de ello; no porque lo necesite, sino porque necesitamos darlo para mantenernos conscientes del hecho de que Él tiene la preeminencia en nuestra vida. Nada de lo que le ofrezcamos a Él se pierde; en cambio, puede ser multiplicado porque lo ponemos en manos de Él.

Te insto a que pongas a Dios en primer lugar dándole tus primicias. Dale a Él la primera parte de cada día pasando tiempo con Él antes de hacer ninguna otra cosa. Comienza a organizar tu día alrededor de Dios en lugar de intentar incluir a Dios en tu día. Si le damos a Él la primera parte, Él hará que el resto sea muy productivo. Dale a Dios la primera parte de tus finanzas sin esperar a ver qué te queda para Él después de haber pagado tus facturas. Dale a Dios lo primero de tu atención, acudiendo a Él en busca de guía antes de correr a tus amigos o al Internet en busca de consejo.

Dios es grande, ¡y Él es nuestro Dios! Él puede y está dispuesto a hacer por nosotros más de lo que nunca podríamos pedir o pensar (ver Efesios 3:20). Él desea alargar tu vida y quiere que disfrutes no sólo de tu vida, sino también de Él. ¿Disfrutas de Dios? ¿Tienes una cercana comunión con Él? ¿Es Él el primero en tu vida? No tengas temor a responder estas preguntas con sinceridad, porque Dios ama la sinceridad. Ciertamente, hubo una época en mi vida en que Dios no ocupaba el primer lugar; yo iba a la iglesia pero no disfrutaba de Dios ni tenía una comunión cercana con Él. Todo eso ha cambiado en mi vida, y puede cambiar también en la tuya. Comienza a practicar el pensamiento de poder: "Pongo a Dios en primer lugar en mi vida". Cuanto más lo pienses, más lo harás.

Poner a Dios en primer lugar es una elección. Tienes que hacerlo deliberadamente. Pero es una elección que produce bendiciones mayores de lo que podrías imaginar: paz en tu corazón, gozo, satisfacción en la vida, provisión para cada necesidad, y todo lo bueno. Pon a Dios en primer lugar en tu vida hoy y cada día. ¡Y observa para ver lo que Él hará!

Piensa en ello

Quiero que seas totalmente sincero contigo mismo y te preguntes si has permitido que algo esté por delante de Él; y si lo has hecho, realiza un ajuste.

Paquete de Poder

"Me buscarán y me encontrarán, cuando
me busquen de todo corazón".
Jeremías 29:13

"Ama al Señor tu Dios con todo tu corazón,
con todo tu ser y con toda tu mente".
Mateo 22:37

"Más bien, busquen primeramente el reino de Dios y
su justicia, y todas estas cosas les serán añadidas".
Mateo 6:33

Armado y listo para la batalla

Tanto el león como la gacela tienen que mantenerse vigilantes y permanecer activos a fin de seguir con vida. Lo mismo es cierto para ti y para mí. Realmente creo que la calidad de tu vida está en juego, y si quieres tener la mejor vida que puedas posiblemente tener, tienes que ser implacable en cuanto a pensar pensamientos correctos. Necesitas pensar con propósito; necesitas disciplinar tu mente; y necesitas asegurarte de que tus pensamientos estén en armonía con la Palabra de Dios en cada área de tu vida. Espero que este libro haya edificado un deseo y una determinación en ti de hacer eso.

Tuve el privilegio de escribir un libro en 2002 que ha vendido más de dos millones de ejemplares y ha sido distribuido en muchos idiomas. Se titula *El Campo de Batalla de la Mente*. El libro enseña la importancia de los pensamientos y cómo controlarlos. Este libro, *Pensamientos de Poder*, es un paso más allá de *El Campo de Batalla de la Mente*. Creo que es un estudio claro de cómo mantener nuestra mente renovada diariamente y disfrutar de la vida que Dios quiere para nosotros. Meditar en la Palabra de Dios, pasando por nuestra mente una y otra vez pasajes bíblicos y musitándolos verbalmente, es vital para renovar la mente. Creo que puedo decir con exactitud que es la clave para renovar tu mente. Cuanto más pensamos sobre una parte de la Escritura, más pasa de ser información a ser revelación, y eso es lo que necesitamos. Cuando algo se convierte en revelación para nosotros, está vivo en nosotros y tiene mucho más impacto sobre nosotros que la mera información. Por eso Jesús dijo que la medida de pensamiento y estudio que demos a la verdad que hemos oído es la medida de virtud (poder) y conocimiento que nos regresa (ver Marcos 4:24).

La mente es definitivamente el terreno de batalla donde libramos guerra con Satanás y sus pensamientos malos y engañosos. Si no hacemos guerra contra ellos, se convertirán en actos y nuestras vidas quedarán arruinadas. La Palabra de Dios es nuestra arma, y debemos utilizarla agresivamente para renovar constantemente nuestra mente.

Recuerda: renovar tu mente toma tiempo. Puede que necesites terminar de leer esta página y entonces regresar al comienzo de este libro y volver a leerlo otra vez a fin de obtener de él lo que necesites. Puede que necesites releer capítulos concretos o pasajes en los próximos días y semanas a fin de hacer que ciertos puntos queden establecidos en tu mente. Puede que necesites encontrar a un amigo que también entienda el poder de los pensamientos y juntos lean este libro, hablando de él y alentándose mutuamente a hacer lo que sugiere. Escribe estos doce pensamientos de poder en tamaño lo bastante grande para poder leerlos fácilmente al pasar. Ponlos en varios lugares donde probablemente estés cada día. Escríbelos en la primera página de tu Biblia, lleva este libro contigo y relee capítulos mientras esperas que llegue tu turno en las citas. Cualquier cosa que necesites hacer para hacer que tu mente esté en la condición que Dios quiere que esté, hazlo; porque tu calidad de vida depende de ello.

Si no has leído *El Campo de Batalla de la Mente*, te aliento encarecidamente a que lo hagas. Lo tenemos hasta en un formato especial para niños y adolescentes. ¡Queremos que toda la familia piense correctamente! *El Campo de Batalla de la Mente* también está disponible en formato devocional, en CD y en DVD. Puedes ver que voy en serio en cuanto a ayudar a la gente a pensar correctamente.

No lo olvides: toma cada pensamiento de poder y pasa una semana meditando en él. El programa completo tomará doce semanas. Puedes considerar hacer el programa cuatro veces en un año o al menos regresar a los que más se apliquen a ti. ¡La repetición es buena! Ayudará a que esos pensamientos se arraiguen en tu corazón, y entonces comenzarás a decir lo que está en tu corazón, y cuando tus palabras estén de acuerdo con las de Dios, verás las circunstancias cambiar.

Estoy emocionada por todos los que decidan hacer este programa. Sé lo que estos principios han producido en mi vida, y harán lo mismo en la tuya. ¡Que tengas un viaje estupendo!

NOTAS

Capítulo 1: El poder de un yo positivo

1. "Stripped Gears" (*The Rotarian*, marzo 1988), p. 72.

Capítulo 2: Enseña a tu mente a trabajar por ti

1. Carol Ryff, "Power of a Super Attitude" (*USA Today*, 12 octubre 2004), http://www.usatoday.com/news/health/2004-10-12-mind-body_x.htm.

2. Robert Roy Britt, LiveScience Web site, "Study: Optimists Live Longer" (1 noviembre 2004), http://www.livescience.com/health/041101_optimist_heart.html.

3. BBC World News Web site, "Positive Thinking 'extends life'" (29 julio 2002), http://news.bbc.co.uk/2/hi/health/2158336.stm.

4. Página web de la Clínica Mayo; "Positive Thinking: Reduce Stress, Enjoy Life More"; http://www.mayoclinic.com/health/positive-thinking/SR00009.

5. Lauren Neergaard, "Study Verifies Power of Positive Thinking" (Associated Press, 28 noviembre 2005).

6. Chris Tucker, "The Way We're Wired" (*American Way*, 15 marzo 2008), p. 26.

7. Steve May, *The Story File* (Massachusetts: Hendrickson Publishers, 2000), p. 127.

8. Página web de la Clínica Mayo; "Positive Thinking: Reduce Stress, Enjoy Life More"; http://www.mayoclinic.com/health/positive-thinking/SR00009.

Capítulo 3: Por tu propio bien

Steve May, *The Story File* (Massachusetts: Hendrickson Publishers, 2000), pp. 2–3.

NOTAS

Robert R. Jackson, "Portia Spider: Mistress of Deception" (*National Geographic*, noviembre 1996), p. 114.

Pensamiento de Poder 2: *¡Dios me ama incondicionalmente!*

William Bausch, *A World of Stories for Preachers and Teachers* (Connecticut: Twenty-Third Publications, abril 1998), p. 472.

Pensamiento de Poder 3: *No viviré en temor.*

Steve May, *The Story File* (Massachusetts: Hendrickson Publishers, 2000), p. 127.

Caroline Leaf, *Who Switched Off My Brain?* (Nashville: Thomas Nelson, Inc.).

"Michigan: Fatal Overreaction" (Revista *Time*, 14 agosto 1989), http://www.time.com/time/magazine/article/0,9171,958326,00.html.

Pensamiento de Poder 4: *Soy difícil de ofender.*

John Bevere, *The Bait of Satan: Living Free from the Deadly Trap of Offense* (Lake Mary, Florida: Charisma House, 2004), p. 2.

Pensamiento de Poder 7: *Estoy satisfecho y emocionalmente estable.*

Deborah Norville, "The New Science of Thank You" (página web de Reader's Digest, octubre 2007), http://rd.com/content/the-new-science-of-being-thankful.

Pensamiento de Poder 10: *Vivo en el presente y disfruto de cada momento.*

Steve May, *The Story File* (Massachusetts: Hendrickson Publishers, 2000), pp. 150–151.

ACERCA DE LA AUTORA

JOYCE MEYER es una de las destacadas maestras de la Biblia en el mundo. Autora n. 1 de éxitos de venta del *New York Times*, ha escrito más de ochenta libros inspiracionales, incluyendo *Revolución de amor, Never Give Up!*, la familia de libros El Campo de Batalla de la Mente, y dos novelas, *The Penny* y *Any Minute*, al igual que muchos otros. También ha publicado miles de enseñanzas en audio, al igual que una completa videoteca. Los programas de radio y de televisión de Joyce, *Disfrutando la Vida Diaria*® se emiten en todo el mundo, y ella viaja mucho realizando conferencias. Joyce y su esposo, Dave, son padres de cuatro hijos adultos y tienen su hogar en St. Louis, Missouri.

DIRECCIONES DE LAS OFICINAS
DE LOS MINISTERIOS JOYCE MEYER
EN LOS EEUU Y EN EL EXTRANJERO

Joyce Meyer Ministries
P.O. Box 655
Fenton, MO 63026
Estados Unidos
(636) 349- 0303
www.joycemeyer.org

Joyce Meyer Ministries—Canadá
P.O. Box 7700
Vancouver, BC V6B 4E2
Canadá
(800) 868-1002

Joyce Meyer Ministries—Australia
Locked Bag 77
Mansfield Delivery Centre
Queensland 4122
Australia
(07) 3349 1200

Joyce Meyer Ministries—Inglaterra
P.O. Box 1549
Windsor SL4 1GT
Reino Unido
01753 831102

Joyce Meyer Ministries—Sudáfrica
P.O. Box 5
Cape Town 8000
Sudáfrica
(27) 21- 701- 1056

OTROS LIBROS DE JOYCE MEYER

A New Way of Living
When, God, When?
Why, God, Why?
The Word, the Name, the Blood
Tell Them I Love Them
Peace
*If Not for the Grace of God**

Libros de Joyce Meyer en español
Come la Galleta. . .Compra
los Zapatos
Eat the Cookie. . .Buy the Shoes
Las Siete Cosas Que Te
Roban el Gozo

(Seven Things That Steal Your Joy)
Empezando Tu Dia Bien
(Starting Your Day Right)
La Revolución de Amor
The Love Revolution

*Una guía de estudio está
disponible para este título.

Libros de Dave Meyer
Life Lines

PUEDO HACER TODO LO QUE NECESITE HACER EN LA VIDA POR MEDIO DE CRISTO.

¡DIOS ME AMA INCONDICIONALMENTE!

NO VIVIRÉ EN TEMOR.

SOY DIFÍCIL DE OFENDER.

AMO A LA GENTE Y ME ENCANTA AYUDARLA.

CONFÍO EN DIOS POR COMPLETO; ¡NO HAY NECESIDAD DE PREOCUPAME!

ESTOY SATISFECHO Y EMOCIONALMENTE ESTABLE.

DIOS SUPLE TODAS MIS NECESIDADES ABUNDANTEMENTE.

BUSCO LA PAZ CON DIOS, CONMIGO MISMO, Y CON OTROS.

VIVO EN EL PRESENTE Y DISFRUTO DE CADA MOMENTO.

SOY EL DISCIPLINADO Y AUTOCONTROLADO.

PONGO A DIOS EN PRIMER LUGAR EN TODAS LAS COSAS.